徽学与地域
文化丛书

蒲霞 著

《永乐大典》徽州方志研究

安徽大学出版社

图书在版编目(CIP)数据

《永乐大典》徽州方志研究/蒲霞著.—合肥:安徽大学出版社,2013.3

(徽学与地域文化丛书)

ISBN 978-7-5664-0607-1

Ⅰ.①永… Ⅱ.①蒲… Ⅲ.①徽州地区－地方志－研究 Ⅳ.①K295.42

中国版本图书馆 CIP 数据核字(2012)第 284693 号

本书得到安徽大学 211 工程学术创新团队基金资助

《永乐大典》徽州方志研究　　　　蒲　霞　著
Yongle Dadian Huizhou Fangzhi Yanjiu

出版发行：	北京师范大学出版集团 安 徽 大 学 出 版 社 (安徽省合肥市肥西路 3 号 邮编 230039) www.bnupg.com.cn www.ahupress.com.cn
经　销：	全国新华书店
印　刷：	合肥远东印务有限责任公司
开　本：	152mm×228mm
印　张：	16.5
字　数：	232 千字
版　次：	2013 年 3 月第 1 版
印　次：	2013 年 3 月第 1 次印刷
定　价：	33.00 元

ISBN 978-7-5664-0607-1

策划编辑:朱丽琴　刘　强		装帧设计:知耕书房	
责任编辑:马晓波		美术编辑:李　军	
责任校对:程中业		责任印制:陈　如	

版权所有　侵权必究

反盗版、侵权举报电话:0551—65106311
外埠邮购电话:0551—65107716
本书如有印装质量问题,请与印制管理部联系调换。
印制管理部电话:0551—65106311

徽学与地域文化丛书
编委会名单

编委会主任：吴春梅

编委会副主任：(按姓氏笔画为序)

卞 利　张子侠　张能为　鲍 恒

编　　委：(按姓氏笔画为序)

卞 利　王国良　王达敏　王天根

王成兴　江小角　李 霞　张子侠

张能为　张崇旺　张爱冰　张金铣

吴春梅　吴怀东　吴家荣　陆建华

陈 林　宛小平　徐国利　鲍 恒

目　录
CONTENTS

001 说　明

001 前　言

001 第一章　徽州建置沿革和徽州方志编修源流
001 　一、徽州建置沿革
009 　二、徽州方志编修源流

028 第二章　大典本《新安续志》研究
029 　一、关于大典本《新安续志》编修时间的探讨
037 　二、李以申的修志思想和修志情况
040 　三、大典本李以申《新安续志》佚文的价值
044 　四、李以申《新安续志》佚文辑补

055 第三章　大典本《新安后续志》和《延祐新安后续志》研究
055 　一、关于两志编修时间的探讨
062 　二、洪焱祖的修志思想和修志情况
068 　三、大典本洪焱祖《新安后续志》佚文的价值
080 　四、洪焱祖《新安后续志》佚文辑补

第四章　大典本《新安志》、《徽州府志》和《徽州府新安志》研究　107

- 107　一、关于大典本《新安志》编修时间的探讨
- 115　二、关于大典本《徽州府志》编修时间的探讨
- 118　三、关于大典本《徽州府新安志》编修时间的探讨
- 120　四、关于朱同生平事迹的考述
- 126　五、朱同的修志思想和修志情况
- 131　六、大典本朱同《新安志》佚文的价值
- 181　七、大典本朱同《新安志》佚文订误和辑补

第五章　大典本《星源志》研究　210

- 210　一、关于大典本《星源志》编修时间的探讨
- 213　二、咸淳《星源志》方志编修理论
- 216　三、大典本胡升《星源志》佚文的价值

第六章　大典本《休宁县新安志》、《休宁县彰安志》和《黄山图经》研究　228

- 228　一、大典本《休宁县新安志》研究
- 232　二、大典本《休宁县彰安志》研究
- 234　三、大典本《黄山图经》研究

总　结　238

参考文献　243

后　记　249

说　明

1. 本书在论述《永乐大典》徽州方志时所引佚文均以《永乐大典方志辑佚》为基础，如《永乐大典方志辑佚》徽州方志佚文与《永乐大典》残卷不同，则在具体论述时予以指出，对讹误之处进行订正。

2. 《永乐大典方志辑佚》的编者对《永乐大典》中原有类目的，则直接引用，不加变化，从而保持原著的本来面貌，至于那些丢失原有类目的，则根据文字内容，列出类目，并以方括号"【】"表示，以示区别。本书在引用时悉遵《永乐大典方志辑佚》的处理原则，按其设置的类目对相关内容进行分类论述，如个别地方确需调整的，则在具体论述时加以说明。

3. 本书引用原始文献时，原书阙漏或字迹不清无法辨认者，皆以"□"表示。

4. 本书引用原始资料时，为使资料保持完整性，需作补充处皆括以"( )"。

前　言

地方志①，简称"方志"，是按照一定体例综合记载某一地区地理、经济、社会、政治、军事、文化、人物等方面情况的文献。中国地方志的发展历史悠久，自秦汉起，历经地记、图经、方志等形态的演变，至宋代多以"志"为名，而其体例和内容也基本定型。元、明、清地方志的发展就是在宋代方志基础上所做的进一步的创新和完善。在不断演变、发展和完善的过程中，地方志在"存史"、"资政"、"教化"等方面的价值日渐显现，并为历朝历代统治者、地方官员和名人贤者所认识和重视。正是因为认识到地方志所具有的价值，中国地方志的编修活动一直持续不断，并且成为一项长期而且定期进行的活动。如，《唐会要》"职方员外郎"条记载："建中元年（780年）十一月二十九日，诸州图每三年一送职方，今改至五年一造送。如州县有创造及山河改移，即不在五年之限，后复故。"②唐代图经的编修，原来是定为三年一修，后改为五年一修。若遇特殊情况，如"州县增废"、"山河改移"等，则要随时造送。又如，赵匡胤建立北宋政

---

① 笔者认为：地方志是综合记载某一地区各方面情况的文献，专志是以某一地区某一特定对象为记载内容的特殊文献，与地方志不是同一种文献。地方志和专志同属于地方志书，两者是平行关系。本书"前言"部分对徽州方志所作的数量统计皆指徽州地方志，不包括徽州专志。

② （宋）王溥：《唐会要》卷五九，清乾隆武英殿聚珍版丛书本。

权不久,就下令规定:"凡土地所产,风俗所尚,具古今兴废之因,州为之籍,遇闰岁造图以进。"①宋初即规定地方志每闰年一造。而到清朝雍正年间则颁布各省府州县志60年一修的命令。地方志的编修呈现出连续性的特点。中国历史上曾经编修的地方志数量庞大,但因为各种各样的原因,有不少地方志在流传过程中散亡,现在保存下来的地方志,仅《中国地方志联合目录》一书统计,全国就有8000多种。

徽州地区是一个文化底蕴深厚、人才辈出的地方,有"东南邹鲁"、"文献之邦"的美誉。地方志的编修在徽州也受到特别的重视。从南朝梁开始即有方志的编修,如太守萧几编修的《新安山水记》、王笃纂修的《新安记》,而到宋代方志定型之后,徽州地区的修志活动日益发展,并成为一种风气。编修方志不仅是徽州地方官员的职守,也成为地方硕儒贤者的志趣所在。根据文献记载,自南朝梁至民国时期,纂者姓名和书名两者皆可考的徽州方志就有百部之多,如果再加上有书名无撰者的徽州方志和100多种徽州专志,徽州地区曾经编修出的地方志书的数量则是非常可观的。而根据《中国地方志联合目录》等方志目录书的统计,现存新中国成立以前编修的徽州方志还有60多部。尤为可惜的是明代以前编修的徽州方志除宋代淳熙二年(1175年)罗愿编修的十卷本《新安志》仍存于世外,其他的都已亡佚。

地方志因具有记述内容丰富、编纂连续性强、地方性特色突出等特点,以及"存史"、"资政"、"教化"等功用,成为一种价值独特的文献形式,对研究某一地区社会历史发展的基本过程具有非常重要的参考价值。地方志不仅为学者们研究某一地区的历史发展过程所利用,也为二次文献的编纂所重视。历代学者在编著目录书时注意著录地方志,在编辑类书、丛书之类的二次文献时,也注意收录地方志。诸如《太平御览》、《文苑英华》、《册府元龟》、《永乐大典》、《四库全书》、《古今图书集成》等,或是转引地方志中的内容,或是部分摘录地方志的内容,或是全书收录地方志。这反映了地方志的价值所在,而也正是因

---

① 《宋史》卷一六三,职官第一一六,北京:中华书局,1977年。

为这些书籍的收录,才保存了那些原书已经散亡的佚志的部分内容。

《永乐大典》是明代永乐年间官修的大型综合性类书,原书正文22877卷,收录了上自先秦,下迄明初的经、史、子、集百家之书、天文、地志、阴阳、医卜、技艺等各种古籍8000余种,被学者称为"宇宙之鸿宝"。《永乐大典》虽现仅存残卷800多卷,但亦可见其收录的方志的基本情况。《永乐大典》收录了为数众多的方志,不少学者对其进行了较为全面的辑佚。笔者据《永乐大典方志辑本》统计,张国淦先生从《永乐大典》残本中辑出方志550种左右①。黄燕生先生认为《永乐大典》"征录地方志在1000种以上"②。马蓉等学者本着"已有辑本者不辑"的原则,从《永乐大典》残本中辑出方志893种,总志7种,共900种③。由此可见,《永乐大典》残本保存的方志已如此之多,其完本收录的方志数量应更加庞大。《永乐大典》收录的方志具有数量多、版本早、种类全、涉及地区范围广等特点。而且,由于《永乐大典》辑录的书籍,往往悉照原著整部、整篇或整段分别编入,这就更加提高了其保存资料的文献价值。根据《永乐大典方志辑佚》和《永乐大典方志辑本》,并参照徽州地区建置沿革和徽州方志编修源流,以书名统计,《永乐大典》共收录徽州方志十部,即《新安志》、《徽州府志》、《徽州府新安志》、《新安续志》、《延祐新安后续志》、《新安后续志》、《星源志》、《休宁县新安志》、《休宁县彰安志》、《黄山图经》。《永乐大典》成书于明代永乐六年(1408年),收录的地方志应全部修于此前。而根据《中国地方志联合目录》、《中国地方志综录》等方志目录的记载,修于明代永乐六年之前的徽州方志仅存宋代淳熙二年(1175年)罗愿编修的《新安志》,其余均已亡佚。因此,《永乐

---

① 张国淦著,杜春和整理:《永乐大典方志辑本》,载《张国淦文集四编》,北京:北京燕山出版社,2009年。
② 黄燕生:《〈永乐大典〉征引方志考述》,载《中国历史文物》,2002年第3期,第74页。
③ 马蓉等点校:《永乐大典方志辑佚》,北京:中华书局,2004年,前言,第3页。

大典》残卷保存的这些徽州方志可以为了解早期徽州方志的编纂情况和基本内容提供线索,也可以为进一步认识明代以前徽州地区历史发展的相关问题提供参考。

鉴于此,笔者以《永乐大典》残卷保存的徽州方志为研究对象,对以下几个方面的问题展开研究:

第一,根据徽州地区的建置沿革、方志编修源流、佚文内容以及其他线索,确定或推测佚志的编修时间或编修者,并对明初以前徽州方志编修的基本情况作初步分析和梳理;

第二,根据现存方志收录的大典本徽州方志志序,探究修志理论和编纂方法,总结有价值的修志理论和经验;

第三,分析、总结大典本徽州方志佚文的史料价值和它在校勘、辑佚等方面的文献学价值,以便在其他相关研究中使用;

第四,以同一地区的现存方志和其他文献作为参考,对大典本徽州方志佚文的正误进行判断,对可断定错误之处进行校正,对各书有异文、不能判断正误之处则以存疑处之。这一工作将为进一步正确利用佚文中保存的史料提供保证;

第五,以现存方志和其他文献作为资料来源,对大典本徽州方志进行佚文补辑,进一步恢复佚志的内容。

这些研究不仅是对徽州旧志编修情况和旧志佚文的研究,是对徽州地方文献的整理,也是对《永乐大典》进行的更深层次的研究和发掘。经过研究,笔者获得以下几方面的认识:

第一,因著录文献不严谨,大典本徽州方志存在异书同名和同书异名的现象;

第二,大典本徽州方志佚文可以补充现存文献记载的不足,为研究社会历史发展过程提供新的资料,可以校勘现存记载的讹误,可以为辑佚其他古书提供资料;

第三,有些大典本徽州方志是文献记载的徽州方志编修源流中所未著录的,可以为了解这一地区的方志编修情况提供新的线索;

第四,大典本徽州方志的编修者在方志的性质、方志的功能、方志资料选取、方志质量要求、方志编修者的素质等方面提出了非常重要的观点,是对修志理论所做的总结,可为当代修志工作提供参考。

对《永乐大典》方志的辑佚活动自清朝雍正年间即已开始，此后一直有学者从事这一方面的工作。20 世纪 30 年代，张国淦先生曾对《永乐大典》方志进行过一次较为全面的辑佚，其辑佚成果全部收录在《蒲圻张氏大典辑本》中，惜此书当时未及出版，而当时《永乐大典》残卷尚未经中华书局影印出版。直到 2006 年经杜春和整理，张国淦先生的《永乐大典方志辑本》才正式出版，此书辑出方志 550 种左右①。20 世纪 80 年代，马蓉等学者也对《永乐大典》方志进行了一次全面的辑佚。他们充分利用了 1986 年中华书局影印出版的《永乐大典》（共十册），而当他们得知美洲、欧洲、亚洲一些公私藏家尚有《永乐大典》残卷十余卷，且这些残卷均为中华书局影印本所未收，便多方努力，在海外友人的大力协助下，终于取得这些残卷的复制件。在这样一个资料基础上，经过编者的不懈努力，《永乐大典方志辑佚》最终成书，并于 2004 年出版发行。这部辑佚之作辑出方志 893 种，另有总志 7 种，总共 900 种②。因《永乐大典方志辑佚》是目前辑出的方志数量最多、内容最完整的著作，本书所引《永乐大典》徽州方志的佚文皆以《永乐大典方志辑佚》为基础，并兼及《永乐大典》和《永乐大典方志辑本》，旨在对《永乐大典》徽州方志进行研究时，也对《永乐大典方志辑佚》和《永乐大典方志辑本》的辑佚成果进行评述。

---

① 张国淦著，杜春和整理：《永乐大典方志辑本》，载《张国淦文集四编》，北京：北京燕山出版社，2009 年。

② 马蓉等点校：《永乐大典方志辑佚》，北京：中华书局，2004 年，前言，第 3 页。

第一章

徽州建置沿革和徽州方志编修源流

本书对《永乐大典》徽州方志的研究主要内容之一就是要分析和推断其编修时间和编修者。要解决这一问题,获得较为合理和准确的结论,首先必须对徽州府及其所辖六县的建置沿革和徽州方志编修源流做一梳理。

一、徽州建置沿革

(一)徽州府建置沿革

徽州,古称"新安",又名"歙州"。宋徽宗宣和三年(1121年),改歙州为徽州,此后历元、明、清三代相沿未改。

徽州地区历史悠久,源远流长。根据《禹贡·职方氏》天下分九州,西周以前属"扬州之域"。春秋时期属吴,吴国灭亡后属越,越亡之后则改属楚。战国时期属楚。秦始皇统一六国后,在全国设立三十六个郡,属会稽郡,而分设歙、黟二县。楚汉相争之际，属鄣郡①，仍分歙、黟二县，歙县包括今天的歙县、休宁县、婺源县、绩溪县、淳安县、遂安县等地，而黟县则包括今黟县、祁门县、石台县等。楚汉相争之际，曾一度被项羽所占领，被赐给楚功臣梅鋗作为封邑，不久后即被汉将陈婴所占，转而属汉。

汉高祖六年（前201年），以故东阳郡、鄣郡、吴郡五十三县立刘贾为荆王，歙、黟两县又属荆国（治吴，今江苏苏州市）。汉高祖十二年（前195年）因刘贾无后，故立刘濞为吴王，领有三郡五十三城，歙、黟二县则属吴国（治广陵，今江苏扬州市）。汉景帝前元三年（前154年），歙、黟二县属江都国。汉武帝元狩二年（前121年），置丹阳郡，治在宛陵，下辖十七个县，歙县、黟县是其属县。元狩六年（前117年），汉武帝立子刘胥为广陵王，歙、黟二县转属广陵国。汉宣帝五凤四年（前54年），刘胥因罪自杀，国除，歙、黟二县又复为丹阳郡之属。汉成帝鸿嘉二年（前19年），立广德国，治广德（都黟县，今安徽黟县），原中山靖王刘胜之裔刘云客为广德王，黟县属广德国，而歙县仍属丹阳郡。元始二年（2年），立戴王弟襄隄侯子瘉为广德王，黟县仍属广德国，歙县则仍属丹阳郡。王莽建国元年（9年），贬汉广德王为公，改黟县为愬虏。东汉光武帝建武六年（30年），将黟县复名，改属丹阳郡。汉献帝建安十三年（208年），将歙县分为歙、始新、新定、黎阳、休阳五县，再加上黟县，共六县设立新都郡，治始新。

---

① 弘治《徽州府志》卷一"地理一·建置沿革"（《天一阁藏明代方志选刊》本，上海：上海古籍书店影印，1964年）称："秦置黟歙二县，属鄣郡"。康熙《徽州府志》卷一"舆地志上·建置沿革表"（《中国方志丛书》本，台北：成文出版社，1970年）亦称秦始皇二十五年置鄣郡，黟、歙二县属之。而道光《徽州府志》卷一"舆地志·建置沿革"（《中国地方志集成》本，南京：江苏古籍出版社，1998年）则利用刘敞、全祖望、王鸣盛等人的多部文献的记载对此问题进行了考证，认为秦分三十六郡时无鄣郡，其他文献所言鄣郡之属县实属当时的会稽郡，黟、歙二县即属会稽郡，而鄣郡实置于楚汉相争之际，且暂置复废，此时黟、歙二县属鄣郡。并指出《郡国志》、《史记正义》引《括地志》、《通典》、《寰宇记》、《地理通释》"诸书以鄣为秦郡，并误"。本书从道光《康熙府志》所言，以鄣郡为楚汉之际所置，故称黟、歙二县秦时属会稽郡，楚汉之际属鄣郡。故在引用原始资料时，如遇这一问题，均做如此处理。下文同。

三国吴太平三年(258年),因避吴主孙休之讳,孙亮将休阳县改名为海阳县。西晋武帝太康元年(280年),海阳县更名海宁县,改新安县曰遂安。同年,西晋平吴,改新都郡曰新安郡,统始新、遂安、黟、歙、海宁、黎阳六县,治始新。南朝宋孝武帝孝建元年(454年),分扬州之会稽、东阳、新安、永嘉、临海五郡为东扬州。大明八年(464年),将黎阳县并入海宁县,新安郡领始新、遂安、歙、海宁、黟五县。南朝梁武帝普通三年(522年)割吴郡之寿昌来属,新安郡复领六县,即海宁县、始新县、遂安县、寿昌县、歙县和黟县。梁武帝大同元年(535年),析歙之华阳镇置良安县(一称梁安县),新安郡领有歙、良安、海宁、黟、始新、遂安、寿昌七县。梁元帝承圣二年(553年),设立新宁郡,将原并于海宁县的黎阳县重新划出,复为二县,加上歙县、黟县共四县,均属新宁郡(即后来徽州地区的基本区域),治海宁,而遂安、始新、寿昌三县仍属新安郡。新宁郡与新安郡并属扬州。此时之新安郡并非后来之"徽州",这一情况持续了九年时间。南朝陈文帝天嘉三年(562年)将新宁郡并入新安郡,又将黎阳县并入海宁县,新安郡复领歙、黟、海宁、始新、遂安和寿昌六县,隶属东扬州。

隋文帝开皇九年(589年),隋平陈,省新安郡并入东阳郡,并黟、歙二县入海宁县,以隶婺州,改始新县曰新安县,又并遂安县及梁所割吴郡寿昌县来属者皆入新安县,以隶婺州。此"新安"亦不是后来之"徽州"。开皇十一年(591年),复歙、黟二县,置歙州,领歙、海宁、黟三县。改郡为州,以州统县,州治海宁。开皇十八年(598年),改海宁县为休宁县。仁寿三年(603年),取婺州之新安,并复立遂安,以隶睦州。隋炀帝大业三年(607年),改州为郡,废歙州,置新安郡,仍领歙、黟、休宁三县,郡治在歙县。大业末,州人汪华以天下扰扰,遂起兵据郡自保,并自称吴王,迁治于休宁之万安山,兼有宣、杭、睦、婺、饶之地。义宁中,迁治于歙之乌聊山。

唐高祖武德四年(621年),改新安郡为歙州,领歙县、休宁县和黟县,州治歙县。同年,置歙州总管,管歙、睦、衢三州,歙州为总管府。汪华亦于当年归唐,封越国公,使持节总管歙、宣、杭、睦、婺、饶六州诸军事,后改命王雄诞为使,总管歙、睦、衢三州。武德七年（624年），改歙州总管为歙州都督府，废良安县。唐太宗贞观元年（627年），全国分十道，罢歙州都督，改为江南道。唐高宗永徽五年（654年），睦州青溪女子陈硕贞作乱，县人蒋贤举兵应之，事平，遂析歙县置北野县于五合山上，以镇之，治五合山。北野县在歙县北三十五里。歙州领歙、黟、休宁、北野四县。唐玄宗开元二十一年（733年），分全国为十五道，置采访使，歙州属江南东道。开元二十四年（736年），休宁县西南回玉乡人洪贞叛，聚徒于此。开元二十八年（740年），在此置婺源县以镇之，因有婺水绕城三面，故名。天宝元年（742年），改歙州为新安郡，领县五，即歙县、休宁县、黟县、北野县和婺源县，州治仍在歙县。唐肃宗乾元元年（758年），置浙江西道节度使，罢领宣、歙、饶三州，置宣、歙、饶观察使，治宣州。同年，改新安郡复为歙州，隶属浙江西道节度使，并隶宣、歙、饶观察使。次年，浙江西道节度使复领宣、歙、饶三州，废宣、歙、饶观察使。上元二年（761年），徙治宣州，罢领昇州。唐代宗永泰元年（765年），方清陷州，州民拒贼保平山。第二年，贼平，因析休宁、歙二县地置归德县。大历元年（766年），割青阳、秋浦、浮梁、黟县地置石埭县。当年平定方清叛乱之后，因其垒析黟县及饶州浮梁县置祁门县。祁门县有巨石夹流水两相对，其状如门，故号"阊门"。又以宣州旌德寇王万敌平，析歙县华阳镇置绩溪县。歙州始领八县，即歙、黟、休宁、婺源、北野、绩溪、归德、祁门。歙州隶属宣、歙、池观察使。唐代宗大历五年（770年），省北野县入歙，省归德县入休宁县，于是歙州复领歙、黟、休宁、婺源、绩溪、祁门六县，自此奠定了徽州地区"一府六县"的建制基础。大历十四年（779年），废宣、歙、池观察使，歙州隶浙江东西道观察使。唐德宗建中元年（780年），分浙江东西为二道，歙州属浙江西道观察使管辖。建中二年（781年），分浙江东西二道观察置节度使，治润州，寻赐号"镇海军节度使"，歙州隶之。贞元三年（787年），又设宣歙池观察使，歙州隶之。唐宪宗元和六年（811年），设宣州观察使，治宣州，管宣、歙、池三州，升歙州为上州。唐昭宗大顺元年（890年），设宁国军节度使，治宣州，歙州隶之。天复三年（903年），废宁国军节度使，复为宣州观察使，治宣州，歙州隶之。天祐二年(905年),置歙婺衢睦观察使,治歙州。刺史陶雅以杨行密承制拜歙婺衢睦四州都团练、观察、处置等使。五代十国时期,先属吴,吴亡,属南唐,皆领歙、黟、休宁、婺源、绩溪、祁门六县,治歙县。

宋太祖开宝八年(975年),南唐灭亡,歙州属北宋。宋太宗太平兴国元年(976年),江南分东西两路,歙州属江南西路,后又并东西二路。宋真宗天禧二年(1018年),复分二路,东路府一州七军二,歙州属江南东路。宋徽宗宣和三年(1121年),改歙州曰徽州,为上州,领县六。或云以绩溪有徽岭、徽溪而名,或曰取绩溪大徽村为名,或云徽美也,故以为名。南宋高宗建炎四年(1130年),合江南东西为江南路,以鄂州、岳州来属,又置三帅,建康府路统建康府、池州、饶州、宣州、徽州、太平州、广德军。绍兴元年(1131年),徽州改属江南东路转运使。

元世祖至元十三年(1276年),李铨以州归附。至元十四年(1277年),徽州升为徽州路,领县不变,治歙县,依例置总管府,隶江浙等处行中书省、江东建康道肃政廉访司。元成宗元贞元年(1295年),升婺源县为婺源州,徽州路则领歙、休宁、祁门、黟、绩溪五县及婺源州。

明太祖丙申年(1356年),置江南行中书省,徽州路隶之。明太祖丁酉年(1357年),改徽州路为兴安府,仍领六县。明太祖吴元年(1364年),改兴安府为徽州府,属浙江。明太祖洪武元年(1368年),建南京,罢行中书省,以应天等府直隶中书省,徽州府隶中书省。洪武二年(1369年),降婺源州为婺源县。洪武十一年(1378年),改南京为京师,徽州府直隶京师,领县六,治歙县。自此之后,徽州一府六县,至清相沿不改。洪武二十九年(1396年),徽州府隶浙江按察司黟婺分司佥事。明成祖永乐元年(1403年),京师仍称南京,寻称南直隶,徽州府属之。明世宗嘉靖三十四年(1555年),徽州府属浙江按察司分司徽宁池太道兵备副使。明穆宗隆庆六年(1572年),徽州府隶浙江按察司分巡徽宁道兵备副使。

清朝初年,徽州府先后属承宣布政使司、分巡徽宁道,雍正十一年(1733年),始属督理安徽宁池太道。①

《明一统志》对明代以前徽州府建置沿革的情况有一概括性介绍:"《禹贡》扬州之域,天文斗分野。春秋时属吴,吴亡属越。战国时属楚。秦为鄣郡地②。汉为丹阳郡地。三国吴分置新都郡。晋改新安郡,治始新县。刘宋以郡属东扬州。梁又析置新宁郡。隋废郡置歙州,治黟。大业初,改为新安郡,迁治休宁。义宁中,又迁治歙。唐置歙州,天宝初,改新安郡,乾元初,复为歙州,属浙西节度,或隶宣歙观察。宋改为徽州。元为徽州路,属江浙行省。本朝初改为兴安府,后改徽州府,直隶京师,领县六"③。

由以上记载可知,秦设会稽郡,楚汉间设鄣郡,汉改为丹阳郡,三国吴又分置新都郡,晋改新安郡,始有"新安"之称。梁又析置新宁郡。隋废郡置歙州,大业初,又改为新安郡。唐置歙州,天宝初年,又改为新安郡,乾元初年,复为歙州。宋宣和三年(1121年),改歙州为徽州,始有"徽州"之称。元至元十四年(1277年),升为徽州路。明太祖丁酉年(即元至正十七年,1357年),改曰兴安府,吴元年(即元至正二十四年,1364年),改兴安府为徽州府,领有六县,此后相沿不改。

从其建置沿革看,徽州亦有其别名,如:"新都"(吴名)、"新安"(晋名)、"歙州"(唐名)。由此可知,凡名为"新安"、"歙州"、"徽州"的方志应该都属于徽州府志。

(二)徽州属县建置沿革

1. 歙县建置沿革

歙县,本秦旧县,属会稽郡,楚汉相争时属鄣郡,汉属丹阳

---

① 道光《徽州府志》卷一,舆地志·建置沿革,《中国地方志集成》本,南京:江苏古籍出版社,1998年;弘治《徽州府志》卷一,地理一·建置沿革,《天一阁藏明代方志选刊》本,上海:上海古籍书店影印,1964年。

② 道光《徽州府志》卷一"舆地志·建置沿革"部分对此有考证,认为秦分天下三十六郡时无"鄣郡",此时当为"会稽郡"。详情见上注。笔者从道光《徽州府志》之言,认为《明一统志》此处有误,应为"会稽郡"。

③ (明)李贤等奉敕撰:《明一统志》卷十六,《四库全书》本,上海:上海古籍出版社,1987年。

郡，为都尉治。汉献帝建安十三年（208年），分歙东乡新定里地置始新县，又分南乡安定武疆里地置新定县，又置黎阳、休阳，并黟、歙，凡六县，属新都郡。晋太康中，改新都郡曰新安。梁承圣中，分歙、黟、海宁三县，并复置黎阳县，属新宁郡。陈省新宁郡及黎阳县。隋初，省歙县置歙州。因歙县以南有歙浦故名歙州，或亦云歙，"翕"也，谓"山川翕聚"也，歙州之名亦取于此。义宁中，徙州治于歙之乌聊山。唐永徽中，析置北野县。大历中，析华阳镇置绩溪县，省北野入歙。会昌中，升为紧县。宋为徽州治，为望县。元为上县倚郭，属徽州路。明朝为上县，属徽州府。

歙县，因以县置自秦汉，所以又称为"古歙"。

2. 休宁县建置沿革

休宁县，本秦歙县西乡，三国吴析置休阳县，属新都郡，治今县西二里灵乌山，后改曰海阳，移治万安山。晋太康中，改为海宁，又分置黎阳县。刘宋大明中，省黎阳入海宁。梁承圣中，复置黎阳县，并割黟、歙、海宁为新宁郡。陈省新宁，亦省黎阳。隋大业中，置新安郡，治此，改为休宁，属婺歙州。义宁中，郡治移歙之乌聊山。唐开元中，析置婺源县。天宝中，县徙西北十里松萝山之南。永泰中，析置归德县。大历中，省归德，复休宁为上县。宋初属歙州，寻改徽州，为望县。元属徽州路，为中县。明朝仍为中县，属徽州府。

历史上休宁县名几经更改，故休宁县亦有别称如"休阳"、"海阳"（俱吴名）、"海宁"（晋名）。

3. 婺源县建置沿革

婺源县，本隋休宁县地。唐开元中，土人洪贾叛既平，遂分休宁回玉乡，并割鄱阳怀金乡，置婺源县，治清华，以县东大鳙山水流入婺州，故名。元和中，升上县。咸通中，县界置弦高、五福二镇。中和二年（882年），杨行密据江淮，其将陶雅守歙，暴赋重敛，县人汪武率百姓于腰滩、蚺蛇二港立营栅，据弦高镇以抗之，汪武为将，署检校司空顺义军事，移县治于弦高，为都镇。天祐中，汪武死，陶雅以朱瑰为新县制置，巡辖婺源、德兴、浮梁、祁门四县，改旧县为清化镇。后唐同光中，南唐刘津为制置，领关西卒来镇婺源，分诸校置营屯田，凡五溪，曰武溪香田、思溪大田、敛溪车田、浮溪言田、古溪丰田,其他如杨田、楳田、长田、罗田、冲田、仰田,皆屯耕之所。宋先后属歙州、徽州,升望县。元元贞元年(1295年),升为下州。明朝洪武二年(1369年),复降为县,属徽州府。

婺源县,又称"星源",以县本休宁地,曾属婺州,取上应婺女之说,故名;亦称"蚺城",因南唐刘津筑平蛇穴接蛇城,所谓蛇城者,即蚺蛇港也,故名。因而名为"星源"的方志,亦是婺源县志。

4. 祁门县建置沿革

祁门县,本黟县赤山镇东北一峰若旗,号"祁山",西南两石对峙若门,号"阊门"。唐永泰初,土人方清作乱,伪置阊门县,以据其险。镇人吴仁欢率乡人数千破之。刺史公孙绰上其事,授仁欢官。明年贼平,因其垒,析黟县之西、浮梁之东置以为县,合祁山、阊门而名之曰"祁门",为中下县。寻以仁欢为令。宋属徽州,为望县。元属徽州路,为中县。明朝属徽州府,亦为中县。

祁门县,亦称"祁阊",取东北有祁山,西南有阊门,故名。以"祁阊"为名的志书当是祁门县县志。

5. 黟县建置沿革

黟县,本秦旧县,属会稽郡,以县居黟山阳故名。《图经》又云:新安贡柿心黑木,黟之名县,职此之由。汉改鄣为丹阳郡。鸿嘉初,以黟为广德王国,废于新莽,改县为愬卤。东汉复为黟,三国吴以歙分五县,与黟为六,置新都郡。晋太康中,改郡为新安。隋开皇中,置歙州,治黟。唐为上县。永泰中,盗方清平,因其垒,析本县及浮梁县地置祁门县,又析本县及浮梁县地并他州之秋浦置石埭县。宋属徽州,为紧县。大抵今黟、祁门、石埭凡三县皆秦汉黟县故境,而今黟则狭矣。元属徽州路,为下县。明朝属徽州府,亦为下县。

黟县,别称"古黟",以县置自秦汉,故名;或称"黟阳",以在黟山之阳,故名。

6. 绩溪县建置沿革

绩溪县,本汉歙县之华阳镇,梁大同初,析置良安县(一称梁安县),唐武德中废。永徽中,析置北野县。永泰元年(765

年),宣州旌德县贼王万敌入寇,贼平,析歙华阳镇置县,曰绩溪,为中下县,内乳溪与徽溪相去一里,离而复合,有如绩焉,故名,属歙州。大历五年(770年),省北野入歙。宋属徽州,为望县。元属徽州路,为中县。明朝属徽州府。

绩溪县,亦称"良安"(梁名);或称"乳溪",以县有乳溪,故名;或称"华阳",县本歙之华阳镇,故名。①

二、徽州方志编修源流

徽州地区方志的编修由来已久,徽州地方官员除因职责所在,也因认识到方志对于地方建设和管理的价值而非常关注地方志的编修活动,积极主持并邀请当地的学者贤人参与方志的编修,从而保证方志的质量。徽州地区的方志,自南朝梁开始编修,一直连续不断,特别是宋代方志的体例、内容基本定型后,徽州方志的编修更是蔚然成风。由于方志编修受到特别的重视,徽州修成的方志的数量十分可观,但因战争、人为损坏等原因,已有不少徽州方志散亡不复得见。现将徽州方志(不含专志)的编修源流及其存佚情况作一梳理,以期对《永乐大典》徽州方志的进一步研究有所裨益。

(一)徽州府志编修源流

根据徽州府志、《中国地方志联合总目》以及其他文献的相关记载,从南北朝梁至民国共修成二十六部徽州府志,今存十一部。兹列举如下:

(梁)《新安山水记》,太守萧几撰。(已佚)
《新安记》,王笃撰。(已佚)
(唐)《歙州图经》。(已佚)
(宋)《(新安)广记》,太平兴国中奉诏纂。(已佚)

---

① 弘治《徽州府志》卷一,地理一·建置沿革,《天一阁藏明代方志选刊》本,上海:上海古籍书店影印,1964年;道光《徽州府志》卷一,舆地志·建置沿革,《中国地方志集成》本,南京:江苏古籍出版社,1998年。

《新图经》,大中祥符中,李宗谔奉诏纂。(已佚)

《新安志》(十卷),淳熙二年(1175年),郡人鄂州守罗愿纂,时太守宗人赵不悔。

《新安广录》,嘉定壬午(1222年),郡人姚源纂,时太守吴兴倪祖常。(已佚)

《新安续志》(八卷),端平乙未(1235年),教授四明李以申纂,时太守四明刘炳。(已佚)

《新安广录续编》,淳祐中纂,时太守吴门郑宓。(已佚)

(元)《新安后续志》(十卷),延祐己未(1319年),郡人休宁县尹洪焱祖纂,时太守北谯朱霁。(已佚)

(明)《新安府志》(十卷),洪武九年(1376年),郡人礼部侍郎朱同奉诏纂,时知府张孟善。(已佚)

《新安府志增编》,景泰中,知府福山孙遇纂。(已佚)

《新安府志续编》,成化中,知府吉水周正纂。(已佚)

《徽州府志》(十二卷),弘治十五年(1502年),郡人都御史汪舜民纂,时知府长沙彭泽。①

《新安志补》(八卷),嘉靖四十一年(1562年),方信私纂。②

《徽州府志》(二十二卷),嘉靖四十五年(1566年),郡人都御史汪尚宁、温州知府洪垣纂,时知府猗氏何东序。③

(清)《徽州府志》(二十六卷),康熙十二年(1673年),高晫纂修。

---

① 道光《徽州府志》卷十六,杂记·修志源流,《中国地方志集成》本,南京:江苏古籍出版社,1998年。
② 道光《徽州府志》卷十一,人物志·文苑,《中国地方志集成》本,南京:江苏古籍出版社,1998年。
③ 道光《徽州府志》卷十六,杂记·修志源流,《中国地方志集成》本,南京:江苏古籍出版社,1998年。

《徽州府通志续编》（八卷），康熙二十二年（1683年），林国柱纂修。①

《徽州府志》（十八卷），康熙三十八年（1699年），郡人给事中赵吉士纂，时知府安邑丁廷楗。②

《补遗郡志四考》，康熙年间，吴度纂修。③（已佚）

《徽州府志》，乾隆三十六年（1771年），戴知诚修。④（已佚）

《徽州补正》（一卷），嘉庆十年（1805年），邵棠纂修。

《徽州府志》（十六卷首一卷），道光七年（1827年），马步蟾修、夏銮纂。

《徽州府志辨证》（一卷），道光年间，黄崇惺纂修。⑤

《徽郡志记略》，道光年间，徐起霖纂。⑥（已佚）

（民国）《徽州乡土地理》，民国十一年（1922年），程敷锴编。⑦

根据上述记载，明代永乐六年（1408年）前编修的徽州府志共有十一部，关于这十一部徽州府志的存佚情况在现存志序中多有介绍。罗愿《新安志》"罗愿序"云："至梁萧几为新安太守，爱其山水，始为之记。又有王笃《新安记》，唐有《歙州图

---

① 中国科学院北京天文台主编：《中国地方志联合目录》，北京：中华书局，1985年，第469页。

② 道光《徽州府志》卷十六，杂记·修志源流，《中国地方志集成》本，南京：江苏古籍出版社，1998年。

③ 道光《徽州府志》卷十五，艺文志·书籍，《中国地方志集成》本，南京：江苏古籍出版社，1998年。

④ 光绪《重修安徽通志》卷三三九，艺文志·史部，清光绪四年（1878年）刻本。

⑤ 中国科学院北京天文台主编：《中国地方志联合目录》，北京：中华书局，1985年，第469页。

⑥ 孙殿起录：《贩书偶记续编》，史部·地理类，上海：上海古籍出版社，1980年。

⑦ 中国天文史料普查整编组：《中国地方志联合目录》（初稿），1978年，安徽省，第44页。

经》。国朝太平兴国中诏编《广记》,往往摭取之。至大中祥符中,颁李宗谔所修《新图经》于天下,则由前诸书废不显。而官府顷罹睦寇,又失祥符所颁,特抄取计簿益之,以里魁亭父之所隐实者,编以为册,余五六十年矣。私窃悼之,间因阅前史及国典并杂家稗说,有及此者稍稍附着。后得《祥符图经》于民间,则纲目粗设,益访故老,求遗事,思辑为一书,然未果就。会邦郡赵侯闻之,勉使卒业,约敕诸曹,遇咨辄报,且谕属县网罗金石之文,使得辅成其说,而书出矣。"①可见,到宋代大中祥符年间,《新安山水记》、《新安记》、《歙州图经》、《广记》这四部志书均已废而不显,不再流传了,到罗愿修志时,就连宋代大中祥符中李宗谔所修《新图经》也已极少流传。十一部志书已失其四。从"罗愿序"看,这四部志书散亡的原因主要有二:①"至大中祥符中,颁李宗谔所修《新图经》于天下,则由前诸书废不显",说明由于新的志书编修成功,而导致旧志书无人问津,久而久之则旧志亡佚。这是中国历史文献散亡的一种类型。②"而官府顷罹睦寇,又失祥符所颁",说明战争是徽州旧志散亡的另一原因。这是中国历史文献散佚的另一种情况。

明代洪武九年(1376年),朱同曾撰一部十卷本《新安志》,在"志序"中他对自己修志的背景做了说明,"洪武九年春,有旨令各府州县纂辑图志,知徽州府事臣张孟善、复关同知徽州府事臣金石提督之,于是期集儒宿,搜采庶务,而命布衣臣朱同类辑成编",亦对此前徽州府志编修及存佚情况做了总结:"而新安则自宋之南渡,郡人罗愿博考遗书,网罗众说,辑成一书。巨细兼该,纲目备举,其问学之博,探索之勤,固有非浅浅者所能企及。后六十年四明刘炳守郡日,俾教授李以申续之。又八十年至元之延祐郡守朱霁,又俾郡人洪焱祖再续焉。是三书者,幸犹不泯,他如梁萧几、王笃之记,唐之图经,宋太平兴国之广记,祥符之书,以至姚源之广录,则已不可得而见矣。"②由此可知,到明代洪武九年,徽州府志仅存罗愿之《新安志》、李以申之

---

① 罗愿:《新安志》,罗愿序,清嘉庆十七年(1812年)刻本。
② 弘治《徽州府志》卷十一,词翰一·序,《天一阁藏明代方志选刊》本,上海:上海古籍书店影印,1964年。

《新安续志》、洪焱祖之《新安后续志》，其他诸如萧几《新安山水记》、王笃《新安记》、唐代《歙州图经》、太平兴国时的《广记》、祥符年间编修的《图经》以及姚源《新安广录》都已经亡佚，无法得见。十一部徽州府志已佚其六。

弘治《徽州府志》"汪舜民序"也曾对明代弘治以前徽州府志编修和存佚情况作过介绍："徽州府为古新安郡，郡之有志权舆于梁萧几、王笃之记，历百余年有唐之《图经》，又三百五十余年有宋太平兴国之《广记》，又三十余年有大中祥符之《新图经》，又百五十余年有淳熙乙未罗鄂州愿之《志》，又六十年有端平乙未李教授以申之《续志》，又八十余年有元延祐己未洪县尹焱祖之《后续志》，及国朝洪武丁巳则又几六十年矣，自《新图经》以上不复可见。于是朱礼侍同乃隐括三志，合而续之以为一书，迄今又百二十余年。中间景泰、成化前守孙公遇、周公正两经增集，简略弗传，所传者惟洪武志。"①从"自《新图经》以上不复可见"一句可以了解到，到明代洪武初年，不仅是《新安山水记》、《新安记》、《歙州图经》、《广记》这四部志书不可复见，宋代大中祥符李宗谔《新图经》、嘉定《新安广录》、淳祐《新安广录续编》也已散佚，就连明代景泰孙遇志、成化周正志也因太过简略而不再流传，所传者只有"宋罗鄂州愿著《新安志》、李教授以申著《新安续志》、元洪县尹焱祖著《新安后续志》"以及明朝初年朱礼侍同所纂之志②。明代永乐六年前编修的十一部徽州府志至此已佚其七，仅存四部。

而根据《中国地方志联合目录》③、《中国地方志综录》④等方志目录的记载，明代永乐六年（1408年）以前编修的十一部徽州府志现仅存一部，即南宋淳熙二年（1175年）罗愿所修十卷本《新安志》。十一部志书只存其一，存世者寥寥，实为一件

---

① 弘治《徽州府志》汪舜民序，《天一阁藏明代方志选刊》本，上海：上海古籍书店影印，1964年。
② 弘治《徽州府志》凡例，《天一阁藏明代方志选刊》本，上海：上海古籍书店影印，1964年。
③ 中国科学院北京天文台主编：《中国地方志联合目录》，北京：中华书局，1985年。
④ 天象资料组编：《中国地方志综录》，北京：商务印书馆，1976年。

憾事。

(二)徽州六县县志编修源流

1. 歙县县志编修源流

关于歙县县志的编修情况,在现存徽州府志、歙县县志和《中国地方志联合目录》中均有记载。歙县虽从秦朝就开始设立,设县很早,但一直都没有编修单独的县志,其内容都是包容于府志之中。根据文献记载,第一部歙县县志是明代万历三十七年(1609年)谢陛所修之志,自此以后到民国时期,总共修成七部歙县志。如果再加上采访册和乡土志,则共有九部,这九部歙县县志现均存世。即:

(明)《歙志》(三十卷),万历三十七年(1609年),知县事张涛创修,邑人谢陛纂。"邑有志自此始"。[1]

《歙志》(三十六卷),天启四年(1624年),知县戴东旻纂修。[2]

(清)《歙志》(十四卷),顺治四年(1647年),知县事宋希甫修、吴孔嘉等纂。

《歙县志》(十二卷),康熙二十九年(1690年),知县事靳治荆修、吴苑等纂。

《歙县志》(二十卷首一卷),乾隆三十六年(1771年),知县事张佩芳修、刘大櫆等纂。

《歙县志》(十卷首一卷),道光八年(1828年),知县事仁和劳逢源修、沈伯棠等纂。[3]

---

[1] 民国《歙县志》卷十六,杂记·志源,《中国地方志集成》本,南京:江苏古籍出版社,1998年。

[2] 中国科学院北京天文台主编:《中国地方志联合目录》,北京:中华书局,1985年,第469页。此志现仅存卷1~19、23~29、35~36,共28卷。乾隆《歙县志》卷二〇"杂志下·志源"(《中国方志丛书》本,台北:成文出版社,1970年)亦称天启歙志为戴东旻修。民国《歙县志》卷十六"杂记·志源"(《中国地方志集成》本,南京:江苏古籍出版社,1998年)称其为"戴东明"修,误,应为"戴东旻"。

[3] 民国《歙县志》卷十六,杂记·志源,《中国地方志集成》本,南京:江苏古籍出版社,1998年。

《歙县采访册》(不分卷),同治九年(1870年),曹光洛编。

(民国)《歙县乡土志》(一卷),民国四年(1915年),许家栋纂。

《歙县志》(十六卷),民国二十六年(1937年)石国柱、杨文钊修,许承尧纂。①

歙县县志始修于明代万历三十七年(1609年),至民国时期,共修有九部,均修于明代永乐六年(1408年)之后。

2. 休宁县县志编修源流

休宁县历史上曾有"休阳"、"海阳"、"海宁"等名,故文献记载中称"人言考休宁初志肇自海宁"②,因晋太康年间始有"海宁"之称,所以从休宁县志的编修源流看,最早的休宁县志可以追溯到晋太康年间,然"有志远弗可考"③。文献记载亦言:"休宁旧有海阳诸志,多详于宋元略于本朝(明朝)"④。根据这一记载,宋、元、明(弘治以前)三个时期都曾编修过以"海阳"为名的方志,且内容上详于宋元而略于明朝。笔者在查阅现存徽州方志时发现,道光《休宁县志》在记述"真武堂"时,曾转引"元《海阳志》"中的一段资料,即:"形家以县治为真武坐坛形,面玉。几诸峰为六丁六甲,东墩为龟,南巳街为蛇,前直街为剑,阳山为皂纛旗,故祠之。祠横五楹,径二楹。垣外前庭如之,东向土地,祠横三楹,径二楹。"⑤可知,元代确曾编修过《海阳志》,只是由于缺乏足够的文献记载,目前无法弄清其编修情况。除此之外,明清时期仍编修过以"海阳"为名的志书,即:明代丁惟曜纂

---

① 中国科学院北京天文台主编:《中国地方志联合目录》,北京:中华书局,1985年,第470页。

② 康熙《休宁县志》,廖腾煃序,《中国方志丛书》本,台北:成文出版社,1970年。

③ 康熙《休宁县志》卷七,艺文,《中国方志丛书》本,台北:成文出版社,1970年。

④ 弘治《休宁志》凡例,《北京图书馆古籍珍本丛刊》本,北京:书目文献出版社,1998年。

⑤ 道光《休宁县志》卷二,营建·廨署,《中国地方志集成》本,南京:江苏古籍出版社,1998年。

修《海阳山水志》①一部,清代康熙年间廖腾煃撰有《海阳纪略》②一书。

以"休宁"为名的最早的一部方志,有文献记载称:"始修于太史程克勤(程敏政),继辑于邑令宋奉新(宋国华)。"③而笔者在查阅道光《徽州府志》时了解到,张旭曾纂修过一部《休宁县志》④。据道光《休宁县志》记载,张旭是明成化十年(1474年)甲午科举人⑤,而弘治《徽州府志》则称"休宁人,易经魁"⑥。那么,张旭的这部休宁县志与明代弘治四年(1491年)程敏政编修的那部休宁县志是什么关系?是早于程敏政《休宁志》的另一部休宁县志吗?弘治《休宁志》有程敏政所写的志序,序中如此写道:"安成欧阳君以成化辛丑冬来知休宁县事,明年春以县志为属,会予服阕将还朝久弗克成也。乙巳秋,掇拾而成焉。盖书之为图者一,为志者十有八,文之附者十有六,诗之附者四,总之为卷三十八。君得之又大加搜辑而校刻之,刻成以监察御史召。故书虽就绪,而其间字之伪者未整也,乃复以摹本来俾,有所是正,而后印布焉。戊申冬予以斥归田,君亦出按于蜀,庚戌秋则又以书抵予,与继知县事中山张君请卒其事。值予病中不能执笔。明年夏疾少间,而张君复有台宪之征,始克翻绎旧本,则知张君尝以其暇日重加校阅,可传矣,乃为之序。"⑦由此可知,欧阳旦于明代成化辛丑年(成化十七年,1481

---

① 道光《徽州府志》卷十五,艺文志·书籍,《中国地方志集成》本,南京:江苏古籍出版社,1998年。
② 道光《徽州府志》卷八,职官志·名宦,《中国地方志集成》本,南京:江苏古籍出版社,1998年。
③ 康熙《休宁县志》卷七,艺文·纪述,《中国方志丛书》本,台北:成文出版社,1970年。
④ 道光《徽州府志》卷十五,艺文志·书籍,《中国地方志集成》本,南京:江苏古籍出版社,1998年。
⑤ 道光《休宁县志》卷九,选举·举人,《中国地方志集成》本,南京:江苏古籍出版社,1998年。
⑥ 弘治《徽州府志》卷六,选举·科第,《天一阁藏明代方志选刊》本,上海:上海古籍书店影印,1964年。
⑦ 弘治《休宁志》,程敏政序,《北京图书馆古籍珍本丛刊》本,北京:书目文献出版社,1998年。

年)冬到休宁县做知县,上任之后即嘱程敏政编修休宁县志,但适逢程敏政任期已到即将回京,修志的事暂时没有进行。到乙巳秋(成化二十一年,1485年)才编纂成书,此书总共三十八卷。欧阳旦得到此志后即加以整理、校刻,而此志刻完之后,他即升为监察御史,到京城去了。因此,志虽修完,但还没有严加修订,错误之处亦有不少,程敏政便"以摹本来俾,有所是正",并加以刻印。戊申冬(弘治元年,1488年),程敏政因事被斥回到休宁,而此时欧阳旦也去蜀地做官。欧阳旦虽身在异地,仍记挂着修志之事,庚戌秋(弘治三年,1490年)再一次请程敏政继续修订原志志稿,并最终完成修志之事。此时,程敏政准备和时任休宁知县的中山人张君一同来完成这项工作,但因他身染疾病,没能及时着手修志,而是到第二年(弘治四年,1491年)病情有所好转后,才正式进行这项工作。当他翻阅志稿时,才知道知县张君已在闲暇之时对志稿"重加校阅"。至此这部志书才正式完成,并予以印行。程敏政编修的休宁县志虽最终成于明代弘治四年(1491年),但实际修志活动至迟在明成化二十一年(1485年)就已经开始了,并已修成初稿,后来几经周折,在原稿三十八卷的基础上进一步完善、修订,最终于弘治四年(1491年)定稿印行。在弘治《休宁志》"目录"中,有这样的记录:"县人程敏政编辑,安成欧阳旦增辑,中山张錞重校"①,那么,"程敏政序"中所言之"中山张君"当是"张錞"。张錞,字汝器,定州人,明代成化二十年(1484年)的进士。张旭是明代成化十年(1474年)甲午科举人,欧阳旦在明成化辛丑(成化十七年,1481年)到休宁县做知县,前后仅七年左右的时间,他们之间是什么关系?弘治《休宁志》收录了张旭的一首诗,即《寄贺欧阳令君升侍御》,诗曰:"张纲去后几知名,今日抡材惬众情。山岳骤惊骢马出,朝阳初听凤凰鸣。民思父母情无极,天眷君臣庆有成。依旧满城桃李在,何时含笑再相迎。"②张旭《梅岩小

---

① 弘治《休宁志》,目录,《北京图书馆古籍珍本丛刊》本,北京:书目文献出版社,1998年。
② 弘治《休宁志》卷三八,附诗四,《北京图书馆古籍珍本丛刊》本,北京:书目文献出版社,1998年。

稿》中也收录了这首诗,内容完全相同,只是诗名为《寄贺欧阳公子相升侍御》①。这首诗应该是张旭为祝贺欧阳旦升任监察御史一职而写的。能为欧阳旦写诗,并满怀情谊,用"民思父母情无极,天眷君臣庆有成"来歌咏欧阳旦,看来张旭和欧阳旦不仅认识,而且关系十分密切。那么,弘治四年前张旭是否在休宁县呢?《四库全书总目》称:张旭"字廷曙,休宁人,成化甲午举人。历官孝丰、伊阳、高明三县知县"。②从"历官"二字看,张旭应该是依次担任孝丰县、伊阳县、高明县知县的。而弘治《徽州府志》则载:张旭"以易经魁成化甲午乡荐,授浙江孝丰县知县,入广东高明县,又改河南伊阳县"。③据此,张旭应该是先任孝丰县知县,再任高明县知县,最后才任伊阳县知县的。这与《四库全书总目》所载不同。万历《湖州府志》在介绍明代孝丰县历任知县时称:"张旭,休宁人,举人,弘治六年任"④,《广东通志》称张旭在明代弘治九年任高明县知县⑤,《河南通志》在介绍伊阳县历任知县时有如下记载:"张旭,江南休宁人,弘治十三年任。"⑥依据这三条记载中的时间,可知弘治《徽州府志》所言张旭任官次序是正确的。另外,张旭以《易经》领乡荐,且著有《梅岩小稿》一书,说明他也是有些才能的。根据以上分析,可以推论,在明代弘治六年(1493年)前,张旭应该还在休宁县,他应该也受到邀请并参加了欧阳旦组织的修志工作,不过主纂人是程敏政,而不是张旭。据此,道光《徽州府志》称张旭纂修过一部《休宁县志》实有不妥。经过以上分析,道光《徽州府志》所言张旭之志与明代弘治四年(1491年)程敏政所修之休宁县志实为一部志书,这部志书就是最早的一部有据可考的以"休宁"为名的休宁县志。

① (明)张旭:《梅岩小稿》卷八,明正德元年刻本。
② (清)永瑢等:《四库全书总目》卷一七五,集部·别集类存目二,北京:中华书局,2008年,第1562页。
③ 弘治《徽州府志》卷八,人物二·宦业,《天一阁藏明代方志选刊》本,上海:上海古籍书店影印,1964年。
④ (万历)《湖州府志》卷十,明万历刻本。
⑤ 《广东通志》卷二十八,职官志,清文渊阁《四库全书》本。
⑥ 《河南通志》卷三四,清文渊阁《四库全书》本。

根据现存文献记载,明代以后有名可考的休宁县志共编修过九部,今存六部,三部已佚。即:

(明)《休宁志》(三十八卷),弘治四年(1491年),学士程敏政纂修。①

《休宁县志》(八卷),嘉靖二十七年(1548年),知县宋国华修,吴宗尧、陈有守纂。②

《休宁县后志》,嘉靖年间,程瞳纂修。③(已佚)

《休宁县志补》,嘉靖年间,程一枝纂修。④(已佚)

《休宁县志》(八卷),万历三十五年(1607年),知县李乔岱修,邵庶纂。

(清)《休宁县志》(八卷首一卷),康熙三十二年(1693年),廖腾煃修,汪晋徵纂。⑤

《休宁县志》,乾隆五十三年(1788年),徐日馦纂修。⑥(已佚)

《休宁碎事》(十二卷),嘉庆十六年(1811年),徐卓纂。

《休宁县志》(二十四卷图一卷),嘉庆二十年(1815年)(初刻本),道光三年(1823年)(补刻本),何

---

① 道光《徽州府志》卷十五,艺文志·书籍,《中国地方志集成》本,南京:江苏古籍出版社,1998年。根据《中国地方志联合目录》,此志现只存于国家图书馆,且仅存卷1~19、26~38(中国科学院北京天文台主编,北京:中华书局,1985年,第470页)。

② 康熙《徽州府志》卷一,建置沿革表,《中国方志丛书》本,台北:成文出版社,1970年。

③ (明)程瞳撰,王国良等点校:《新安学系录》,附录二,《富溪程氏书籍考》,合肥:黄山书社,2006年,第328页。

④ 道光《徽州府志》卷十一,人物志·文苑,《中国地方志集成》本,南京:江苏古籍出版社,1998年。

⑤ 康熙《徽州府志》卷一,舆地志上·建置沿革表,《中国方志丛书》本,台北:成文出版社,1970年。

⑥ 道光《休宁县志》,何应松序,《中国地方志集成》本,南京:江苏古籍出版社,1998年。

应松修,方崇鼎纂。①

从文献记载的情况看,有名可考的修于明永乐六年(1408年)之前的休宁县志只有一部,即道光《休宁县志》中提到的"元《海阳志》",此志早已亡佚,无从考证。

3.婺源县县志编修源流

唐朝开元二十八年(740年)始置婺源县。婺源又称"星源",以"星源"为名的方志应是婺源县志。根据民国《婺源县志》的记载,第一部婺源县志是宋代咸淳五年(1269年)邑人胡升所撰之《星源图志》,惜此志已佚。从宋代至民国,包括乡土志在内,婺源共修有十九部县志,但已有八部早已亡佚,现存十一部,最早的一部是明嘉靖十七年(1538年)冯炫纂修的,原志六卷,仅存有三卷。现将婺源县志的编修情况列举如下:

  (宋)《星源图志》,咸淳五年(1269年),邑人胡升撰,知县洪从龙序其端。婺源县志创修于此。(已佚)

  (元)《星源续志》,至正年间,邑人汪幼凤著。②(已佚)

  《婺源县志》,至正年间,俞元膺纂修。③(已佚)

  (明)《星源志》(十二卷),弘治年间,程质纂修。④(已佚)

  《婺源县志》(六卷),正德八年(1513年),教谕傅鼎修,自序其端。(已佚)

  《婺源县志》(六卷),嘉靖十七年(1538年),冯炫

---

① 中国科学院北京天文台主编:《中国地方志联合目录》,北京:中华书局,1985年,第471页。嘉庆二十年刊本收入《中国方志丛书》中。道光三年刻本收入《中国地方志集成》中。

② 民国《婺源县志》卷一,纪述一·修志源流,民国十四年(1925年)刻本。

③ 民国《婺源县志》卷一,纪述一·修志源流,民国十四年(1925年)刻本。

④ 道光《徽州府志》卷十五,艺文志·书籍,《中国地方志集成》本,南京:江苏古籍出版社,1998年。

纂修,邑人汪思序其端①。现仅存卷4~6。②

《婺源县志》,万历三十九年(1611年),赵昌期等纂修。(已佚)

《婺源县续志》,天启二年(1622年),黄世臣、卢化鳌等纂修。③(已佚)

(清)《婺源县志》(十二卷),康熙八年(1669年),刘光宿修,詹养沉纂。

《婺源县志》(十二卷),康熙三十三年(1694年),蒋灿纂修。④

《婺源县志》(三十九卷首一卷),乾隆二十二年(1757年),俞云耕修,潘继善纂。⑤

《婺源县志》(三十九卷首一卷),乾隆五十二年(1787年),彭家桂修,张图南等纂。⑥

《婺源县志》(三十九卷首一卷),嘉庆十二年(1807年),赵汝为纂修。⑦

《婺源县志》(三十九卷首一卷),道光六年(1826年),黄应昀、朱元理修,董桂科纂。⑧

---

① 民国《婺源县志》卷一,纪述一·修志源流,民国十四年(1925年)刻本。

② 中国科学院北京天文台主编:《中国地方志联合目录》,北京:中华书局,1985年,第490页。称其为"嘉靖十九年"。

③ 康熙《徽州府志》卷一,舆地志上·建置沿革表,《中国方志丛书》本,台北:成文出版社,1970年。

④ 民国《婺源县志》卷一,纪述一·修志源流,民国十四年(1925年)刻本。

⑤ 中国科学院北京天文台主编:《中国地方志联合目录》,北京:中华书局,1985年,第490页。民国《婺源县志》称其为"乾隆十九年修",或为始修时间。

⑥ 中国科学院北京天文台主编:《中国地方志联合目录》,北京:中华书局,1985年,第490页。民国《婺源县志》称其为"乾隆五十一年修"。

⑦ 中国科学院北京天文台主编:《中国地方志联合目录》,北京:中华书局,1985年,第490页。民国《婺源县志》称其为"为册十有二"。

⑧ 中国科学院北京天文台主编:《中国地方志联合目录》,北京:中华书局,1985年,第490页。民国《婺源县志》称其为"道光五年修"。

《婺源县续志》，同治九年（1870年），沈璟修。①（已佚）

《婺源县志》（六十四卷首一卷），光绪九年（1883年），吴鹗修，汪正元纂。②

《婺源乡土志》（七章），光绪三十四年（1908年），董钟琪、汪廷璋编。③

《婺源地理教科书》，光绪三十四年（1908年），吴国昌编。④

（民国）《重修婺源县志》（七十卷末一卷），民国十四年（1925年），葛韵芬等修，江峰青纂。⑤

修于明永乐六年（1408年）前的婺源县志共有三部，即宋咸淳五年（1269年）洪从龙修、胡升撰的《星源图志》，元代至正年间汪幼凤编修的《星源续志》，元至正年间俞膺纂修的《婺源县志》。可惜的是，这三部婺源县志均已亡佚。

4. 祁门县县志编修源流

唐朝大历元年（766年）始置祁门县。祁门县，亦称"祁阊"，取东北有祁山，西南有阊门，故名。据此，以"祁阊"为名的志书亦是祁门县志。查阅文献资料的记载，元代汪元相首创祁门县志，即其所修之《祁阊志》。历史上祁门县共修有十部县志，元汪元相《祁阊志》和明正德谢春《祁阊志》已佚，其余八部均存于世。

---

① 光绪《重修安徽通志》卷三三九，艺文志·史部，清光绪四年（1878年）刻本。

② 中国科学院北京天文台主编：《中国地方志联合目录》，北京：中华书局，1985年，第490页。民国《婺源县志》称其为"光绪八年修"。

③ 中国科学院北京天文台主编：《中国地方志联合目录》，北京：中华书局，1985年，第491页。

④ 中国天文史料普查整编组：《中国地方志联合目录·江西省》（初稿），1978年，第29页。

⑤ 中国科学院北京天文台主编：《中国地方志联合目录》，北京：中华书局，1985年，第491页。

（元）《祁阊志》，顺帝元统元年（1333年）①，邑人汪元相作。"县有志自此始"②。（已佚）

　　（明）《祁阊志》（十卷），永乐九年（1411年），蒋俊修，黄汝济纂。③

　　《祁阊志略》，正德十五年（1520年），邑人程昌（字和溪）修，又名《浮梁志略》。④

　　《祁阊志》（十卷），正德年间，谢春纂修。⑤（已佚）

　　《祁门县志》（四卷）⑥，万历二十八年（1600年）⑦，余士奇修，谢存仁纂。⑧

　　（清）《祁门县志》（八卷），康熙二十三年（1684年）⑨，同知姚启元修，张瑗等纂。⑩

　　《祁门县志》（三十六卷首一卷），道光七年（1827

---

① 康熙《徽州府志》卷一"建置沿革表"（《中国方志丛书》本，台北：成文出版社，1970年）则称此志为"元至正元年（1341年）"修。可能是道光《祁门县志》以开始修志的时间为算，而康熙《徽州府志》则以志成时间为准。

② 道光《祁门县志》卷一，舆地志，清道光丙戌（1826年）刻本。

③ 道光《徽州府志》卷八，职官志·名宦，《中国地方志集成》本，南京：江苏古籍出版社，1998年；中国科学院北京天文台主编：《中国地方志联合目录》，北京：中华书局，1985年，第473页。康熙《徽州府志》卷一"建置沿革表"（《中国方志丛书》本，台北：成文出版社，1970年）则称"（明）洪武三年庚戌，黄汝济修邑（祁门）志"，疑误。同治《祁门县志》卷首"蒋俊序"亦称其为"《祁阊图志》"。康熙《徽州府志》卷一七"杂志上·书籍"（《中国方志丛书》本）称其为"《续祁阊志》"。

④ 康熙《徽州府志》卷一，建置沿革表，《中国方志丛书》本，台北：成文出版社，1970年。

⑤ 康熙《徽州府志》卷一七，杂志上·书籍，《中国方志丛书》本，台北：成文出版社，1970年。

⑥ 道光《徽州府志》卷十五"艺文志·书籍"（《中国地方志集成》本，南京：江苏古籍出版社，1998年）称："谢存仁《万历祁门县志》八卷。"

⑦ 道光《祁门县志》卷一"舆地志"（清道光丙戌（1826年）刻本）称："明神宗万历二十七年己亥，知县余士奇聘邑人谢存仁修邑志成。"

⑧ 中国科学院北京天文台主编：《中国地方志联合目录》，北京：中华书局，1985年，第473页。

⑨ 《中国地方志联合目录》（中国科学院北京天文台主编，北京：中华书局，1985年，第473页）称此志为"康熙二十二年（1683年）刻本"。

⑩ 道光《祁门县志》卷一，舆地志，清道光丙戌（1826年）刻本。

年),王讓修,桂超万纂。

《祁门县志》(三十六卷首一卷),同治十二年(1873年),周溶修,汪韵珊纂。

《祁门县志补》(一册),光绪年间,倪望重纂。

《祁门县乡土地理志》(不分卷),宣统年间,李家骧编。①

根据现存文献的记载,修于明代永乐六年(1408年)之前的祁门县志只有一部,即元代汪元相编修的《祁闻志》,此志已佚。

5. 黟县县志编修源流

秦统一天下后即设有黟县,但第一部黟县县志却是明代正德十六年(1521年)知县陈九畴编修的,"黟之有志,昉在明正德时陈君九畴"②,此前黟县的情况都依附于府志之中。根据文献记载,从明代正德年间黟县始修县志至民国时期,包括乡土志在内,黟县共修有十一部县志,现存九部,两部亡佚,兹列举如下。

(明)《黟县志》,正德十六年(1521年),知县陈九畴修。"黟有志自此始"③。(已佚)

《黟县图记》,万历年间,知县王家光修。(已佚)

(清)《黟县志》(八卷),顺治十二年(1655年),窦士范修。

《黟县志》(四卷),康熙二十二年(1683年),王景曾修,尤何等纂。

《黟县志》(十二卷),乾隆三十一年(1766年),孙

---

① 中国科学院北京天文台主编:《中国地方志联合目录》,北京:中华书局,1985年,第473页。
② 嘉庆《黟县志》卷十六,艺文志·志原,《中国地方志集成》本,南京:江苏古籍出版社,1998年。
③ 康熙《徽州府志》卷一,舆地志上·建置沿革表,《中国方志丛书》本,台北:成文出版社,1970年。

维龙纂修。①

《黟县志》(一志)(十六卷首一卷),嘉庆十七年(1812年),吴甸华修,程汝翼、俞正燮纂。

《黟县续志》(二志)(五卷),道光五年(1825年),吕子珏修,詹锡龄纂。

《黟县志》(三志)(十六卷首一卷末一卷),同治九年(1870年),谢永泰修,程鸿诏纂。

《黟县乡土志》,因此志记事止于清同治末,应修于同治末年之后。

(民国)《黟县志》(四志)(十六卷首一卷末一卷),民国十二年(1923年),吴克俊等修,程寿保等纂。②

《黟县乡土地理》(一册)(不分卷),民国十四年(1925年),胡存庆编。③

黟县县志始修于明代正德十六年(1521年),至民国时期共修有十一部,均修于明代永乐六年(1408年)之后。

6. 绩溪县县志编修源流

绩溪县建于唐大历元年(766年)。但根据现存文献记载,有名可考的单独的绩溪县志最早的一部应是明代弘治十五年(1502年)编修的。从明朝至民国时期,包括乡土志在内,绩溪县曾编修过十三部县志,其中四部早已散佚,现存九部。

(明)《绩溪县志》,弘治十五年(1502年),程傅修、戴骝主纂。(已佚)

《绩溪县志》,正德十六年(1521年),陈约修、张翱等纂。(已佚)

《绩溪县志》(十二卷),万历九年(1581年),陈嘉策修、何棠等纂。

---

① 嘉庆《黟县志》卷十六,艺文志·志原,《中国地方志集成》本,南京:江苏古籍出版社,1998年。
② 中国科学院北京天文台主编:《中国地方志联合目录》,北京:中华书局,1985年,第474页。
③ 中国天文史料普查整编组:《中国地方志联合目录·安徽省》(初稿),1978年,第59页。

（清）《绩溪县志续编》（四卷），康熙七年（1668年），苏霍祚修、胡象谦等纂。

《绩溪县志》（十卷），乾隆二十一年（1756年），较陈锡修、章瑞钟纂。①

《绩溪县志》（十二卷），嘉庆十五年（1810年），清恺修、席存泰纂。②

《绩溪县续志》，同治年间，喻肇祥、宋垚金、宋庆嵩等纂修。（已佚）

《绩溪县志补》，咸丰年间，胡在田纂修。③（已佚）

（民国）《绩溪乡土地理》（一册），民国十五年（1926年），胡步洲编。

《绩溪乡土历史》（十一章），民国十九年（1930年），汪稼云编。④

《新修绩溪县志》，民国二十三年（1934年），马吉笙修、胡止澄纂。⑤

《绩溪乡土历史教科书》（一册）。

《绩溪乡土地理教科书》（一册）。⑥

绩溪县县志始修于明弘治十五年（1502年），至民国时期共修有十三部，均修于明永乐六年（1408年）之后。

综上所述，有据可考的、修于明永乐六年（1408年）之前的徽州方志共有十六部，其中徽州府志十一部，休宁县志一部，婺

---

① 嘉庆《绩溪县志》卷首，原序，《中国地方志集成》本，南京：江苏古籍出版社，1998年。
② 中国科学院北京天文台主编：《中国地方志联合目录》，北京：中华书局，1985年，第472页。
③ 光绪《重修安徽通志》卷三三九，艺文志·史部，清光绪四年（1878年）刻本。
④ 中国天文史料普查整编组：《中国地方志联合目录·安徽省》（初稿），1978年，第54页。
⑤ 中国科学院北京天文台主编：《中国地方志联合目录》，北京：中华书局，1985年，第473页。
⑥ 中国天文史料普查整编组：《中国地方志联合目录·安徽省》（初稿），1978年，第54页。

源县志三部,祁门县志一部。这十六部徽州方志除宋代淳熙二年(1175年)罗愿编修的十卷本《新安志》仍存于世,其余十五部均已亡佚。根据上述徽州建置沿革和徽州方志编修源流的情况,可以初步断定《永乐大典》收录的十部徽州方志中有六部为徽州府志,即《新安续志》、《新安后续志》、《延祐新安后续志》、《新安志》、《徽州府新安志》、《徽州府志》,那么,这六部志书修于何时?同是修于明代永乐六年(1408年)以前,这六部徽州府志与上文所提及的已经散佚的十部徽州府志之间究竟是什么关系?《星源志》应该是一部婺源县志,是上述三部明代永乐六年以前编修的婺源县志中的哪一部?而从书名看,《休宁县新安志》和《休宁县彰安志》应该是两部县志,那么与前文所言的休宁县志又是什么关系?《黄山图经》应该是一部专志,专记黄山的,那么这部专志修于何时?另外,这些志书的佚文又有什么样的价值?围绕着这样一些问题,笔者对这十部徽州方志进行了分析和研究。

第二章

大典本《新安续志》研究

《永乐大典》收录了一部《新安续志》。20世纪30年代,张国淦先生就曾对《永乐大典》收录的方志进行过辑佚,并将其辑佚成果收录在《蒲圻张氏大典辑本》中(当时未及刊刻出版)。张国淦先生从《永乐大典》中辑佚出一部《新安续志》,并称其为"宋刘炳修,李以申纂"[①]。根据徽州府志编修源流,这部《新安续志》应修于宋代端平二年(1235年)。20世纪80年代,马蓉等学者也对《永乐大典》方志进行了一次全面的辑佚,辑佚成果全部收录在《永乐大典方志辑佚》一书中,他们从《永乐大典》中也辑佚出一部《新安续志》[②]。《永乐大典方志辑佚》一书没有对辑佚出的方志的编修时间进行分析和说明,因而笔者根据徽州方志编修源流和佚文提供的时间线索,对其佚文进行了分析和研究,认为大典本《新安续志》应修于宋代咸淳五年(1269年)以后明代永乐六年(1408年)以前。由此,笔者产生了一个疑问:同收录于《永乐大典》,同名为《新安续志》,且《永乐大典》现仅存副本残卷八百多卷,不存在着版本差异,但为何在编修时间上却有这样两种不同看法?张国淦先生辑出的《新安续志》和马蓉等学者辑出的《新安续志》是不是同一部书?带着这些疑问,笔者对有关问题进行了进一步的分析和探讨。

---

① 张国淦:《中国古方志考》,北京:中华书局,1962年,第299页。
② 马蓉等点校:《永乐大典方志辑佚》,第2册,北京:中华书局,2004年,第1055页。

一、关于大典本《新安续志》编修时间的探讨

张国淦先生曾从《永乐大典》中辑佚出一部《新安续志》。《中国古方志考》中有如下记述：

> 新安续志宋　佚　蒲圻张氏大典辑本
> 宋刘炳修　李以申纂刘炳，字叔文，四明人，绍定六年以寺丞知徽州。李以申，四明人，州学教授。
> 李以申序（从略）①
> 《文渊阁书目》十九：旧志，《新安续志》二册
> 《大典辑本》据《大典》三千五百七十九：九真（陶村），七千五百十六：十八阳（际留仓），引《新安续志》二条。②

虽然张国淦先生的《蒲圻张氏大典辑本》当时并未刊刻出版，但 2006 年经过杜春和的整理，张国淦先生的《永乐大典方志辑本》由北京燕山出版社正式出版。我们终于可以得见张国淦先生辑出的《新安续志》的全部佚文了。兹将全部内容抄录如下：

> **《新安续志》**
> 案：《大典》引《新安续志》凡四条。宋绍定□年，知徽州刘炳修《新安续志》，教授李以申序。淳熙三年有罗愿《新安志》十卷，故此曰续志。《文渊阁书目·旧志》："《新安续志》二册"，当即是志。
> 陶村　《新安续志》：在黟县南山丁峰下，多陶姓，里曰靖节，社曰五柳，意渊明之后。　［卷三千五百七十九　九真］
> 际留仓　《新安续志》：际留仓在州治东。际留仓

---

① 《中国古方志考》中还在此处全文抄录李以申志序，因与本处所论问题无关，故略去不引。
② 张国淦：《中国古方志考》，北京：中华书局，1962 年，第 299 页。

在县衙内,与薛少保祠相向。　［卷七千五百十六　十八阳］

相儒堂　《新安续志》:宋丞相江万里,尝读书黟县石鼓院中,僧扁其堂曰相儒。　［卷七千二百三十五　十八阳］

逸士　《新安续志》:张珏,字公予,婺源人。进朝请郎。建炎三年,从朱弁使金还,高庙优诏迎劳,珏以病累章乞归。世居溪之东,环宅多竹。其归也,上书"竹溪逸士"赐之,一时名士推重焉。　［卷一万三千四百五十　二寘］①

由此,我们可以知道以下三点:第一,张先生认为《永乐大典》收录的《新安续志》是宋代刘炳修、李以申纂的,且已亡佚;第二,20世纪30年代张国淦先生仅从《永乐大典》中辑出了《新安续志》的两条佚文,即:"陶村"和"际留仓",后又不断补充,根据《永乐大典方志辑本》辑出的内容看,则又多辑出"相儒堂"和"逸士"两条佚文,共四条佚文;第三,张先生虽然没有直接说明理由,但根据这段文字中的"《文渊阁书目》十九:旧志,《新安续志》二册"一句可以推测,他应该是根据书目中的记载从志书的名称和志书的编修以及流传情况判断此志为宋代李以申所修。

根据《永乐大典》的成书时间,大典本《新安续志》应修于明代永乐六年(1408年)之前。从徽州府的建置沿革看,"新安"应该是郡名,因此大典本《新安续志》应该是一部郡志,那么就必须考察徽州府志的编修源流以探讨此志的编修时间。根据弘治《徽州府志》"汪舜民序"②对明代弘治以前徽州府志编修情况所做的基本介绍。另外,考之明初朱同所撰《重编新安志

---

① 张国淦著,杜春和整理:《永乐大典方志辑本》(上),载《张国淦文集四编》,北京:北京燕山出版社,2009年,第103页。
② 弘治《徽州府志》,汪舜民序,《天一阁藏明代方志选刊》本,上海:上海古籍书店影印,1964年。

序》①、康熙《徽州府志》"赵吉士序"②以及道光《徽州府志》"修志源流"③等关于徽州府志编修源流的记载,在明代永乐六年(1408年)以前编修、书名为《新安续志》的徽州府志只有一部,即宋代端平乙未(端平二年,1235年)李以申编修的《新安续志》。弘治《徽州府志》称:"宋教授李以申,尝著《新安续志》。"④嘉靖《徽州府志》⑤、康熙《徽州府志》⑥、道光《徽州府志》⑦皆称:"李以申,四明人,著《新安续志》。"因此,从志书名称和修志源流上可以判断,《永乐大典》收录的《新安续志》应该就是宋代端平二年(1235年)四明人李以申纂修的《新安续志》。从这一点来看,张先生所作的判断是正确的。

马蓉等学者的《永乐大典方志辑佚》一书也辑出一部《新安续志》,共辑出佚文四条,为了说明问题,故将佚文内容全文摘录如下:

【村寨】陶村,在黟县南山丁峰下。多陶姓,里曰靖节,社曰五柳,意渊明之后。[册五十卷三五七九页十八]

【仓廪】际留仓,在州治东。际留仓,在县衙内,与薛少保祠相向。[册八一卷七五一六页十]

【宫室】宋丞相江万里,尝读书黟县石鼓院中,僧扁其堂曰相儒。[册六九卷七二三五页十一]

---

① 弘治《徽州府志》卷十一,词翰一·序,《天一阁藏明代方志选刊》本,上海:上海古籍书店影印,1964年。

② 康熙《徽州府志》,赵吉士序,《中国方志丛书》本,台北:成文出版社,1970年。

③ 道光《徽州府志》卷十六,杂记·修志源流,《中国地方志集成》本,南京:江苏古籍出版社,1998年。

④ 弘治《徽州府志》卷四,职制,《天一阁藏明代方志选刊》本,上海:上海古籍书店影印,1964年。

⑤ 嘉靖《徽州府志》卷四,郡县职官志,《北京图书馆古籍珍本丛刊》本,北京:书目文献出版社,1998年。

⑥ 康熙《徽州府志》卷三,秩官志上·郡县职官表,《中国方志丛书》本,台北:成文出版社,1970年。

⑦ 道光《徽州府志》卷七,职官志·郡职官,《中国地方志集成》本,南京:江苏古籍出版社,1998年。

【人物】张珏，字公予，婺源人。进朝请郎。建炎三年，从朱弁使金还，高庙优诏迎劳，珏以病累章乞归。世居溪之东，环宅多竹。其归也，上书"竹溪逸士"赐之，一时名士推重焉。［册一百三七卷一三四五〇页三十］①

不过，笔者在对大典本《新安续志》佚文进行分析和研究后，认为此《新安续志》应修于宋咸淳五年（1269年）以后明永乐六年（1408年）以前。这一看法与张国淦先生的观点有所不同。

从大典本《新安续志》佚文【宫室】条"宋丞相江万里"这一表达方式看，此志应修于宋代之后，而考虑到《永乐大典》修成于明代永乐六年（1408年），那么大典本《新安续志》应修于元代或明代永乐六年前。

但是，这里还需要注意另一个问题。黄燕生先生在研究《永乐大典》方志时曾指出，明朝编修《永乐大典》时，出于本朝为正的观念，往往对收录的方志的原文加以改动，"《永乐大典》引前代著述，凡遇称'国朝'、'皇朝'、'本朝'者，大都改易为原朝代名或'前朝'，以避免混淆"。② 基于这一点，如果李以申确实希望给宋朝人物加上国号以示区别，按照当时的习惯，通常也会在人名前加上"本朝"、"国朝"、"皇朝"等字，而后来是《永乐大典》的编者将其改为"宋"字的，于是就出现了"宋丞相江万里"的字样。如果真是这样，那么张国淦先生关于大典本《新安续志》编修时间的判断就是正确的。

为了确认这一点，进一步说明问题，就有必要对大典本《新安续志》佚文提供的所有时间线索进行分析。"宋丞相江万里"中还提供了另一个时间线索，就是江万里做丞相的时间。

关于江万里的情况，嘉庆《黟县志》中有如下记载："江万里，字子远，号古心，都昌人。少神隽，有锋颖，连举于乡，入太

---

① 马蓉等点校：《永乐大典方志辑佚》，第2册，北京：中华书局，2004年，第1055页。

② 黄燕生："《永乐大典》征引方志考述"，载《中国历史文物》，2002年第3期，第76页。

学,有文声。黟人江淳万因辑会通谱适芝城访旧宗,闻万里贤,归筑室于石鼓寺之右,遣弟一鹗、寅简礼请至黟受业焉。其教人率以身为准式,先躬行而次文艺,后一鹗、寅简俱登第。万里以舍选出身历官至左丞相兼枢密使。予祠时咸淳九年,万里年七十六矣。明年,元兵渡江,万里闻荆襄失守,凿池芝山后圃,扁其亭曰:'止水'。及饶州城破,万里竟赴止水死。今石鼓寺有相儒堂,《旧志》云:宋丞相江万里读书处也"①,道光《徽州府志》②亦有相似记载。《宋史·江万里传》中也有相关记载:"咸淳九年,(江)万里年七十有六矣。明年,大元兵渡江,万里隐草野间,为游骑所执,大诟,欲自戕,既而脱归。先是,万里闻襄樊失守,凿池芝山后圃,扁其亭曰'止水',人莫谕其意。及闻警,执门人陈伟器手,曰:'大势不可支,余虽不在位,当与国为存亡。'及饶州城破,军士执万顷,索金银不得,支解之。万里竟赴止水死。"③另,《宋史·度宗本纪》载:咸淳五年,"以江万里为左丞相"④。

　　由此可知,江万里大约生活在宋代庆元六年(1200年)至咸淳十年(1274年)这一段时间内,曾在咸淳五年(1269年)官至左丞相,后兼枢密使。如果此志确实是宋代李以申所修,那么李以申应该是在宋端平二年(1235年)编修这部志书的,而此时江万里还不是丞相,所以李以申是不会称江万里为丞相的,文中就不会出现"丞相江万里"的字样。从这一角度看,根据佚文中提供的时间线索,大典本《新安续志》不应该是宋代李以申编修的《新安续志》,而应该是宋代咸淳五年(1269年)以后明代永乐六年以前编修的。

　　其实问题并没有上文分析的那么简单,因为从编修时间和书名两方面看,在上文列举的明代永乐六年前编修的徽州府志

---

①　嘉庆《黟县志》卷七,人物·寓贤,《中国地方志集成》本,南京:江苏古籍出版社,1998年。
②　道光《徽州府志》卷十四,人物志·流寓,《中国地方志集成》本,南京:江苏古籍出版社,1998年。
③　《宋史》卷四一八,列传第一百七十七,北京:中华书局,1977年。
④　《宋史》卷四六,本纪第四十六,北京:中华书局,1977年。

中没有哪一部志书同时满足这两个条件，即修于宋代咸淳五年（1269年）以后明代永乐六年（1408年）以前，书名又为《新安续志》的，故尚无法贸然确定《永乐大典》收录的《新安续志》究竟是哪一部志书。仍有一些问题需要厘清。

张国淦先生所辑之《新安续志》和《永乐大典方志辑佚》所辑之《新安续志》两书同名，但从上文所作的介绍和笔者的分析看，关于这部志书的编修时间却有两种不同的观点，这两部书似乎不是同一部书，那么这两部同名的书究竟是什么关系呢？要想弄清这一问题，首先要从两部《新安续志》的佚文着手。关于《新安续志》的佚文，从上文列举的张氏《永乐大典方志辑本》和马蓉等的《永乐大典方志辑佚》看，都辑出四条资料，虽然两书在条目名称上有些区别①，但佚文内容和佚文出处完全相同。由于《永乐大典》问世后只有正、副二本，而正本在明末就已下落不明，现仅存副本残卷八百多卷，不存在版本差异问题，因此可以定论：如果佚文出处和内容相同，就应该是同一部志书。

但是为什么关于大典本《新安续志》的编修时间却有上述两种不同的看法呢？有两个问题值得注意：其一，张国淦先生在20世纪30年代辑佚《永乐大典》方志时，限于资料的缺乏，只辑出《新安续志》的两条佚文，即"陶村"和"际留仓"，这两条佚文中均无时间线索，因而张先生根据方志编修源流确定大典本《新安续志》为宋代李以申编修的。而到后来虽新辑"相儒堂"、"逸士"两条佚文，但尚未注意其中的时间问题，没有对大典本《新安续志》的编修时间重新考虑，故只沿袭了原有的观点。其二，徽州方志记载中的一些资料为解释这个问题提供了线索。元代延祐年间洪焱祖曾编修过一部志书，关于洪焱祖修

---

① 《永乐大典方志辑佚》的编者对《永乐大典》中原有类目的，则直接引用，不加变化，从而保持原著的本来面貌，至于那些丢失原有类目的，则根据文字内容，列出类目，并以方括号"【 】"表示，以示区别。《新安续志》的【宫室】、【村寨】、【人物】、【仓廪】就是编者根据内容和方志体例，拟出的类目。而《永乐大典方志辑本》则是按《永乐大典》所设条目辑出原文，没有按方志体例拟出其类目，《新安续志》中的"陶村"、"际留仓"、"相儒堂"、"逸士"就是这种情况。

志之事,弘治《徽州府志》①、嘉靖《徽州府志》②、康熙《徽州府志》③、道光《徽州府志》④皆称:洪焱祖"著有《新安后续志》十卷",而在乾隆《歙县志》⑤、光绪《重修安徽通志》⑥、民国《歙县志》⑦中却称洪焱祖"著有《新安续志》十卷。因此,上述文献提到的《新安续志》和《新安后续志》应该是同一部书,两者指的都是元代延祐六年(1319年)洪焱祖编修的十卷本的《新安后续志》。这样看来,方志中存在着著录文献不严谨的现象。根据这一线索,笔者认为《永乐大典》收录的《新安续志》实际上包括两部志书,一部是宋代端平二年(1235年)李以申编修的《新安续志》,一部是元代延祐六年(1319年)洪焱祖编修的《新安后续志》。因为,既然洪焱祖所修之志在流传过程中,或被称为《新安续志》,或被称为《新安后续志》,同书异名的现象已经存在,那么,《永乐大典》收录方志时对洪焱祖之志既可以称为《新安续志》,又可以称为《新安后续志》,而且《永乐大典》的编修者也没有对书名进行统一,著录亦不严谨。而《永乐大典方志辑佚》的编者在辑佚方志时遵循的原则是:"《大典》征引书名,殊不一致,究为一书或他书,已难寻考,今辑佚时悉遵《大典》所录书名,一般不强为合并"⑧,结果就将同名的两部书的内容辑录

---

① 弘治《徽州府志》卷七,人物一·文苑,《天一阁藏明代方志选刊》本,上海:上海古籍书店影印,1964年。

② 嘉靖《徽州府志》卷十八,文苑列传,《北京图书馆古籍珍本丛刊》本,北京:书目文献出版社,1998年。

③ 康熙《徽州府志》卷十三,人物志·文苑,《中国方志丛书》本,台北:成文出版社,1970年。

④ 道光《徽州府志》卷十一,人物志·文苑,《中国地方志集成》本,南京:江苏古籍出版社,1998年。

⑤ 乾隆《歙县志》卷十二,人物志·文苑,《中国方志丛书》本,台北:成文出版社,1970年。

⑥ 光绪《重修安徽通志》二二四,人物志·文苑,清光绪四年(1878年)刻本。

⑦ 民国《歙县志》卷七,人物志·文苑,《中国地方志集成》本,南京:江苏古籍出版社,1998年。

⑧ 马蓉等点校:《永乐大典方志辑佚》,第1册,北京:中华书局,2004年,前言,第24页。

在一部书下，即将元代洪焱祖《新安续志》佚文辑录在宋代李以申《新安续志》下了。根据这一推论，那么《永乐大典方志辑佚》一书辑出的《新安续志》佚文就应该包括两部书的佚文，一部是宋代端平二年（1235年）李以申编修的《新安续志》，另一部应该是元代延祐六年（1319年）洪焱祖编修的《新安后续志》。《永乐大典》著录书籍存在着异书同名的现象。

  那么，大典本《新安续志》的四条佚文哪些属于李志，哪些属于洪志呢？"陶村"一条没有明确时间线索，姑从张先生之说，将其归为李以申之志。弘治《徽州府志》中介绍绩溪县仓廪时有这样一条资料："存留仓，宋有际留仓，在县西。国朝改名存留，移建于县治南"①。由此可知，"际留仓"建于宋代，明朝改名为"存留仓"。因此，"际留仓"一条既可以属于李以申之志，也可以属于洪焱祖之志。而"张珏"一条中有明确的时间线索，即"建炎三年"（1129年），这说明张珏是宋代人，且生活于李以申修志之前。现存徽州方志中保存了"张珏"的资料，如："张珏，字公予，婺源人，祖洪汀州文学与衡守张敦颐，检详敦实为兄弟。珏弟滋罣误法当死，珏曰：'吾力单微，养母不如弟'，自拘于有司，遇恩徙边，以是见知蕲王韩世忠，从讨湖寇刘忠、曹成，上功补进勇副尉，稍迁进武校尉，持节追金帅，计事称旨，进朝请郎。建炎三年，从朱弁使金还，高庙优诏迎劳，珏以病累章乞归。世居溪之东，环宅多竹，其归也，上书'竹溪逸士'，赐之，一时名士推重焉。有诗三十卷行世，朱文公跋之，称其天资孝友绝人，有古笃行君子所难能者。"②从大典本《新安续志》佚文和现存徽州方志记载看，因其有功，张珏曾受到皇帝的旌表，也为时人所尊崇，对于这样一位人物，李以申是不可能不加以记载的，因此，"张珏"这条资料应该归为李以申的《新安续志》。江万里做丞相是在宋代咸淳五年（1269年），是在李以申修志以后，因此，如前分析，"相儒堂"一条应是元代洪焱祖《新安后

---

① 弘治《徽州府志》卷五，恤政·仓局，《天一阁藏明代方志选刊》本，上海：上海古籍书店影印，1964年。

② 道光《徽州府志》卷十二，人物·武略，《中国地方志集成》本，南京：江苏古籍出版社，1998年。

续志》佚文中的资料。根据以上分析,《永乐大典方志辑佚》辑出的四条资料,其中"陶村"、"张珏"两条属于李以申所修的《新安续志》,"相儒堂"一条则属于洪焱祖编修的《新安后续志》,而"际留仓"一条可属于两部志书。以上只是简单地对佚文加以分别,而事实上应该是,罗愿《新安志》中没有收录"际留仓"、"陶村"、"张珏"这三条资料,李以申第一个将这三条资料收入《新安续志》,而洪焱祖在编修《新安后续志》时应该会对这三条资料加以继承。因此,虽然此处为了叙述方便,简单地将大典本《新安续志》佚文进行划分,但"际留仓"、"陶村"、"张珏"这三条佚文也可能是洪焱祖《新安后续志》中的内容。

根据现存文献记载,李以申所撰之《新安续志》还另有异名,《新安文献志》"先贤事略下"载:"李以申,四明人。端平中为徽州学教授。《续新安志》八卷"[①],即称李以申之志为《续新安志》。

二、李以申的修志思想和修志情况

《新安续志》是宋代李以申所著,原书虽已亡佚,但其志序却被保留在弘治《徽州府志》、道光《徽州府志》[②]中。这篇志序是了解李以申修志情况和修志思想的重要参考资料。为了说明问题,现将李以申撰写的《新安续志》的"志序"全文摘抄如下:

> 《新安续志总序》:新安据浙江上游,山水奇秀,称于天下,唐人号为水云深处。前代以去京邑差远,地狭瘠而俗质素,语地望者不以为优。然物产之夥,流布四方,或曰富州。韩吏部送陆歙州文曰:歙大州也。自建炎南渡,驻跸吴京,视三百里诸侯之邦,被声名文

---

① (明)程敏政辑撰,何庆善、于石点校:《新安文献志》,先贤事略下,合肥:黄山书社,2004年,第2151页。

② 道光《徽州府志》卷十六,杂记·修志源流,《中国地方志集成》本,南京:江苏古籍出版社,1998年。

物之盛,遂推三辅重地。初,晋太康元年,改新都曰新安郡。隋开皇元年,州始以歙为名。至宋宣和三年,因睦寇既平之后改歙为徽州,盖郡境有徽岭、徽溪,扬之水出焉。说者以为取诸此,此见之前志者也。前志成于淳熙乙未之春,迨今阅一甲子。四明刘侯炳治郡二年,约已裕民,百废俱兴,独念是邦。比岁以来,生聚日蕃,事物日新,人杰地灵,相望辈出,照映当世。至若朝廷蠲减之特恩,郡邑惠养之善政,所以培邦本而宽民力,前言往行,明谟巨业,所以范乡闾而光竹帛者不相继,而书之诚为阙典,兹续志之所由作也。殆若有数存焉。今纲目大体多循其旧,凡无所增损废置者,前志既已备矣,今皆不书。谨序。李以申。①

这篇志序不仅说明了徽州地区建置沿革的发展变化,也指出徽州自唐代以后就是一个富庶之地,且文风昌盛,名誉三辅。从志序亦可以看出李以申修志的主要原因是:自宋代淳熙二年(1175年)罗愿修志已经过去六十年的时间了,在这期间各方面的情况都发生了很大的变化,正所谓"生聚日蕃,事物日新,人杰地灵,相望辈出",但这段时间里一直没有修志,这些历史变化都没有被记录下来。李以申希望通过续修方志来记载这些历史变化的新过程,这就是"续志之所由作"的原因。由此亦可见,李以申认为方志的一个最主要的功能就是记录历史的发展变化,也就是人们所说的方志具有"存史"之功。此外,序中还提到,"四明刘侯炳治郡二年,约已裕民,百废俱兴,独念是邦","朝廷蠲减之特恩,郡邑惠养之善政"等内容,由此也可以了解到,刘炳在徽州做官时勤于政事,多有建树。正如道光《徽州府志》所言:"刘炳,字叔文,绍定间以寺丞来知郡事,始下车顾学官忾然曰:'学校不修,乌足言政?'皆次第营葺,注意教养,拨田以继廪粟,其它百度莫不整饬,减租耗,蠲积逋,罢岩镇市榷,建育子局,制活人仓,甃通衢,创桥梁。徽人爱之,立生祠以

---

① 弘治《徽州府志》卷十一,词翰一·序,《天一阁藏明代方志选刊》本,上海:上海古籍书店影印,1964年。

祀。后阶中奉大夫爵象山县开国男。"①当然,李以申修志在某种程度上也是为了对朝廷和刘炳的政绩进行歌颂。

根据罗愿《新安志》"罗愿序"②、朱同《新安志》"朱同序"③和弘治《徽州府志》"汪舜民序"④所言,到李以申修志时,此前所修之徽州府志如《新安山水记》、《新安记》、《歙州图经》、《广记》、大中祥符《新图经》等均已亡佚,唯罗愿《新安志》、姚源《新安广录》仍行于世,李以申修志所能参阅的徽州方志资料十分有限,其修志的难度可以想见。由"今纲目大体多循其旧,凡无所增损废置者,前志既已备矣,今皆不书"一句可以看出,李以申修志在纲目上大多遵循旧志,也就是罗愿的《新安志》,对前志已经记录而至今又没有太大变化的内容皆略而不录,重点内容是记载六十年来徽州地区所发生的变化。从这一点看,李以申编修的《新安续志》应该是以补阙前志为基本原则的,在内容上应该对前志有很大的补充,特别是宋代淳熙二年(1175年)以后的资料尤为重要,这些资料为了解和考察徽州地区社会历史发展的情况提供了重要的参考。"际留仓"、"陶村"、"张珏"三条资料在罗愿《新安志》中没有收录,这在一定程度上说明了《新安续志》具有补阙前志的价值。

关于李以申《新安续志》散佚的具体时间文献中没有明确记载,从弘治《徽州府志》"汪舜民序"看,此志到弘治十五年(1502年)时仍存于世,并且是编修弘治《徽州府志》的重要资料来源和参考。

---

① 道光《徽州府志》卷八,职官志·名宦政绩传,《中国地方志集成》本,南京:江苏古籍出版社,1998年。
② 罗愿:《新安志》,罗愿序,清嘉庆十七年(1812年)刻本。
③ 弘治《徽州府志》卷十一,词翰一·序,《天一阁藏明代方志选刊》本,上海:上海古籍书店影印,1964年。
④ 弘治《徽州府志》,汪舜民序,《天一阁藏明代方志选刊》本,上海:上海古籍书店影印,1964年。

三、大典本李以申《新安续志》佚文的价值

大典本李以申《新安续志》共四条佚文，除去本书前述"相儒堂"应属元洪焱祖《新安后续志》以外，其余三条共有140多字，其内容涉及徽州府所辖黟县、歙县、婺源三县，可分为地理、经济、人物三大类资料，包括【村寨】、【仓廪】、【人物】三个类目，即"陶村"、"际留仓"和"张珏"三条资料。在尚无其他辑本出现的情况下，张国淦《永乐大典方志辑本》和马蓉等的《永乐大典方志辑佚》就成为目前关于《永乐大典》收录的李以申《新安续志》佚文最全面的辑本。既然李以申修志是以补充记载自宋代淳熙二年（1175年）以后六十年间徽州地区社会发展变化的情况为主要原则，那么他纂修的《新安续志》应该能够保留不少前志所未记载的内容。从这一点上看，李以申的《新安续志》应该具有重要的史料价值。

（一）地理类资料的价值

地理类资料只有一条，是人文地理方面的。

> 陶村，在黟县南山丁峰下。多陶姓，里曰靖节，社曰五柳，意渊明之后。［册五十卷三五七九页十八］①

这条资料介绍了"陶村"的地理位置、基层组织和村名的来历。从这条资料可以了解到，"陶村"是黟县的一个山村，设有里和社，即靖节里和五柳社，村民多姓陶，称自己是陶渊明的后代，并名本村为"陶村"。这条资料虽然字数不多，但却提供了三方面的情况。由于罗愿《新安志》未记载这条资料，因此李以申《新安续志》是第一个将"陶村"的资料载入徽州府志的，具有始创性价值。而且现存其他徽州府志中很难见到这条资料，因而具有十分珍贵的史料价值，可以起到补充现存记载的作用，

---

① 马蓉等点校：《永乐大典方志辑佚》，第2册，北京：中华书局，2004年，第1055页。

为考察徽州社会发展变化的过程提供了新的参考。

(二)经济类资料的价值

经济类资料也有一条,是仓廪方面的。

> 际留仓,在州治东。际留仓,在县衙内,与薛少保祠相向。[册八一卷七五一六页十]①

从佚文内容看,这条资料实际上记录了两处"际留仓",一处在州治东,一处在县衙内。因宋代徽州州治所在地是歙县,那么这条佚文反映的应该是歙县的相关情况。由于现存徽州方志保留的宋代"际留仓"的资料十分稀见,目前大典本《新安志》佚文存有二条:"宋际留仓,旧在县治东"、"(绩溪县)际留仓,在治西"②,大典本《休宁县彰安志》佚文存有一条:"际留仓,在县楼内东偏"③,弘治《徽州府志》存有一条④,大典本李以申《新安续志》佚文中关于"际留仓"的记载虽然比较简略,但它与其他几部文献记载的"际留仓"的资料不同,具有十分珍贵的资料价值,它为认识"际留仓"这种仓廪形式提供了新的参考。根据弘治《徽州府志》的记载可以知道,"际留仓"建于宋代,明代改名为"存留仓",它是"存留仓"的前身,因此,其设置、功用、管理等方面的情况应与"存留仓"基本一致。关于"际留仓"的功能在徽州方志中虽未介绍,但可以通过明代其他地区方志的记载来了解它的基本情况。如:明嘉靖《建阳县志》载:"际留仓,一所在县治前东畔,宋置元因之。国朝洪武初改今名。收储粮

---

① 马蓉等点校:《永乐大典方志辑佚》,第 2 册,北京:中华书局,2004 年,第 1055 页。
② 马蓉等点校:《永乐大典方志辑佚》,第 2 册,北京:中华书局,2004 年,第 1060 页。
③ 马蓉等点校:《永乐大典方志辑佚》,第 2 册,北京:中华书局,2004 年,第 1049 页。
④ 弘治《徽州府志》卷五,恤政·仓局,《天一阁藏明代方志选刊》本,上海:上海古籍书店影印,1964 年。

米以供官吏俸给及存恤孤老等支用。"①嘉靖《惠安县志》称："际留仓,在县治内簿厅内,即宋常平仓,洪武初改今名。正德十四年,知县陈逅改建,县衙之西北,岁贮粮米以为官吏孤老月饩。"②嘉靖《固始县志》载："际留仓,在县街东南,凡二十六间,储官吏俸,知县吴周修。蔡希夔曰:际留之名,自宋有之。意者,取遇有年而存蓄之意欤?"③可见,际留仓是一种功能混合型仓库。陈旭在对明代预备仓创立时间进行研究时指出:"据笔者所查阅过的一百多部明代地方志中的记载来看,明代地方的'济留仓'、'存留仓'、'际留仓'等仓库,都不是专用的赈济仓库,而是功能混合型仓库,这些仓库存储的粮食具有兼作官吏俸粮、公共开支、救灾救济支出等用途。"④那么,徽州地区的"际留仓"、"存留仓"的功能也应大体如此。

由于罗愿《新安志》没有记载"际留仓"的资料,因此,可以初步确定徽州地区的"际留仓"应始建于南宋淳熙二年(1175年)以后,而且也可以说明李以申《新安续志》第一个将"际留仓"的资料载入徽州府志,具有始创性价值。结合大典本李以申《新安续志》佚文、大典本《新安志》佚文、大典本《休宁县彰安志》佚文以及弘治《徽州府志》、明嘉靖《建阳县志》、嘉靖《惠安县志》、嘉靖《固始县志》的记载,应该可以初步断定宋代徽州地区已有一些属县设有际留仓,际留仓在存储粮食、调剂粮食供给、赈济灾荒、供给官吏俸粮等方面发挥着一定作用。

(三)人物类资料的价值

人物类资料只有一条,是关于"逸士"方面的。

张珏,字公予,婺源人。进朝请郎。建炎三年,从

---

① 嘉靖《建阳县志》卷四,治署志·储恤志,《天一阁藏明代方志选刊》本,上海:上海古籍书店影印,1982年。

② 嘉靖《惠安县志》卷八,公宇,《天一阁藏明代方志选刊》本,上海:上海古籍书店影印,1963年。

③ 嘉靖《固始县志》卷三,建置志三·公署,《天一阁藏明代方志选刊》本,上海:上海古籍书店影印,1963年。

④ 陈旭:《明代预备仓创立时间新论》,载《农业考古》,2010年第1期。

朱弁使金还，高庙优诏迎劳，珏以病累章乞归。世居溪之东，环宅多竹。其归也，上书"竹溪逸士"赐之，一时名士推重焉。[册一百三七卷一三四五〇页三十]①

这条资料主要介绍了"张珏"这个人物的字、籍贯、官品、皇上赐其宅名、跟从朱弁使金以及回朝并隐居等方面的情况。这条资料反映的是南宋初年的历史事实，由于罗愿《新安志》未加记载，因此李以申《新安续志》是第一个将"张珏"的资料载入徽州府志的，具有始创性价值，为后世方志所借鉴和继承。弘治《徽州府志》亦载有"张珏"的资料："张珏，字公予，号竹溪，婺源东溪人。祖洪汀州，文学与衡守敦熙检详，敦实族兄弟也。珏弟滋置误法当死，珏曰：'吾力单微，养母不如弟'，自拘于有司。遇恩徙边，以是见知蕲王韩世忠，从讨湖寇刘忠、曹成，上功补进虎副尉，稍迁进武校尉，持节追金帅，计事称旨，进朝请郎。建炎三年，从朱弁使金还，高庙优诏迎劳，珏以病累章乞归，上书'竹溪逸士'赐之，诏旌其坊曰：'昭义'，授银青光禄大夫。一时名士皆推重，号'竹溪先生'。有《竹溪诗稿》三十卷，待制吕广问为之序，朱熹跋之，称其天资孝友绝人，有古笃行君子所难能者。"②相比而言，李以申《新安续志》佚文的内容虽不如弘治《徽州府志》丰富，但它却是第一个将"张珏"的资料载入徽州府志的，弘治《徽州府志》编修时曾参考了李以申的《新安续志》，应该是对它的继承和发展。后世的嘉靖《徽州府志》③、康熙《徽州府志》④、道光《徽州府志》⑤也都有记载，它们都是在继承前志的基础上不断丰富和发展的。《宋史》无张珏传，因此，李以

---

① 马蓉等点校：《永乐大典方志辑佚》，第2册，北京：中华书局，2004年，第1055页。

② 弘治《徽州府志》卷九，人物三·孝友，《天一阁藏明代方志选刊》本，上海：上海古籍书店影印，1964年。

③ 嘉靖《徽州府志》卷十九，孝友列传，《北京图书馆古籍珍本丛刊》本，北京：书目文献出版社，1998年。

④ 康熙《徽州府志》卷十五，人物志·孝友，《中国方志丛书》本，台北：成文出版社，1970年。

⑤ 道光《徽州府志》卷十二，人物·武略，《中国地方志集成》本，南京：江苏古籍出版社，1998年。

申《新安续志》佚文保存的"张珏"的资料具有一定价值,为了解宋代历史人物提供了参考。

四、李以申《新安续志》佚文辑补

宋代端平二年(1235年)李以申编修的《新安续志》原书早已亡佚,赖其他文献的转引而保存部分内容,因而辑佚其佚文是非常重要的事情,可以尽可能地恢复它的原始面貌,以为研究和利用。笔者在检阅徽州方志时查找到十条出自《新安续志》的资料,一条地理方面的资料,两条人物方面的资料,一条文化方面的资料,六条遗事方面的资料,这些资料有的只是注明引自《新安续志》,却未说明这个《新安续志》是李以申的还是洪焱祖的,但因其所载内容皆为宋代端平二年(1235年)以前之史事,因此,将其辑录在李以申《新安续志》佚文中。通过与大典本李以申《新安续志》佚文对照,这些内容为其所未收录,故抄录如下,以为辑补。

(一)地理方面的资料

地理方面的资料只有一条,是关于形胜的。

> 新安据浙江上游,水云深处。李以申、洪焱祖《新安续志》序。①

此条资料所注出处将李以申和洪焱祖所著的两部志书混在一起,这说明李以申之志和洪焱祖之志皆载有此条资料,因此,这条资料既可以作为李志的内容,又可以看作是洪志的内容。那么,在辑佚李以申《新安续志》佚文时就应该将其作为辑佚的资料来源之一。

这条资料在罗愿《新安志》中未曾见到,因此,李以申《新安续志》是第一个收录这条资料的徽州府志,亦有首创之功。它

---

① 嘉靖《徽州府志》卷二,形胜志,《北京图书馆古籍珍本丛刊》本,北京:书目文献出版社,1998年。

介绍了徽州地区的一些特点,为认识徽州地区自然地理状况提供了参考。

这条资料为后世方志所继承。康熙《徽州府志》[①]和道光《徽州府志》[②]皆有记载,内容完全一样,并且也注明了此条资料出自于"李以申、洪焱祖《新安续志》序",这些方志也是辑佚李以申《新安续志》佚文的资料来源。

(二)人物方面的资料

人物方面的资料有两条,是关于曹汝弼和曹矩父子的。

1. 曹汝弼,字梦得,城南人,以经术德义高蹈州里,工篇什篆隶。与林逋、魏野相往来,故其诗亦似之,号"松箩山人"。有《海宁集》,舒职方雄尝为序,谓其"体致高远,有王右丞、孟处士风骨"。以子矩贵,赠殿中丞。孙道,博古工诗,人称有厥祖风,著《芸窗语集》。《新安续志》。[③]

根据《宋史》所载,魏野和林逋皆为北宋人。《宋史》载:魏野"天禧三年十二月,无疾而卒,年六十";林逋"既卒,州为上闻,仁宗嗟悼,赐谥'和靖先生',赙粟帛"[④]。由此可知,此二人主要生活于宋真宗时期,因曹汝弼"与林逋、魏野相往来",且其子曹矩宋仁宗景祐元年(1034 年)考取进士[⑤],所以曹汝弼应该也是生活于北宋真宗时期,故将曹汝弼的资料辑佚于李以申《新安续志》之下。

这条资料主要是对"曹汝弼"的生平所做的简单介绍,包括他的字、号、籍贯、学术特点、著作及其子曹矩、孙曹道的一些情况。关于"曹汝弼"的资料在罗愿《新安志》中未曾收录,因此

---

① 康熙《徽州府志》卷二,舆地志·形胜,《中国方志丛书》本,台北:成文出版社,1970 年。

② 道光《徽州府志》卷二,舆地志·形胜,《中国地方志集成》本,南京:江苏古籍出版社,1998 年。

③ 道光《休宁县志》卷十二,人物·文苑,《中国地方志集成》本,南京:江苏古籍出版社,1998 年。

④ 《宋史》卷三五七,列传第二百一十六,北京:中华书局,1977 年。

⑤ 康熙《徽州府志》卷九,选举志·科第,《中国方志丛书》本,台北:成文出版社,1970 年。

《新安续志》收录的这条资料便是徽州府志中的首次记载,而被后世方志所引用,并将这条资料保留下来。这条资料是对罗愿《新安志》的补充,为认识徽州地区历史人物提供了新的参考。这充分反映了李以申修志是以补充徽州社会发展变化的过程为其主要宗旨。

关于"曹汝弼"的资料在后世方志中也有记载,弘治《徽州府志》称:"曹汝弼,字梦得,城南人,以经术德义高蹈州里,工篇什篆隶。与林逋、魏野交,自号'松箩山人'。有《海宁集》,舒职方雄尝为序,谓其'体致高远,有王右丞、孟处士风骨'。以子矩贵,赠殿中丞。"①嘉靖《徽州府志》载:"曹汝弼,字梦得,休宁城南人"②,其后所载内容与李以申《新安续志》佚文相差无几,可以互为参考。《新安名族志》"后卷"在介绍歙县叶西曹氏家族时记道:"六世曰汝弼,著有《海宁诗集》,以子屯田贵,赠职官至屯田郎中。有燎黄产芝之瑞,事闻于上,有旨改'忠化乡'为'忠义乡','忠化里'为'孝芝里','墓下门'为'枧头园'。"③《新安文献志》"先贤事略上"载:"曹山人汝弼,字梦得,休宁忠孝乡人。以经术德义高蹈州里,自号'松萝山人'。有诗曰《海宁集》"④;卷六十四有李以申撰写的《曹屯田矩传》,称:曹矩"父汝弼,以经术德义高蹈州里,工篇什篆隶,号'松萝山人'。有《海宁集》,舒职方雄尝为之序,谓其'体致高远,有王右丞、孟处士之风

---

① 弘治《徽州府志》卷九,人物志·隐逸,《天一阁藏明代方志选刊》本,上海:上海古籍书店影印,1964年。
② 嘉靖《徽州府志》卷十九,人物志·隐逸,《北京图书馆古籍珍本丛刊》本,北京:书目文献出版社,1998年。
③ (明)戴廷明、程尚宽等撰,朱万曙、王平等点校:《新安名族志》后卷,合肥:黄山书社,2004年,第560页。
④ (明)程敏政辑撰,何庆善、于石点校:《新安文献志》,先贤事略上,合肥:黄山书社,2004年,第10页。

骨'"①。另外,《南畿志》②、《江南通志》③亦载有曹汝弼的资料。《新安续志》佚文比这些记载要丰富一些,为全面认识这一历史人物提供了新的资料。

《新安文献志》称曹汝弼是"休宁忠孝乡人",嘉靖《徽州府志》称其为"休宁城南人",盖忠孝乡在休宁城南,故志书可简称为"城南人"。《宋史》无曹汝弼传,因此李以申《新安续志》保存的"曹汝弼"的资料具有一定价值,能够借此进一步了解宋代的历史人物。

2. 曹矩,字诲之,登景祐元年进士。以孝闻,官至屯田郎中。其任郎官日,父汝弼赠殿中丞,燎黄之夕,芝产茔上。郡上其事,被旨以所居为"忠孝乡孝芝里"。侄孙央、文、及并登崇宁第。文任睦州、建德丞,方腊窃发,死其官,世称"忠孝曹家"。《新安续志》。④

曹矩是曹汝弼的儿子,"登景祐元年进士第"⑤,因此将其资料归入李以申《新安续志》下加以辑佚。这条资料介绍了"曹矩"的生平事迹,包括他的字、中举时间以及他的父亲、侄孙的一些情况。罗愿《新安志》载:"曹矩,休宁都官郎中"⑥,只是说明了曹矩曾做过休宁都官郎中,但并未对曹矩的生平事迹做进一步的介绍,李以申《新安续志》佚文要比它丰富得多,为认识徽州地区的历史人物提供了新的参考。关于"曹矩"的资料,除上述从道光《休宁县志》中辑出的这条资料外,另如弘治《徽州

---

① (明)程敏政辑撰,何庆善、于石点校:《新安文献志》卷六四,合肥:黄山书社,2004年,第1574页。
② (明)闻人诠、陈沂纂修:《南畿志》卷五五,《四库全书存目丛书》本,济南:齐鲁书社,1996年。
③ (清)赵弘恩等监修:《江南通志》卷一六九,人物志·隐逸,《四库全书》本,上海:上海古籍出版社,1987年。
④ 道光《休宁县志》卷十四,人物·孝友,《中国地方志集成》本,南京:江苏古籍出版社,1998年。
⑤ 弘治《徽州府志》卷九,人物志·孝友,《天一阁藏明代方志选刊》本,上海:上海古籍书店影印,1964年。
⑥ 罗愿:《新安志》卷八,进士题名,清嘉庆十七年(1812年)刻本。

府志》①、嘉靖《徽州府志》②、《明一统志》③、康熙《徽州府志》④、道光《徽州府志》⑤、《江南通志》⑥等皆有记载，主要内容大同小异。道光《徽州府志》说这条资料出自于"李以申曹矩传"，当即出自李以申《新安续志》中的"人物志"。

弘治《徽州府志》载有"曹矩"的相关资料，即："曹矩，字晦之，休宁人，登景祐元年进士第。以纯孝闻，官至屯田郎中。其任都官日，因父汝弼赠殿中丞，燎黄之夕，芝产茔上。郡上其事，被旨以所居为'忠孝乡孝芝里'。孙央，死方腊之难，时称'忠孝曹家'"⑦，其内容与李以申《新安续志》佚文基本相同。弘治《徽州府志》编修时曾以李以申《新安续志》为参考，应该对李以申《新安续志》有所继承和完善。由于李以申《新安续志》的首载，以及后世方志的继承和发展，才使这条资料保存下来。《新安名族志》"后卷"在介绍歙县岑川曹氏家族时记道："七世曰矩，景祐元年进士，官至尚书屯田郎中，燎黄产芝，以孝闻。"⑧相比而言，李以申《新安续志》佚文保存的资料内容更加丰富，为全面认识徽州地区历史人物提供了新的参考。李以申《新安续志》的首载之功不可忽视。

《新安文献志》中收录了李以申撰写的"曹屯田矩传"，其内

---

① 弘治《徽州府志》卷九，人物志·孝友，《天一阁藏明代方志选刊》本，上海：上海古籍书店影印，1964年。

② 嘉靖《徽州府志》卷十九，人物志·孝友，《北京图书馆古籍珍本丛刊》本，北京：书目文献出版社，1998年。

③ （明）李贤等奉敕撰：《明一统志》卷十六，《四库全书》本，上海：上海古籍出版社，1987年。

④ 康熙《徽州府志》卷十五，人物志·孝友，《中国方志丛书》本，台北：成文出版社，1970年。

⑤ 道光《徽州府志》卷十二，人物志·宦业，《中国地方志集成》本，南京：江苏古籍出版社，1998年。

⑥ （清）赵弘恩等监修：《江南通志》卷一六〇，人物志·孝义，《四库全书》本，上海：上海古籍出版社，1987年。

⑦ 弘治《徽州府志》卷九，人物志·孝友，《天一阁藏明代方志选刊》本，上海：上海古籍书店影印，1964年。

⑧ （明）戴廷明、程尚宽等撰，朱万曙、王平等点校：《新安名族志》后卷，合肥：黄山书社，2004年，第564页。

容如下:"曹屯田矩,字海之,休宁人。父汝弼,以经术德义高蹈州里,工篇什篆隶,号'松萝山人'。有《海宁集》,舒职方雄尝为之序,谓其'体致高远,有王右丞、孟处士之风骨'。矩登景祐乙科,官至屯田郎中。其任都官日,因父赠殿中丞。燎黄之夕,芝产茔上。郡上其事,被旨以所居为'忠孝乡孝芝里'。侄孙央、文、及并登崇宁第。文任睦州建德丞,方腊窃发,死其官,诏进秩三等,与三子恩泽。世称'忠孝之家'。曾侄孙熙,登绍兴进士第,官于戎监簿。熙之子至,以郊恩补官,调无锡尉。获盗,赏,改承务郎。尝主管官告院,进丞将作监,知江州,直秘阁。卒。"①这篇传文和李以申《新安续志》佚文所保存的"曹矩"的资料都出自于李以申,两者可以互为参考。相比而言,传文内容更加丰富,可以补充李以申《新安续志》佚文。《宋史》无曹矩传,因此,李以申《新安续志》佚文保存的"曹矩"的相关资料可以为了解宋代历史人物提供线索。

(三)文化方面的资料

文化方面的资料有一条,是一首诗及相关评论。

《新安送陆澧归江阴》:"新安路,人来去。早潮复晚潮,明日知何处。潮水无情亦解归,自怜长在新安住。"前人。《续志》云:"今潮水至严大浪滩而止,当时赋必有说也,岂五百年间不无陵谷变迁之异邪?"②

佚文中的《新安送陆澧归江阴》一诗是唐代刘长卿所作。"刘长卿,字文房,宣城人。开元二十一年进士,历任监察御史,终随州刺史"。③他擅五律,工五言,是唐代著名诗人,正如《全唐诗录》中所言:"长卿以诗驰声上元、宝应间。"④有《刘随州集》传世,其诗五卷入《全唐诗》。

---

① (明)程敏政辑撰,何庆善、于石点校:《新安文献志》卷六四,合肥:黄山书社,2004年,第1574页。
② 弘治《徽州府志》卷十一,词翰一·诗章,《天一阁藏明代方志选刊》本,上海:上海古籍书店影印,1964年。
③ (唐)姚合:《极玄集》卷之下,明崇祯元年唐人选唐诗本。
④ (清)徐倬编:《全唐诗录》卷三四,清文渊阁《四库全书》本。

罗愿《新安志》未收录这首诗。李以申《新安续志》佚文不仅首次将这首诗收录于徽州府志,而且还发表了评论,强调自然界随着时间的变化会发生变迁。这一观点是正确的,反映了方志编纂者对于自然变迁的重视。

(四)遗事方面的资料

遗事方面的资料有六条,皆出自于弘治《徽州府志》,且这六条资料后注曰:"以上凡六条并《续志》。"①

1. 吴思道,金陵人,以诗为东坡、元城诸公鉴赏,声价顿起,官至团练使。宣和末,亟挂冠去,责授武节大夫致仕。诗思益超拔,如:"风前有恨梅千点,江上无人月一痕";"梦回飞蝶三千里,月照高楼十二栏。别鹤唳长秋露重,老龙吟苦夜潭寒"等句,尤为名流推许。后寓新安,野服萧然如云水人,其高逸如此。②

这条佚文是关于宋代诗人吴思道的籍贯、官位、致仕后隐居新安以及其诗为时人所赞赏等方面内容的记载。康熙《徽州府志》③、道光《徽州府志》④所载与弘治《徽州府志》完全相同。至大《金陵新志》中也有关于吴思道的记载:"吴思道,金陵人。以诗为苏轼、刘安世诸人鉴赏。官至团练使。宣和末,亟挂冠去,责授武节大夫致仕。诗思益超拔,后寓新安。野服萧然如云水人,其高逸如此。"⑤《宋诗纪事》亦载:吴可,"字思道,金陵人。宣和末,官至团练使,责授武节大夫,有诗名",可知"吴思道"即是"吴可"。《宋诗纪事》亦引"李端叔跋云:思道诗妙处略

---

① 弘治《徽州府志》卷十二,词翰二·拾遗,《天一阁藏明代方志选刊》本,上海:上海古籍书店影印,1964年。
② 弘治《徽州府志》卷十二,词翰二·拾遗,《天一阁藏明代方志选刊》本,上海:上海古籍书店影印,1964年。
③ 康熙《徽州府志》卷十八,杂志下·拾遗,《中国方志丛书》本,台北:成文出版社,1970年。
④ 道光《徽州府志》卷十六,杂记·拾遗,《中国地方志集成》本,南京:江苏古籍出版社,1998年。
⑤ (元)张铉:《(至大)金陵新志》卷十三下之上,清文渊阁《四库全书》本。

无斧凿痕,字字皆有来历"①,可见吴可之诗为时人所推崇不是虚言。

吴可有诗《小醉》,曰:"小醉初醒过竹村,数家残雪拥篱根。风前有恨梅千点,溪上无人月一痕。"②此诗为时人所重,有人竟将其剽窃并略作修改即成为自己的作品。胡仔《苕溪渔隐丛话》即指出此事:"剽窃他人诗句以为己出,终当败露,不可不戒。如近时吴可《晚春》诗云:'小醉初醒过别村,数家残雪拥篱根。枝头有恨梅千点,溪上无人月一痕。'亦洒落可喜。余偶于一达官处见谭知柔所献诗文一编,试取阅之,即吴可之诗在焉,但易其题曰'晚醉口占',仍改诗中三四字而已。'晚醉扶筇过竹村,数家残雪拥篱根。风前有恨梅千点,沙上无人月。'"③谭知柔《晚醉口占》诗亦名《雪后》④。而吴可诗《小醉》在胡仔《苕溪渔隐丛话》⑤、祝穆《新编古今事文类聚》⑥、何溪汶《竹庄诗话》⑦称《晚春》"风前有恨梅千点"一句,在《苕溪渔隐丛话》⑧、《新编古今事文类聚》⑨、《竹庄诗话》⑩皆为"枝头有恨梅千点"。《诗人玉屑》⑪、《苕溪渔隐丛话》⑫、《宋诗纪事》⑬、《藏海居士

---

① (清)厉鹗:《宋诗纪事》卷四一,清文渊阁《四库全书》本。
② (清)厉鹗:《宋诗纪事》卷四一,清文渊阁《四库全书》本。
③ (宋)胡仔:《苕溪渔隐丛话》前集,卷五四,清乾隆刻本。
④ (宋)谢维新编:《古今合璧事类备要》前集,卷三,天文门,清文渊阁《四库全书》本;(宋)祝穆:《新编古今事文类聚》前集,卷四,天道部,清文渊阁《四库全书》本。
⑤ (宋)胡仔:《苕溪渔隐丛话》前集,卷五四,清乾隆刻本。
⑥ (宋)祝穆:《新编古今事文类聚》前集,卷八,天时部,清文渊阁《四库全书》本。
⑦ (宋)何溪汶:《竹庄诗话》卷十七,杂编七,清文渊阁《四库全书》本。
⑧ (宋)胡仔:《苕溪渔隐丛话》前集,卷五四,清乾隆刻本。
⑨ (宋)祝穆:《新编古今事文类聚》前集,卷八,天时部,清文渊阁《四库全书》本。
⑩ (宋)何溪汶:《竹庄诗话》卷十七,杂编七,清文渊阁《四库全书》本。
⑪ (宋)魏庆之:《诗人玉屑》卷三,清文渊阁《四库全书》本。
⑫ (宋)胡仔:《苕溪渔隐丛话》前集卷五四,清乾隆刻本。
⑬ (清)厉鹗:《宋诗纪事》卷四一,清文渊阁《四库全书》本。

集》①、《新编古今事文类聚》②、《竹庄诗话》③中皆为"溪上无人月一痕",而在李以申《新安续志》佚文中则为"江上无人月一痕"。疑弘治《徽州府志》转引有误,而康熙《徽州府志》亦因转引致误。

2. 张顺之,婺源人,游乡校,以诗名。如:《吴思道见访》云:"檐鹊数声清梦断,出门一笑遇诗仙";《过清泉寺》云:"聊将遮日手,松下弄清泉";《送春》云:"暗绿不遮春去路,乱红翻作雨来天",此近体中佳句;《游白水》云:"白水一泓澄,兹山定玉骨";《林莺》云:"金衣数公子,端是贤友生。羽毛元自好,喉舌向来清";《蔷薇》云:"照我胸中笔,吐出江淹文",此古风中佳句。有《练溪集》传于世。④

根据《方舆胜览》的记载,"张顺之,雍熙中植桐于萧寺,壬辰登科"⑤,可知,张顺之是北宋时期的人,因此将此条佚文辑于李以申《新安续志》下。从此段佚文可知,宋代婺源人张顺之以诗闻名于当时,他既长于近体诗,亦长于古体诗,并有佳句存世。清代《宋诗纪事补遗》亦载:"张顺之,婺源人。游乡校,以诗名,有《练溪集》传世"⑥,并收录了《吴思道见访》、《过清泉寺》、《送春》、《游白水》、《林莺》、《蔷薇》这几首诗,诗句与佚文中的相同,可以互为印证。另外,康熙《徽州府志》⑦亦保存了一条与弘治《徽州府志》完全相同的资料,可以互相参证。

3. 绩邑杨溪有葛琳者,与王荆公相好,王尝语葛曰:"仙乡产何佳品?"葛曰:"惟香白粢为佳。"后荆公持节过焉,琳适游宦

---

① (宋)吴可:《藏海居士集》卷下,民国宋人集本。
② (宋)祝穆:《新编古今事文类聚》前集,卷八,天时部,清文渊阁《四库全书》本。
③ (宋)何溪汶:《竹庄诗话》卷十七,杂编七,清文渊阁《四库全书》本。
④ 弘治《徽州府志》卷十二,词翰二·拾遗,《天一阁藏明代方志选刊》本,上海:上海古籍书店影印,1964年。
⑤ (宋)祝穆撰,祝洙增订,施和金点校:《方舆胜览》卷三三,均州,《中国古代地理总志丛刊》本,北京:中华书局,2003年,第595页。
⑥ (清)陆心源:《宋诗纪事补遗》卷四九,清光绪刻本。
⑦ 康熙《徽州府志》卷十八,杂志下·拾遗,《中国方志丛书》本,台北:成文出版社,1970年。

蜀中,荆公题诗溪上曰:"桥横葛仙陂,住近杨雄宅。主人胡不归,为我炊香白。"

王荆公即是王安石,北宋人。既然葛琳与王安石相识,那么葛琳亦生活于北宋,故将此条佚文辑于李以申《新安续志》之下。

4.哲宗朝宰相张商英任本路监司,行部至祁门县,卧馆中梦一道士青氅戴仙桃冠,令速去,公惊起,须史驿梁堕床。翌早公诣洞元观,至土地祠,乃与梦合,为奏于朝,敕封"灵应真官"。①

"张商英,字天觉,号'无尽居',蜀之新津人。登进士第,为章惇所荐。绍圣初,累擢左司谏、工部侍郎。大观中,历尚书右仆射、中书侍郎,贬衡州。复官卒。赠少保,谥'文忠'。曾入党籍,有《无尽集》"②。张商英应是北宋人,因此将此条佚文辑于李以申《新安续志》之下。

5.汪枢密勃自政府归里,常时杖履杂农圃间,人不尽识也。一日自外归,有囚首者自第中出,问之,云:"因卖薪入宅有忤",公愀然不说曰:"尔何以归见家人?"乃脱己帽,授之,竟不冠而归。家人怪问,不应亦不复冠,恳请累日,方复常,云:"汝等去他人之巾,犹去我之巾也。"其厚德如此。见《说斋随笔》。③

罗愿《新安志》称汪勃登绍兴二年第,为"黟签书枢密院端明殿学士"④。弘治《徽州府志》亦载:"汪勃,字彦及,黟人。年十八首乡荐,后登绍兴二年第,调严州建德主簿,为人浑厚不妄言,同列以长者待之,不知其长于吏道也。"⑤汪勃乃南宋绍兴年间人士,故将此条佚文辑于李以申《新安续志》下。

6.黟有舒道翁遇异人,教以养生诀。弃家入山,结庵绝迹,

---

① 弘治《徽州府志》卷十二,词翰二·拾遗,《天一阁藏明代方志选刊》本,上海:上海古籍书店影印,1964年。

② (宋)陈思编:《两宋名贤小集》卷一〇六,清文渊阁《四库全书》本。

③ 弘治《徽州府志》卷十二,词翰二·拾遗,《天一阁藏明代方志选刊》本,上海:上海古籍书店影印,1964年。

④ 罗愿:《新安志》卷八,叙进士,清嘉庆十七年(1812年)刻本。

⑤ 弘治《徽州府志》卷八,人物二·宦业,《天一阁藏明代方志选刊》本,上海:上海古籍书店影印,1964年。

不通世事。妻子求之,数年不获。后樵者见之,报其家,邀与偕归。翁遂燎其庵,又密迁东山之巅。山高数百仞,扪萝攀磴,仅可登,自是又十余年。方知之人有问养生法者,以无嗜欲对。年百五岁而终。①

以上四条资料所记之事皆为奇闻遗事,均未被罗愿《新安志》收录,故李以申《新安续志》是首次记载这些资料的徽州府志,具有首创之功。

综上所述,宋代端平二年(1235年)李以申编修的《新安续志》原书早已亡佚,《永乐大典》收录了这部志书,保存了一些内容,现存徽州方志中亦收录部分内容。张国淦《永乐大典方志辑本》和马蓉等的《永乐大典方志辑佚》以及笔者据现存徽州方志所作的辑补共辑出李以申《新安续志》十三条佚文,1200多字,其内容涉及徽州府所辖黟县、歙县、婺源、绩溪、祁门、休宁六县,包括地理、经济、人物、文化、遗事五大类,收录了有关陶村、际留仓、张珏、曹汝弼、曹泾、诗文以及徽州形胜和奇闻佚事方面的内容,为了解宋代徽州地区历史发展的有关情况提供了参考。这些资料均为第一次载入徽州府志,具有始创性价值,为后世方志编修提供了资料来源。其中,陶村、际留仓两条资料为现存徽州府志所鲜载,又具有补充现存记载的价值,为了解徽州村寨和仓廪情况提供了新的资料。李以申《新安续志》佚文保存的资料在研究宋代徽州地区历史发展方面具有较为重要的史料价值。

---

① 弘治《徽州府志》卷十二,词翰二·拾遗,《天一阁藏明代方志选刊》本,上海:上海古籍书店影印,1964年。

大典本《新安后续志》和《延祐新安后续志》研究

马蓉等的《永乐大典方志辑佚》从《永乐大典》中辑出《新安后续志》的八条佚文、《延祐新安后续志》的四条佚文。通过分析和研究，笔者认为《永乐大典》收录的《新安后续志》和《延祐新安后续志》两部方志是同一部志书，是元代延祐六年(1319年)洪焱祖编修的十卷本《新安后续志》，故将两志佚文合并论述。

一、关于两志编修时间的探讨

为了更好地说明问题，兹将《永乐大典方志辑佚》辑出的八条《新安后续志》佚文和四条《延祐新安后续志》佚文全文摘录如下：

《新安后续志》佚文：

【人物】

吴太博遇龙，字子云，婺源人。与同郡方公岳、程公元凤齐名，淳祐间号为"新安三博士"。[册二百一九卷一三四五二页十四]

张雄飞，字宏甫，歙县人。晚扁书堂曰明善。[册七一卷七二四二页二十四]

张雄飞，字宏甫，歙县人。门人私谥曰明善先生。

[卷八五七〇页二十八]

胡炳文,字仲虎。尝为信州道一书院山长,著《周易本义通释》、《五赞通释》、《启蒙通义》、《大学指掌图》、《四书辩疑》、《五经会意》、《纯正蒙求》、《尔雅韵语》、《云峰笔记》、《讲义》二百篇,文集二十卷。后进尊之曰云峰先生。[同前]

滕縠,婺源人。以声律驰名大学,廷对有日。卒,乡人称之曰橘里先生。[同前]

胡斗元,字声远,婺源人。传《易》学于前进士朱洪范。卒,门人私谥曰孝善先生。[同前]

汪节推大信,字梦约,休宁人。博习群经,为文醇雅,中有新奇。知己最多,未尝一毫干请,人以不倚先生称之。[同前]

吴锜,字子信,歙县人。以文雄场屋,为大学前庑,家居授徒至数百人,号学行先生。[同前]①

《延祐新安后续志》佚文:

【宫室】

汪权县友直,字清之,婺源人。甫冠,师魏文靖公,为书堂扁曰希贤以勉之。[册七十卷七二三七页七]

江东建康道肃政廉访司分司衙,旧为郡之小厅,太守避正堂弗居,于此治事。厅后有堂曰宽民。[册七十卷七二三八页三十五]

徽州禁门旧有六:东曰新安,西曰庆丰,南曰表城,北曰通济,东北曰太平,西南曰紫阳。[册四九卷三五二七页二十]

【人物】

金野仙梁之,字彦隆,休宁人。淳熙元年八月十二日死,葬于城阳山。后有自蜀中见之,为携家。问归,即其殁之岁。或谓之尸解。[册二百六卷九一三

---

① 马蓉等点校:《永乐大典方志辑佚》,第2册,北京:中华书局,2004年,第1054页。

页二十五]①

关于大典本《新安后续志》的编修时间,首先可以从佚文内容加以分析和判断。在上文所列《新安后续志》八条佚文中唯有"吴遇龙"一条提到了明确的时间。由"淳祐"这一时间线索,可知此志应修于宋代淳祐以后,而根据《永乐大典》的成书时间,这部志书应该编修于宋代淳祐以后明代永乐六年以前。"新安"是郡名,那么可以从徽州府志编修源流和志书名称上加以考察,以确定其编修时间。根据上文所引弘治《徽州府志》"汪舜民序"②关于明代弘治以前徽州府志编修情况的记述,再参考明初朱同撰写的《重编新安志序》③、康熙《徽州府志》中收录的"赵吉士序"④以及道光《徽州府志》"杂记·修志源流"⑤中关于徽州府志编修情况的记载,在宋代淳祐以后明代永乐六年以前编修、书名为《新安后续志》的只有一部,即元代延祐六年(1319年)洪焱祖编修的《新安后续志》。关于洪焱祖修志一事,在弘治《徽州府志》⑥、嘉靖《徽州府志》⑦、康熙《徽州府志》⑧、道光《徽州府志》⑨中均有记载,皆称:洪焱祖"著有《新安

---

① 马蓉等点校:《永乐大典方志辑佚》,第2册,北京:中华书局,2004年,第1053页。

② 弘治《徽州府志》,汪舜民序,《天一阁藏明代方志选刊》本,上海:上海古籍书店影印,1964年。

③ 弘治《徽州府志》卷十一,词翰一·序,《天一阁藏明代方志选刊》本,上海:上海古籍书店影印,1964年。

④ 康熙《徽州府志》,赵吉士序,《中国方志丛书》本,台北:成文出版社,1970年。

⑤ 道光《徽州府志》卷十六,杂记·修志源流,《中国地方志集成》本,南京:江苏古籍出版社,1998年。

⑥ 弘治《徽州府志》卷七,人物一·文苑,《天一阁藏明代方志选刊》本,上海:上海古籍书店影印,1964年。

⑦ 嘉靖《徽州府志》卷十八,文苑列传,《北京图书馆古籍珍本丛刊》本,北京:书目文献出版社,1998年。

⑧ 康熙《徽州府志》卷十三,人物志·文苑,《中国方志丛书》本,台北:成文出版社,1970年。

⑨ 道光《徽州府志》卷十一,人物志·文苑,《中国地方志集成》本,南京:江苏古籍出版社,1998年。

后续志》十卷"。因此,从修志源流和志书名称上可以判断,《永乐大典》收录的《新安后续志》应该就是元代延祐六年(1319年)洪焱祖编修的十卷本《新安后续志》。

从大典本《延祐新安后续志》这部书的书名看,按照方志编修的习惯,"延祐"应该是指此书的编修时间,而《新安后续志》才是真正的书名。"延祐"是元代仁宗的年号。根据徽州府志纂修的源流情况,修于元代延祐年间、书名为《新安后续志》的只有一部,即洪焱祖编修的《新安后续志》,此志和前文所论述的大典本《新安后续志》应该是同一部书。因此,本书将大典本《新安后续志》和《延祐新安后续志》佚文合并在一起进行论述,并统称为《新安后续志》。

同一部志书,有的直呼书名,而有的则将编修时间置于书名之前,这可能是因为《永乐大典》的不同编修者在著录时根据自己的习惯来称呼此书,也可能是因为洪焱祖之志在流传过程中人们对它的称呼不同,或称为《新安后续志》,或称为《延祐新安后续志》,《永乐大典》的编修者在著录时未加统一。而《永乐大典方志辑佚》的编者在辑佚时遵循的基本原则是:"《大典》征引书名,殊不一致,究为一书或他书,已难寻考,今辑佚时悉遵《大典》所录书名,一般不强为合并"①,编者只是按照书名进行辑佚,同一书名下的内容收集在一起,这样就会出现同一部书却分别进行辑佚的现象。

20世纪30年代张国淦先生曾从《永乐大典》中辑出一部《新安后续志》,因《蒲圻张氏大典辑本》当时没有刊刻出版,故最初只能从《中国古方志考》获得如下一些信息:

  新安后续志十卷 元 佚 蒲圻张氏大典辑本

  元朱霁修 洪焱祖纂朱霁,字景周,号自斋,北谯人,通议大夫,延祐间知徽州。洪焱祖,字潜夫,号杏庭,歙人,天历中官遂昌主簿,以休宁县尹致仕。

---

① 马蓉等点校:《永乐大典方志辑佚》,第1册,前言,北京:中华书局,2004年,第24页。

洪焱祖序（从略）①

钱大昕《元史艺文志》二：《续新安志》十卷洪焱祖

倪灿《补辽金元三史艺文志》、《千顷堂书目》八补。

《大典辑本》据《大典》三千五百二十七：九真（徽州六门），七千二百三十七：十八阳（希贤堂），七千二百三十八：十八阳（宽民堂），引延祐《新安后续志》三条。又七千二百四十二：十八阳（明善堂），引《新安后续志》一条。宋有李以申《新安续志》，故此曰《后续志》。②

这段资料可以说明以下几个问题：第一，张先生认为《永乐大典》中的《新安后续志》是元代洪焱祖编修的，共十卷，且已亡佚；第二，他认为《新安后续志》和延祐《新安后续志》两书是同一部书，所以将两书佚文合在一起进行辑佚；第三，《蒲圻张氏大典辑本》共辑出四条《新安后续志》的佚文；第四，张先生应该是从书名和志书的编修情况判断此志为元代延祐年间洪焱祖纂修的。

经杜春和整理，张国淦先生的《永乐大典方志辑本》出版后，可以了解其辑佚的全部内容。此书中关于《延祐新安后续志》佚文的辑佚情况如下：

《延祐新安后续志》

案：《大典》引《延祐新安后续志》凡四条，宋有《新安续志》，故此曰《后续志》，元延祐六年，郡人洪焱祖修《后续志》，当即是志。

官室 《延祐新安后续志》：汪权县友直，字清之，婺源人。甫冠，师魏文靖公，为书堂扁曰希贤以勉之。
[卷七千二百三十七 十八阳]

官室 《延祐新安后续志》：江东建康道肃政廉访司分司衙，旧为郡之小厅，太守避正堂弗居，于此治

---

① 因洪焱祖序与此处所论问题无关，故未抄录全文，从略。
② 张国淦：《中国古方志考》，北京：中华书局，1962年，第299页。

事。厅后有堂曰宽民。[卷七千二百三十八 十八阳]

宫室 《延祐新安后续志》:徽州禁门旧有六:东曰新安,西曰庆丰,南曰表城,北曰通济,东北曰太平,西南曰紫阳。[卷三千五百二十七 九真]

人物 《延祐新安后续志》:金野仙梁之,字彦隆,休宁人。淳熙元年八月十二日死,葬于城阳山。后有自蜀中见之,为携家。问归,即其殁之岁。或谓之尸解。[卷九百一十三 二支]①

根据《中国古方志考》提供的线索,《永乐大典方志辑本》所辑之佚文较之《蒲圻张氏大典辑本》发生了一些变化。《蒲圻张氏大典辑本》辑出《延祐新安后续志》的三条佚文,即"徽州六门"、"希贤堂"、"宽民堂",辑出《新安后续志》的一条佚文,即"明善堂",共四条。而《永乐大典方志辑本》辑出的全部是《延祐新安后续志》的佚文,也有四条,其中"徽州六门"、"希贤堂"、"宽民堂"与前者相同,但是多一条关于"金野仙"的人物资料,而少了"明善堂"一条。这四条佚文与上述所列《永乐大典方志辑佚》辑出的《延祐新安后续志》佚文完全一样。但为何略去"明善堂"一条?考之原因,可能是因为《永乐大典方志辑本》只辑《延祐新安后续志》的佚文,不辑《新安后续志》的佚文,参之以《永乐大典方志辑佚》所辑佚文,"明善堂"为《新安后续志》的佚文,故而略去。

另外,根据笔者所做的分析和《中国古方志考》提供的线索,《延祐新安后续志》和《新安后续志》实为一部志书,即是元代延祐六年(1319年)洪焱祖编修的十卷本《新安后续志》,因此,相比《永乐大典方志辑佚》而言,《永乐大典方志辑本》所辑内容不够全面。张国淦先生是在20世纪30年代依据当时所能见到的《永乐大典》残本对历代地理总志和方志进行辑佚的,但其时中华书局尚未将《永乐大典》残卷影印出版,而且尚有不

---

① 张国淦著,杜春和整理:《永乐大典方志辑本》,载《张国淦文集四编》(上),北京:北京燕山出版社,2009年,第640~641页。

少《永乐大典》残卷流散在异邦他域,难以得见,故其所依之《永乐大典》残本尚不完整,因此他所做的辑佚应该存在应辑而未辑、漏辑条目等问题。马蓉等学者的辑佚活动起于20世纪80年代,其时中华书局已于1960年影印出版《永乐大典》残本,又于1986年再次影印出版。另外,在辑佚的过程中他们又依靠海外友人的协助,复制了美洲、欧洲、亚洲一些公私藏家收藏的、中华书局影印本所未收的《永乐大典》残卷十余卷。因此,这次辑佚活动所参考的《永乐大典》残卷总共有八百多卷。相比而言,《永乐大典方志辑佚》一书利用的资料较张氏更为丰富,收录的方志佚文应该更加完整。在没有其他辑本出现的情况下,《永乐大典方志辑佚》是关于《永乐大典》收录的洪焱祖《新安后续志》佚文最全面的辑本。

洪焱祖的《新安后续志》在文献记载中另有不同的称呼,如,乾隆《歙县志》①、光绪《重修安徽通志》②、民国《歙县志》③称洪焱祖"著有《新安续志》十卷"。《江南通志》载:"《新安续志》,歙洪焱祖。"④而《新安文献志》则称:洪焱祖"别有《续新安志》十卷"⑤。钱大昕《元史艺文志》亦称:"洪焱祖《续新安志》十卷。"⑥光绪《重修安徽通志》"艺文志"中称:"《续新安志》十卷,洪焱祖著。"⑦《四库全书总目》中亦称洪焱祖"又有《续新安志》

---

① 乾隆《歙县志》卷十二,人物志·文苑,《中国方志丛书》本,台北:成文出版社,1970年。
② 光绪《重修安徽通志》卷二二四,人物志·文苑,清光绪四年(1878年)刻本。
③ 民国《歙县志》卷七,人物志·文苑,《中国地方志集成》本,南京:江苏古籍出版社,1998年。
④ (清)赵弘恩等监修:《江南通志》卷一九〇,《四库全书》本,上海:上海古籍出版社,1987年。
⑤ (明)程敏政辑撰,何庆善、于石点校:《新安文献志》,先贤事略上,合肥:黄山书社,2004年,第35页。
⑥ (清)钱大昕:《元史艺文志》卷二,清潜研堂全书本。
⑦ 光绪《重修安徽通志》卷三三九,艺文志·史部,清光绪四年(1878年)刻本。

十卷,亦继愿《新安志》而作"①。看来洪焱祖《新安后续志》另有《新安续志》和《续新安志》两个异名。文献名称著录的不统一为研究和认识这部文献带来了一些不便。根据弘治《徽州府志》的记载,洪焱祖在自己撰写的《新安后续志》的"序"中称此志为《新安后续志》②。本书在论述时均使用《新安后续志》这个书名。

关于洪焱祖《新安后续志》散佚的具体时间文献中没有明确记载,从弘治《徽州府志》"汪舜民序"③看,此志到弘治十五年时仍存于世,并且是编修弘治《徽州府志》的重要参考。

二、洪焱祖的修志思想和修志情况

关于洪焱祖的情况在徽州方志中多有记载,兹举两例以为说明。弘治《徽州府志》载:"洪焱祖,字潜夫,号杏庭,歙人,县尹椿之子。除平江路儒学录,调浮梁州长芗书院山长,转绍兴路学正,擢衢州路学教授,重建庙学,自有记,升处州路遂昌簿。天历元年,告老而归。明年以徽州路休宁县尹致其事。焱祖为文根极理要而忧深思远,超然游意于语言文字之表。所著有《新安后续志》十卷,《尔雅翼音注》三十二卷,已刊于徽学,今废。《杏庭摘稿》五十卷,藏于家。"④道光《徽州府志》载:"洪焱祖,字潜夫,歙人,县尹椿子。除平江路儒学录,累转衢州路学教授,重建庙学,升处州路遂昌簿。天历元年,告老归。明年以徽州路休宁县尹致仕。焱祖为文根极理要而忧深思远,超然游

---

① (清)永瑢等:《四库全书总目》卷一六七,集部二十,别集类二十,北京:中华书局,2008年,第1446页。
② 弘治《徽州府志》卷十一,词翰一·序,《天一阁藏明代方志选刊》本,上海:上海古籍书店影印,1964年。
③ 弘治《徽州府志》,汪舜民序,《天一阁藏明代方志选刊》本,上海:上海古籍书店影印,1964年。
④ 弘治《徽州府志》卷七,人物一·文苑,《天一阁藏明代方志选刊》本,上海:上海古籍书店影印,1964年。

意于语言文字之表,所著有《新安后续志》十卷,《尔雅翼音注》三十二卷,《杏庭摘稿》五十卷。"①

《新安文献志》②、嘉靖《徽州府志》③、康熙《徽州府志》④、《江南通志》⑤、乾隆《歙县志》⑥等亦有关于洪焱祖的记载,主要内容也基本相同。

根据以上文献的记载可以勾勒出洪焱祖的基本轮廓。洪焱祖,字潜夫,号杏庭,歙县人。他的父亲是县尹洪椿。洪焱祖曾任平江路儒学录、浮梁州长芗书院山长、绍兴路学正、衢州路学教授、处州路遂昌簿、徽州路休宁县尹等官职。洪焱祖有着深厚的文字功底,"为文根极理要而忧深思远,超然游意于语言文字之表",著述有《新安后续志》十卷,《尔雅翼音注》三十二卷,《杏庭摘稿》五十卷。根据近人蒋元卿的记述,《新安后续志》早已亡佚,《尔雅翼音注》、《杏庭摘稿》皆存于世,前者有明正德十四年刊本(中山图书馆藏)、明天启六年刊本三十一卷(国家图书馆藏)、学津讨原本、洪氏晦木斋丛书本、丛书集成本,后者有清洪氏揖石山房刊本、洪氏晦木斋丛书本、清抄本(国家图书馆藏)、黑格抄本(江苏图书馆藏)⑦。洪焱祖还著有《方总管回传》(附于《新安文献志》⑧)。这篇传文是介绍歙县人

---

① 道光《徽州府志》卷十一,人物志·文苑,《中国地方志集成》本,南京:江苏古籍出版社,1998年。
② (明)程敏政辑撰,何庆善、于石点校:《新安文献志》,先贤事略上,合肥:黄山书社,2004年,第35页。
③ 嘉靖《徽州府志》卷十八,文苑列传,《北京图书馆古籍珍本丛刊》本,北京:书目文献出版社,1998年。
④ 康熙《徽州府志》卷十三,人物志·文苑,《中国方志丛书》本,台北:成文出版社,1970年。
⑤ (清)赵弘恩等监修:《江南通志》卷一六七,人物志,《四库全书》本,上海:上海古籍出版社,1987年。
⑥ 乾隆《歙县志》卷十二,人物志·文苑,《中国方志丛书》本,台北:成文出版社,1970年。
⑦ 蒋元卿:《皖人书录》卷四,合肥:黄山书社,1989年,第581~582页。
⑧ (明)程敏政辑撰,何庆善、于石点校:《新安文献志》卷九五上,行实,合肥:黄山书社,2004年,第2401页。

方回的。

《四库全书总目》在评述《杏亭摘稿》时对洪焱祖的生平、诗作等都做了介绍,现摘录如下,以为参考:"【杏亭摘稿一卷】浙江鲍士恭家藏本　元洪焱祖撰。焱祖,字潜夫,歙县人。是集前有危素序,称为徽州路休宁县尹致仕,而叙其仕履乃曰'年二十六为平江路儒学录、浮梁州长芗书院山长、绍兴路儒学正,调衢州路儒学教授,擢处州路遂昌县主簿。天历元年,年六十二致仕。'乃不云其为县尹。考宋濂序称其'自儒官起家,四转而为遂昌主簿,遂以休宁县尹致其仕。盖是时犹沿宋例,致仕者率进一官使归,实未尝任是职也。焱祖尝作罗愿《尔雅翼音释》,至今附愿书以行。又有《续新安志》十卷,亦继愿《新安志》而作。盖亦博洽之士。是集为其子浦江尉在所编。其所居有银杏树,大百围,焱祖尝以'杏亭'自号,因以名集。其诗以古近体分列,然五言律下注曰'长律附',不从高棅称排律。七言律下注曰:'拗律附',亦宋人之旧名,盖犹当日原本,未遭明人窜乱者也。其诗虽纯沿宋调,而尚有石湖、剑南风格,抗衡于虞、杨、范、揭诸家则不足,以视宋季江湖末派则蝉蜕于泥滓之中矣。"①由此可见,《四库全书总目》对洪焱祖的评价较高,称其为"博洽之士"。由此亦可知,上述所列文献多称洪焱祖于天历二年(1329年)以"徽州路休宁县尹致其事",而《新安文献志》却称其"仕终遂昌县主簿"②,其主要原因是:洪焱祖生活的时期,"犹沿宋例,致仕者率进一官使归,实未尝任是职也"。洪焱祖致仕时,实职是"遂昌主簿",虚职是"休宁县尹"。

从上述文献记载可以知道,洪焱祖不仅文字功底深厚,而且写作技巧也十分精妙,这些都为他编修《新安后续志》提供了质量保证。

---

① (清)永瑢等:《四库全书总目》卷一六七,集部 20,别集类 20,北京:中华书局,2008 年,第 1446 页。洪焱祖,号杏庭,著有《杏庭摘稿》,《四库全书总目》则称此书为《杏亭摘稿》,实为同一部书。"致仕"、"致其事"、"致其仕"意思相同,是"官员辞职归家"的意思。不同文献用词不同。

② (明)程敏政辑撰,何庆善、于石点校:《新安文献志》,先贤事略上,合肥:黄山书社,2004 年,第 35 页。

第三章 大典本《新安后续志》和《延祐新安后续志》研究

虽然洪焱祖《新安后续志》早已亡佚，但在弘治《徽州府志》、道光《徽州府志》①中却较为完整地保留了此志的志序。从志序中可以了解他的修志思想和修志的基本情况。

《新安后续志序》：新安前志乡先生罗公愿成于淳熙二年，更六十年，当端平乙未教授李以申等续之，及五年郡士姚源等纂《新安广录》，又三年有《广录续编》。郡守镇国赵公不悔、四明刘公炳、吴兴倪公祖常、吴门郑公寔实相继作成之，四政相承，于吾新安纪载悉矣。然《广录》十有八卷，太半列记序诗文，《续编》一卷，特载郑守事迹。延祐戊午，总管北谯朱公到郡，首属学官访求二志墨本，校正重刊。又念端平乙未到今八十余年，不为不久，况于中更归附，物有变迁，政有因革，今昔非可同日语，使二志不续，后将何所考乎。乃属焱祖领其事，初盖茫然靡有据依，屡以固陋辞，而公意拳拳弗释也。黾勉承戒且白于公，遍谕属县，询访耆年，网罗石刻，使各条其说以告，顾居官者宁免视为阔迂，操笔者亦或倦于搜讨，公又虑夫悠缓因循，将不克底于成，劝督再三，则类皆苟且塞责，惟婺源州颇独加详，辄不自揆，取《广录》、志书，及已所访闻，合州县报章，重加修次，厘为十卷，名曰《新安后续志》。盖历数月而成。其间凡例悉依前志。但拙于文辞，虽不敢仰希万一，然于贡赋之重轻、户口之息耗，以至州土、吏治、风俗、人才，间亦丁宁寓微旨，庶几罗公之心焉。虽然图志之传将以垂鉴戒，示久远，矧代异年，殊事亦众矣，岂谫闻单见所能穷尽哉。惟公之贤，留意于斯，乃吾邦数十年来所仅有。姑竭庸才，以备述方志者采择。若夫补亡拾遗，岂无望于后之君子乎？公名霁，字景周，屡典大郡，以廉能称，来为此邦，重士爱民，兴举废坠，固非一端。又为经久

---

① 道光《徽州府志》卷十六，杂记·修志源流，《中国地方志集成》本，南京：江苏古籍出版社，1998年。

无穷之思,以及于此,迹其用心,大抵耻于趣办目前,不肯苟同流俗,视赵、刘、倪、郑四公,益可尚云。延祐六年八月丁酉,郡人洪焱祖序。①

在宋代淳熙二年(1175年)罗愿编修《新安志》后的一百四十年间,先后有宋代姚源《新安广录》、李以申《新安续志》、郑密《新安广录续编》问世。洪焱祖在序中对他之前宋代编修的几部徽州府志做了总结和梳理。从志序看,洪焱祖对《新安广录》和《新安广录续编》并不欣赏,评价不高,认为前者"太半列记序诗文",后者"特载郑守(郑密)事迹",而且这两部志书对于事物变迁、政治因革等问题的记载不够丰富,特别是对李以申修志后八十年来徽州地区的变化很少记载。因此,当朱霁来此地为官时深为忧虑,担心"物有变迁,政有因革,今昔非可同日语,使二志不续,后将何所考乎",于是"属焱祖领其事",负责编修志书,以记载宋代淳祐以后徽州地区社会历史发展的新情况。洪焱祖领命纂修郡志也不是一帆风顺的。最初因"茫然靡有据依",担心无法完成任务而"屡以固陋辞",但在朱霁拳拳之心的感染下还是挑起了这副重担。编修方志最重要的一个基础就是要有丰富的资料,而当时所缺的就是资料。虽然当时仍有罗愿《新安志》、姚源《新安广录》、李以申《新安续志》、郑密《新安广录续编》存世,但姚志、郑志的参考价值不大,而罗志和李志所反映的内容则都是宋代的情况,与元朝历史发展的情况不同,对于元朝相关内容的撰写借鉴价值也不大。为了保证修志的顺利进行,朱霁不仅派人访求《新安广录》、《新安广录续编》墨本,校正重刊,以为参考,还"遍谕属县",提供资料,并派人"询访耆年,网罗石刻",尽最大努力去搜集资料,力求资料全面而丰富。不过修志的道路并不是一帆风顺的,虽然朱霁屡下督促之令,但仍有一些地方官员不够重视,不去组织修志,也有一些参与修志的人懒于搜集资料。针对这些情况,朱霁十分担心,怕修志人员偷懒,既不抓紧时间搜集和整理资料,也不重新

---

① 弘治《徽州府志》卷十一,词翰一·序,《天一阁藏明代方志选刊》本,上海:上海古籍书店影印,1964年。

纂修志书，只以抄录前志为任，从而无法真正完成志书的修纂，所以他"劝督再三"。虽然在修志的过程中遇到各种各样的问题，但修志工作还是逐渐开展起来。朱霁对志书的质量是非常重视的，一些内容还亲自参与撰写和修订，比如他认为婺源州部分应该详加记录，则"取《广录》志书，及已所访闻，合州县报章，重加修次"，以期完善。经过数月的努力，在前志的基础上，利用搜集到的各类资料，洪焱祖终于修成十卷本的《新安后续志》。根据他写序的时间，这部志书最迟应该是在元代延祐六年（1319年）八月修成。

根据罗愿《新安志》"罗愿序"①所言，以及朱同《重修新安志序》②的记载，至宋代大中祥符中，梁萧几的《新安山水记》、王笃的《新安记》、唐《歙州图》、宋太平兴国年间编修的《广记》，皆废而不显，而到了罗愿修志时，就连宋代大中祥符中李宗谔所修的《新图经》也极少流传，因此，到洪焱祖修志时，以上诸志除罗愿《新安志》、姚源《新安广录》、李以申《新安续志》、郑密《新安广录续编》仍行于世，其余诸书皆已散佚，洪焱祖修志所能参阅的徽州方志资料十分有限。洪焱祖修志时所面临的困难是很多的。因此，当这部志书修成后，洪焱祖还是有所担心，唯恐这部志书有所疏漏，他希望后世学子对这部志书进行补充和完善，"若夫补亡拾遗，岂无望于后之君子乎"，正是他这种心情的表达。《新安后续志》在体例上完全遵循前志，虽然无法见到原书的全部面貌，但由于洪焱祖特别推崇罗愿的修志理念，因此关于"贡赋之重轻、户口之息耗，以至州土、吏治、风俗、人才"等方面的内容应当是这部志书的重中之重。洪焱祖认为"图志之传将以垂鉴戒，示久远"，这不仅是他参加修志的目的，也是他修志过程中贯穿始终的一个原则。以此亦可知洪焱祖认为方志最重要的功能之一就是"存史"。另外，从志序可以看出，在洪焱祖的眼里，朱霁是位"重士爱民，兴举废坠"，"以廉能称"的好父母官，他对朱霁的赞美溢于言表。确实此次修志成功，朱

---

① 罗愿：《新安志》，罗愿序，清嘉庆十七年（1812年）刻本。
② 弘治《徽州府志》卷十一，词翰一·序，《天一阁藏明代方志选刊》本，上海：上海古籍书店影印，1964年。

霁这位地方官起到了良好的促进作用,不仅发起修志,而且还在搜集资料、组织人力等方面多次督促各地给予配合,使修志工作得以顺利展开并取得成功。

三、大典本洪焱祖《新安后续志》佚文的价值

大典本洪焱祖《新安后续志》佚文保留了地理、人物两方面的资料,共十二条。另外,如第二章所述,大典本《新安续志》下还辑有一条属于《新安后续志》的资料,即"相儒堂",这样共有十三条资料,600字左右,涉及婺源、休宁、歙县、黟县四县,在尚无其他辑本出现的情况下,《永乐大典方志辑佚》便成为目前关于《永乐大典》收录的洪焱祖《新安后续志》佚文最全面的辑本。洪焱祖认为"图志之传将以垂鉴戒,示久远"。因此,他修志时非常重视资料的选取,从这一点看,洪焱祖《新安后续志》佚文所保留的资料应该具有重要的史料价值。

(一)地理类资料的价值

地理类资料主要是人文地理方面的资料,共四条。

1. 汪权县友直,字清之,婺源人。甫冠,师魏文靖公,为书堂扁曰希贤以勉之。[册七十卷七二三七页七]①

虽然这条资料是辑在【宫室】条目下,但从其内容看,这条资料主要是介绍"汪友直"本人的一些情况,包括汪友直的字、籍贯、书堂的名称以及他从师学艺的情况,关于"宫室"方面的内容仅记其书堂名为"希贤",并未有进一步的详细介绍。"汪友直"的资料在罗愿《新安志》中没有收录,李以申《新安续志》佚文又未辑出,因此,洪焱祖《新安后续志》佚文保存的这条资料是目前徽州方志中最早的一条。

关于名为"汪友直"的人物资料在徽州方志中有多处记载,

---

① 马蓉等点校:《永乐大典方志辑佚》,第2册,北京:中华书局,2004年,第1053页。

康熙《徽州府志》载:宋"恭宗德佑①二年丙子正月,招讨使李铨、知州事王积翁等以州降元,歙人汪友直为州教授,不食死。"②康熙《休宁县志》载:"德祐二年,歙汪友直为州教授,不食死。"③同治《祁门县志》载:宋"恭宗德祐二年丙子,招讨使李铨、知州事王积翁以徽州降于元,州教授歙人汪友直死之"④。从时间和内容上看,这三条资料中的"汪友直"应该是同一个人,但三条资料皆称汪友直是歙县人,且三条资料的内容与洪焱祖《新安后续志》佚文根本不同,而且也没有什么联系,因此无法判断这个"汪友直"与佚文中的"汪友直"是不是同一个人。

在徽州府志中还有一人名为"江友直",如,康熙《徽州府志》载:"江友直,字德正,其先婺源旃坑人。父资深,举明经,为歙教谕,老于官,遂居歙。友直以荐为经学长,升本州教授。伯颜入临安,友直升堂痛哭,示诸生以大义,不食死,葬梅口之原,书其墓曰'饿杀塚',今人呼其山为'饿杀山'"⑤,道光《徽州府志》⑥同。这个"江友直"是婺源人,且"字德正",从内容上看,这一记载与洪焱祖《新安后续志》佚文不相一致,从这一点来说,这个"江友直"与佚文中的"汪友直"也不是同一个人。《新安名族志》"后卷"在叙述歙县峻街江氏家族时也曾提到"江友直"这个人,"在邑东北隅学宫之前,唐柱国上将军祯之后,宋末曰资深,由婺来歙,为直学教。子曰友直,复举经学长,任郡教授,遂家于郡学之左。因祖墓在婺,作'望云堂'以思之。及伯颜入临安,恭帝北狩,友直集诸生恸哭,不食,数日卒,门人葬之,号其

---

① 康熙《徽州府志》写为"德佑",应为"德祐"。
② 康熙《徽州府志》卷一,舆地志上·建置沿革表,《中国方志丛书》本,台北:成文出版社,1970年。
③ 康熙《休宁县志》卷一,方舆·建置沿革,《中国方志丛书》本,台北:成文出版社,1970年。
④ 同治《祁门县志》卷一,舆地志·沿革,《中国地方志集成》本,南京:江苏古籍出版社,1998年。
⑤ 康熙《徽州府志》卷十三,人物志·忠节,《中国方志丛书》本,台北:成文出版社,1970年。
⑥ 道光《徽州府志》卷十二,人物志·忠义,《中国地方志集成》本,南京:江苏古籍出版社,1998年。

墓曰'饿杀坞'"①。这里记载的江友直祖上是从婺源迁到歙县的，因此，他既可以算作婺源人，也可以是歙县人。从记载的内容看，此"江友直"应该与康熙《徽州府志》、康熙《休宁县志》、同治《祁门县志》中的"汪友直"以及道光《徽州府志》中的"江友直"是一个人。由于现存徽州文献中关于"汪友直"和"江友直"的内容有所联系，皆称其为"州教授"，都是因为元人南下，为表示忠心"不食死"的，且"汪"和"江"只有一笔之差，因此，"汪友直"和"江友直"很可能就是同一人，而因抄写致误。现存徽州方志中尚未查找到与洪焱祖《新安后续志》佚文内容相同的资料，因此，洪焱祖《新安后续志》佚文中关于"汪友直"的记载应该是一条新的资料，为认识徽州地区历史人物提供了新的参考。至于《新安后续志》佚文中的"汪友直"和现在其他文献中记载的"汪友直"、"江友直"是什么关系，尚难论断。

2.江东建康道肃政廉访司分司廨，旧为郡之小厅，太守避正堂弗居，于此治事。厅后有堂曰宽民。[册七十卷七二三八页三十五]②

根据《新元史》③记载，江东建康道肃政廉访司是元世祖至元十四年（1277年）设置的，所以洪焱祖《新安后续志》应该是第一个记载"江东建康道肃政廉访司"设有"分司廨"的徽州府志，具有始创性价值，为后世方志编修提供了资料来源。现存徽州方志中也多有关于"江东建康道肃政廉访司"的记载，主要包括三种记载，一种记载如弘治《徽州府志》所载："江东建康道肃政廉访司分司廨，元置，在路治西，今改为经历司"④，嘉靖《徽

---

① （明）戴廷明、程尚宽等撰，朱万曙、王平等点校：《新安名族志》后卷，歙县·峻街，合肥：黄山书社，2004年，第521页。

② 马蓉等点校：《永乐大典方志辑佚》，第2册，北京：中华书局，2004年，第1053页。

③ 《新元史》卷五七，百官三，中国书店，1988年。

④ 弘治《徽州府志》卷二，地理二·古迹，《天一阁藏明代方志选刊》本，上海：上海古籍书店影印，1964年。

州府志》①、康熙《徽州府志》②、道光《徽州府志》③、民国《歙县志》④略同；一种记载如嘉靖《徽州府志》所载："江东建康道肃政廉访司，元先是为提刑按察司，后改是名"⑤，康熙《徽州府志》⑥略同；另一种记载如道光《徽州府志》所载："元世祖至元十四年丁丑，江东建康道肃政廉访司，治宁国"⑦。以上三种记载有两条只是记载"江东建康道肃政廉访司"的情况，而未记载"分司廨"的情况，一条虽然记载"分司廨"，但与洪焱祖《新安后续志》佚文的记载不同，因此，洪焱祖《新安后续志》佚文中关于"江东建康道肃政廉访司分司廨"的记载不仅是首次记载，而且是一条新的资料，对现存方志记载有补阙作用，为认识"江东建康道肃政廉访司"分司廨的设置、结构等方面的情况提供了参考资料，具有重要的史料价值。

3.徽州禁门旧有六：东曰新安，西曰庆丰，南曰表城，北曰通济，东北曰太平，西南曰紫阳。［册四九卷三五二七页二十］⑧

这条资料仅列出徽州禁门的名称，从佚文内容无法知道这六门的修筑时间。而弘治《徽州府志》在介绍徽州城池建设情况时曾提到："元初修筑，乃启六门：东曰新安，西曰庆丰，南曰

---

① 嘉靖《徽州府志》卷二一，古迹，《北京图书馆古籍珍本丛刊》本，北京：书目文献出版社，1998年。

② 康熙《徽州府志》卷十七，杂志上·古迹，《中国方志丛书》本，台北：成文出版社，1970年。

③ 道光《徽州府志》卷二，舆地下·古迹，《中国地方志集成》本，南京：江苏古籍出版社，1998年。

④ 民国《歙县志》卷二，营建志·公署，《中国地方志集成》本，南京：江苏古籍出版社，1998年。

⑤ 嘉靖《徽州府志》卷三，监司职官，《北京图书馆古籍珍本丛刊》本，北京：书目文献出版社，1998年。

⑥ 康熙《徽州府志》卷三，秩官志上·监司职官表，《中国方志丛书》本，台北：成文出版社，1970年。

⑦ 道光《徽州府志》卷一，舆地志·建置沿革表，《中国地方志集成》本，南京：江苏古籍出版社，1998年。

⑧ 马蓉等点校：《永乐大典方志辑佚》，第2册，北京：中华书局，2004年，第1053页。

表城,北曰通济,东北曰太平,西南曰紫阳"①。这一记载中六门的名称与佚文中的完全一致,因此,佚文中的所谓"徽州禁门"应修于元代初年。由于"徽州禁门"修于元代,所以洪焱祖《新安后续志》是第一个记载这条资料的徽州府志,具有首创性价值,为后世方志提供了资料来源,弘治《徽州府志》即是对它的继承。由于洪焱祖《新安后续志》的首载以及后世方志的继承,所以才保留下来这条资料。

4.宋丞相江万里,尝读书黟县石鼓院中,僧扁其堂曰相儒。[册六九卷七二三五页十一]②

这条资料非常简略,只是介绍了"相儒堂"的来历。罗愿《新安志》中没有记载这条资料,由于江万里是在李以申编修《新安续志》之后当上丞相的,所以洪焱祖《新安后续志》应该是第一个记载这条资料的徽州府志,具有首创性价值,为后世方志提供了资料来源,弘治《徽州府志》即是对它的继承和发展。弘治《徽州府志》也曾提及"相儒堂",但它是在介绍"石鼓院"时附带记载的:"石鼓院,在戢兵山,唐会昌五年建,后山有石鼓,因以名寺。宋丞相江万里尝读书院中,后僧扁其堂曰'相儒'。元初建殿堂。国初丙午毁。洪武壬戌,僧宗迪重建,洪武二十四年为丛林。"③

(二)人物类资料的价值

人物资料在《新安后续志》佚文中所占比重最大,包括八个人物的九条资料。

1.滕縠,婺源人。以声律驰名大学,廷对有日。卒,乡人称之曰橘里先生。[卷八五七〇页二十八]④

---

① 弘治《徽州府志》卷一,地理一·城池,《天一阁藏明代方志选刊》本,上海:上海古籍书店影印,1964年。
② 马蓉等点校:《永乐大典方志辑佚》,第2册,北京:中华书局,2004年,第1055页。
③ 弘治《徽州府志》卷十,宫室,《天一阁藏明代方志选刊》本,上海:上海古籍书店影印,1964年。
④ 马蓉等点校:《永乐大典方志辑佚》,第2册,北京:中华书局,2004年,第1054页。

第三章　大典本《新安后续志》和《延祐新安后续志》研究　073

这条资料主要记载了"滕毂"这个人物的籍贯、特长及谥号。由此可知,滕毂在声律学方面有较高的造诣。

2.吴锜,字子信,歙县人。以文雄场屋,为大学前庑,家居授徒至数百人,号学行先生。[卷八五七〇页二十八]①

这条资料记载了"吴锜"这个人的字、籍贯以及他讲课授徒的情况,说明吴锜因其"学行"而受人尊敬,拜其为师的人多至数百人。

关于这两个历史人物的情况在罗愿《新安志》中没有收录,李以申《新安续志》佚文中亦未辑出,其他徽州府志中也很难见到,所以洪焱祖《新安后续志》佚文保存的这两条资料不仅是目前徽州府志中最早的记载,也是十分难得的珍贵资料,为了解徽州地区的历史人物提供了新的参考。

3.汪节推大信,字梦约,休宁人。博习群经,为文醇雅,中有新奇。知己最多,未尝一毫干请,人以不倚先生称之。[卷八五七〇页二十八]②

这条资料虽然言词不多,但所涉及的内容并不简略,在介绍汪大信的字、籍贯这些资料外,还说明了汪大信不仅学识深厚,写出来的文章新奇而有力度,而且还是一位不徇私枉法的好地方官。罗愿《新安志》、李以申《新安续志》佚文都没有这条资料,因此,洪焱祖《新安后续志》佚文是现存徽州方志中最早的一条资料。弘治《徽州府志》载:"汪大信,字梦约,休宁藏溪人。习礼经,登第,调武昌簿。丁父艰,改钱塘尉,巡察围田,董督湖岸,捕私醋茗有功,京尹袁韶奏擢之,任广西道盐场,以亲嫌不赴。闲居十年,凡里中有利可兴,害可除,虽捐厚赀无靳色。迁石城县丞,摄邑期年,虔寇数万绎骚,大信率邑民数千御之,寇皆遁去。辟知分宜县,任辰州推官,丁母艰服阕,调高邮

---

① 马蓉等点校:《永乐大典方志辑佚》,第 2 册,北京:中华书局,2004年,第 1054 页。

② 马蓉等点校:《永乐大典方志辑佚》,第 2 册,北京:中华书局,2004年,第 1054 页。

推官,未赴卒"①,弘治《休宁志》②、嘉靖《徽州府志》③、康熙《徽州府志》④、康熙《休宁县志》⑤、道光《徽州府志》⑥、道光《休宁县志》⑦略同。这些方志主要记载汪大信为官的经历和主要业绩,而对于他的学识、文章等方面的情况没有记录,因此,洪焱祖《新安后续志》佚文对于"汪大信"的记载不仅是现存徽州府志中最早的,有些内容是现存其他文献记载所没有的,为全面认识"汪大信"这个人物提供了新的参考资料,具有重要的史料价值。

4. 胡斗元,字声远,婺源人。传《易》学于前进士朱洪范。卒,门人私谥曰孝善先生。[卷八五七〇页二十八]⑧

这条资料主要涉及胡斗元的字、籍贯、学业及谥号方面的内容。根据文献记载,胡斗元是元代的一位学者,因此,洪焱祖《新安后续志》是第一个记载这条资料的徽州府志,具有始创性价值,为后世方志编修提供了资料来源。弘治《徽州府志》载:"胡斗元,字声远,婺源考川人,明经十四世孙。祖允济以学行择为乡校正,父师夔,号'易简居士',通五经,尤精于易,撰《易传史纂》。斗元少孤,传易学于朱文公从孙洪范,日玩一爻,周而复始。受徒五十年,尝谓:'乾专言善性也,坤兼善不善情也。

---

① 弘治《徽州府志》卷八,人物二·宦业,《天一阁藏明代方志选刊》本,上海:上海古籍书店影印,1964年。
② 弘治《休宁志》卷十二,人物五·宦业,《北京图书馆古籍珍本丛刊》本,北京:书目文献出版社,1998年。
③ 嘉靖《徽州府志》卷十七,宦业列传,《北京图书馆古籍珍本丛刊》本,北京:书目文献出版社,1998年。
④ 康熙《徽州府志》卷十四,人物志·宦业,《中国方志丛书》本,台北:成文出版社,1970年。
⑤ 康熙《休宁县志》卷六,人物·宦业,《中国方志丛书》本,台北:成文出版社,1970年。
⑥ 道光《徽州府志》卷十二,人物志·宦业一,《中国地方志集成》本,南京:江苏古籍出版社,1998年。
⑦ 道光《休宁县志》卷十三,人物·宦业,《中国地方志集成》本,南京:江苏古籍出版社,1998年。
⑧ 马蓉等点校:《永乐大典方志辑佚》,第2册,北京:中华书局,2004年,第1054页。

乾之善世,吾无及已,坤之积善,吾庶几勉之',因号'勉斋'。及卒,门弟子俞洪等一百十五人用古隐君子私谥例尊称之曰'孝善先生'。子炳文。"①弘治《徽州府志》所载虽比《新安后续志》佚文丰富,但它是对洪焱祖《新安后续志》的继承和发展。嘉靖《徽州府志》②、康熙《徽州府志》③、嘉庆《黟县志》④、道光《徽州府志》⑤、民国《婺源县志》⑥所载与弘治《徽州府志》略同。可见,由洪焱祖《新安后续志》首载,后经弘治《徽州府志》继承并丰富,再经其他徽州方志的继承,使得徽州方志中"胡斗元"的资料得以保存。《元史》没有胡斗元传,因此,洪焱祖《新安后续志》保存的这条资料为进一步了解元代历史人物提供了参考。

5. 胡炳文,字仲虎。尝为信州道一书院山长,著《周易本义通释》、《五赞通释》、《启蒙通义》、《大学指掌图》、《四书辨疑》、《五经会意》、《纯正蒙求》、《尔雅韵语》、《云峰笔记》、《讲义》二百篇,文集二十卷。后进尊之曰云峰先生。[卷八五七〇页二十八]⑦

这条资料主要列举了胡炳文的著作,为了解胡炳文这个人的学术成就提供了资料。根据文献记载,胡炳文为元代的一位学者,因此洪焱祖《新安后续志》是第一个将胡炳文的资料载入徽州府志的,为后世方志编修提供了资料来源。弘治《徽州府志》载:"胡炳文,字仲虎,婺源考川人。幼嗜学,年十二夜读书

---

① 弘治《徽州府志》卷九,人物三·隐逸,《天一阁藏明代方志选刊》本,上海:上海古籍书店影印,1964年。
② 嘉靖《徽州府志》卷十九,隐逸列传,《北京图书馆古籍珍本丛刊》本,北京:书目文献出版社,1998年。
③ 康熙《徽州府志》卷十五,人物志·绩学,《中国方志丛书》本,台北:成文出版社,1970年。
④ 嘉庆《黟县志》卷六,人物·儒行,《中国地方志集成》本,南京:江苏古籍出版社,1998年。
⑤ 道光《徽州府志》卷十一,人物·儒林,《中国地方志集成》本,南京:江苏古籍出版社,1998年。
⑥ 民国《婺源县志》卷四九,人物·隐逸,民国十四年(1925年)刻本。
⑦ 马蓉等点校:《永乐大典方志辑佚》,第2册,北京:中华书局,2004年,第1054页。

不辄①，父母恐其成疾，欲止之，乃以衣蔽窗隙，终夜默诵。既长笃志朱熹之学，上溯伊洛以达洙泗之源，凡诸子、百氏、阴阳、医卜、星历、术数，靡不推究，四方学者云集。尝为信州道一书院山长，其族子淀为建明经书院，以馆四方来学之士。炳文署山长，为课试以训诸生，成材者多。调兰溪州学正，不赴，所居扁曰'随斋'。于四书诸经会集众说，参考以求其通。余干饶鲁之学本出朱熹，而其为说多与熹抵牾。炳文深正其非，故作《四书通》，凡词异而理同者合而一之，词同而旨异者析而辨之，往往发其未尽之蕴。又作《易本义通》、《性理通》及《朱子启蒙》、《易五赞通释》刊行于世，《春秋》尝为集解，礼书皆有纂述，自以更易未定。门人亦有得其稿者。又有《大学指掌图》、《四书辨疑》、《五经会意》、《纯正蒙求》、《尔雅韵语》、《云峰笔记》、《讲议》二百篇，《文集》二十卷。幼有诗云：'举头山苍然，一峰立云表'，故乡人号之曰：'云峰先生'，卒谥曰'文通'。"②虽然弘治《徽州府志》记载的内容比洪焱祖《新安后续志》佚文要丰富得多，但毕竟洪焱祖《新安后续志》是第一个将"胡炳文"的资料载入徽州府志的，弘治《徽州府志》是以洪焱祖《新安后续志》为参考并加以丰富的。嘉靖《徽州府志》③、康熙《徽州府志》④、道光《徽州府志》⑤、民国《婺源县志》⑥中关于"胡炳文"的记载皆与弘治《徽州府志》的记载基本相同。《元史·胡炳文传》载："胡炳文，字仲虎，亦以《易》名家，作《易本义通释》，而于朱熹所著《四书》用力尤深。余干饶鲁之学本出于朱熹，而其为说多与熹抵牾，炳文深正其非，作《四书通》，凡辞异而理同者合而一之，

---

① 疑"辄"字有误，当为"辍"字。
② 弘治《徽州府志》卷七，人物志·儒硕，《天一阁藏明代方志选刊》本，上海：上海古籍书店影印，1964年。
③ 嘉靖《徽州府志》卷十五，儒林列传，《北京图书馆古籍珍本丛刊》本，北京：书目文献出版社，1998年。
④ 康熙《徽州府志》卷十二，人物志·儒硕，《中国方志丛书》本，台北：成文出版社，1970年。
⑤ 道光《徽州府志》卷十一，人物志·儒林，《中国地方志集成》本，南京：江苏古籍出版社，1998年。
⑥ 民国《婺源县志》卷二一，人物志·儒林，民国十四年（1925年）刻本。

辞同而指异者析而辨之,往往发其未尽之蕴。东南学者,因其所自号,称'云峰先生'。炳文尝用荐者,署'明经书院山长',再调兰溪州学正"①。大典本洪焱祖《新安后续志》佚文与此不完全相同。由于洪焱祖《新安后续志》的首载,有关胡炳文的资料得以在徽州府志中保存下来,其首载之功不可忽视。而且洪焱祖《新安后续志》佚文与现存徽州方志以及正史记载的角度不同,这些资料可以互相补充,为了解胡炳文的有关情况提供更为丰富的资料。

6.吴太博遇龙,字子云,婺源人。与同郡方公岳、程公元凤齐名,淳祐间号为"新安三博士"。[册二百一九卷一三四五二页十四]②

这条资料记载了吴遇龙的字、籍贯和他人对吴遇龙的评价。由于吴遇龙学识精深,因此受人尊敬,人们将其与另外两个著名人物方岳和程元凤并称为"新安三博士"。这条资料涉及的内容发生在南宋淳祐年间,罗愿《新安志》不可能记载,李以申《新安续志》佚文也未辑出,因此,洪焱祖《新安后续志》佚文是目前徽州府志中最早的记载。弘治《徽州府志》亦载有相关资料:"吴遇龙,字子云,婺源梅溪人,登绍定五年进士第。初调临汝校官,再任淮西饷幕,改秩,除国录通判隆兴府,召为太学博士,未至卒。与同郡方岳、程元凤齐名。淳祐间号为'新安三博士',又与丞相江万里、何子举、陈松龙为'易义四英'"③,嘉靖《徽州府志》④、康熙《徽州府志》⑤、道光《徽州府志》⑥、光绪

---

① 《元史》卷一八九,列传第七十六,北京:中华书局,1976年。
② 马蓉等点校:《永乐大典方志辑佚》,第2册,北京:中华书局,2004年,第1054页。
③ 弘治《徽州府志》卷八,人物二·宦业,《天一阁藏明代方志选刊》本,上海:上海古籍书店影印,1964年。
④ 嘉靖《徽州府志》卷十七,宦业列传,《北京图书馆古籍珍本丛刊》本,北京:书目文献出版社,1998年。
⑤ 康熙《徽州府志》卷十五,人物志·绩学,《中国方志丛书》本,台北:成文出版社,1970年。
⑥ 道光《徽州府志》卷十一,人物志·文苑,《中国地方志集成》本,南京:江苏古籍出版社,1998年。

《重修安徽通志》①、民国《婺源县志》②略同。弘治《徽州府志》应该是对洪焱祖《新安后续志》的继承和发展。《宋史》亦没有吴遇龙传，因此，洪焱祖《新安后续志》佚文保存的"吴遇龙"的资料价值应该予以重视。

7. 张雄飞，字宏甫，歙县人。晚扁书堂曰明善。[册七一卷七二四二页二十四]

8. 张雄飞，字宏甫，歙县人。门人私谥曰明善先生。[卷八五七〇页二十八]③

这两条资料仅涉及人物的字、籍贯、书堂名和谥号。因为张雄飞生活在南宋淳熙之后，所以罗愿《新安志》中没有关于"张雄飞"的记载，李以申《新安续志》佚文也未辑出张雄飞的相关资料，因此，洪焱祖《新安后续志》佚文是目前徽州府志中最早的记载。弘治《徽州府志》亦载有"张雄飞"的资料："张雄飞，字宏甫，歙人。曾伯祖扩以医名。雄飞幼孤，执丧过哀，治礼记。郡学录祝筠以女妻之。嘉熙丁酉，亚乡贡即绝笔，时文不应举。专教授乡社子弟，作家训谓：'立身自名节始，名节自孝悌始。不事生产，不履讼庭，不欺暗室，无故不入城市，是非不留胸次，喜怒不见颜色，行不践虫蚁，言不轻謦笑，手不离方册，燕居必正衣冠。道逢长者必拱手立，遇妇人必以袖障面。先茔近者三五日一省，远者月一至茔傍。近有鬻地者，族人贫而鬻祖产者，必节缩铺金赎之'。中表子侄誓之曰：'言行不相顾者，吾无取焉'，皆训励成人。从兄子早孤，心慈视如己子，抚之终身。族里窭者必随力赈之，户侍朱在表弟也，左史吕午表姻也，方二公在朝皆未尝以书请托。郡新创紫阳书院，成堂长，举请月一谒祠，致馈答曰：'谒祠尊师也，干禄非也'，却之。殁之岁，豫撤讲帷。逝之前一日，沐浴端坐，诵全生全归之章。家人惊问，书'孝、悌、忠、信'四字。明日晨起，盥漱瞻礼，就正寝而化，遗命早葬深藏，勿用浮屠。晚扁书堂曰'明善'，门人许豫立等

---

① 光绪《重修安徽通志》卷二二四，人物志，清光绪四年(1878年)刻本。
② 民国《婺源县志》卷二三，人物·学林，民国十四年(1925年)刻本。
③ 马蓉等点校：《永乐大典方志辑佚》，第2册，北京：中华书局，2004年，第1054页。

私谥曰'明善先生'。年七十七。"①嘉靖《徽州府志》②、康熙《徽州府志》③、乾隆《歙县志》④、道光《徽州府志》⑤、光绪《重修安徽通志》⑥亦载有"张雄飞"的资料。这些记载均比洪焱祖《新安后续志》佚文丰富得多。

9.金野仙梁之,字彦隆,休宁人。淳熙元年八月十二日死,葬于城阳山。后有自蜀中见之,为携家。问归,即其殁之岁。或谓之尸解。[册二百六卷九一三页二十五]⑦

罗愿《新安志》中也有关于"金野仙"的记载:"金野仙者,名梁之,两浙提刑受之子。以荫为奉新尉,一旦狂肆,以病去官,妻亦携二女去之。自是食不继,然貌常充悦,时时卧冰雪中,体不栗。晚常在郡市,好为人作诗,及与人语,往往有警诲,得者皆以为能知其意中事。每三岁贡辄预书得者姓氏,尝曰:'使吾为物外神仙,则难若尘中仙人,拔生度死可庶几也。'每言:'吾当以来岁八月死,幸无焚我。'至淳熙初年八月十三日,夜半起坐一榻,挥扇自若,视之已化矣。郡人相与坛之于紫阳山。"⑧弘

---

① 弘治《徽州府志》卷九,人物二·隐逸,《天一阁藏明代方志选刊》本,上海:上海古籍书店影印,1964年。
② 嘉靖《徽州府志》卷十九,孝友列传,《北京图书馆古籍珍本丛刊》本,北京:书目文献出版社,1998年。
③ 康熙《徽州府志》卷十五,人物志·隐逸,《中国方志丛书》本,台北:成文出版社,1970年。
④ 乾隆《歙县志》卷十四,人物志·遗佚,《中国方志丛书》本,台北:成文出版社,1970年。
⑤ 道光《徽州府志》卷十二,人物志·隐逸,《中国地方志集成》本,南京:江苏古籍出版社,1998年。
⑥ 光绪《重修安徽通志》卷二六〇,人物志,清光绪四年(1878年)刻本。
⑦ 马蓉等点校:《永乐大典方志辑佚》,第2册,北京:中华书局,2004年,第1053页。
⑧ 罗愿:《新安志》卷一〇,记闻,清嘉庆十七年(1812年)刻本。

治《徽州府志》①、嘉靖《徽州府志》②、康熙《徽州府志》③、康熙《休宁县志》④、道光《徽州府志》⑤、道光《休宁县志》⑥亦载有相关资料。相比而言,这些记载皆比洪焱祖《新安后续志》佚文的内容丰富,均可以对其进行补充。

洪焱祖修志十分重视"贡赋之重轻、户口之息耗,以至州土、吏治、风俗、人才"等方面的内容,而且认为"图志之传将以垂鉴戒,示久远",并以此为修志过程中贯穿始终的一个原则,也许因为以上原因,洪焱祖修志时对"仙释"方面的内容不很重视,因此,在记载有关仙释方面的内容时采取摘其精要、简略文字的原则来加以处理,这就出现了佚文中"金野仙"资料比较简单的情况。

四、洪焱祖《新安后续志》佚文辑补

元代延祐六年(1319年)洪焱祖编修的《新安后续志》久已亡佚,《永乐大典》收录了此志,学者们在对《永乐大典》方志进行辑佚时,已将其佚文辑出并收录在《永乐大典方志辑佚》一书中。笔者在检阅徽州方志时,又查找到二十四条引自于洪焱祖《新安后续志》的资料,包括三条地理方面的资料,三条职官方面的资料,三条人物方面的资料,十五条遗事方面的资料。经比较,这是《永乐大典方志辑佚》辑出的洪焱祖《新安后续志》佚

---

① 弘治《徽州府志》卷十,人物四·仙释,《天一阁藏明代方志选刊》本,上海:上海古籍书店影印,1964年。
② 嘉靖《徽州府志》卷二二,仙释列传,《北京图书馆古籍珍本丛刊》本,北京:书目文献出版社,1998年。
③ 康熙《徽州府志》卷十八,杂志下·仙释,《中国方志丛书》本,台北:成文出版社,1970年。
④ 康熙《休宁县志》卷八,通考·仙释,《中国方志丛书》本,台北:成文出版社,1970年。
⑤ 道光《徽州府志》卷十四,人物·仙释,《中国地方志集成》本,南京:江苏古籍出版社,1998年。
⑥ 道光《休宁县志》卷二十四,杂志·仙释,《中国地方志集成》本,南京:江苏古籍出版社,1998年。

文中所没有的内容,因此将之抄录如下,以为辑补。

(一)地理方面的资料

地理方面的资料有三条,一条是关于山川的,两条是形胜方面的。

1. 龙山,在(歙)县西二十里。鲍寿孙,唐越处士宗严之子,至元丙子,郡将李世达军叛西北乡,群贼窃发,或曳寿孙父子至贼魁前,父子争死于此,贼魁心哀之,父子俱免。《续新安志》、《通志》同。①

这条资料反映了歙县人鲍宗严、鲍寿孙父子面对李世达叛军时,为求对方存活、争相先死并感动贼首而获免的情况。关于李世达叛乱一事,《桐江集》有如下记载:"至元十三年丙子春正月二十五日,李铨以徽州归附,夏五月,其子汉英同李世达为变"②,据此,李世达之变应该发生在元世祖至元十三年(1276年)。此条资料仅说明出自于《续新安志》,但因其所记内容为元代元世祖至元年间的事,因而应该是引自于洪焱祖《新安后续志》,而不是李以申《新安续志》,故将此条佚文辑于洪焱祖《新安后续志》之下。由于这条资料反映的内容是元代的情况,因而洪焱祖《新安后续志》是第一个将此条资料载入徽州府志的,后世徽州府志均是对它的继承。

2. 山穹入云,水驶激射。<small>洪杏庭《新安续志杂志》</small>。③

这条资料是记载绩溪县形胜时所保留的一条资料。此条资料在罗愿《新安志》中没有记载,李以申《新安续志》佚文也未辑出,因此,洪焱祖《新安后续志》佚文是目前徽州府志中保存

---

① 道光《徽州府志》卷二,舆地志·山,《中国地方志集成》本,南京:江苏古籍出版社,1998年。
② (元)方回:《桐江集》卷八,宛委别藏清钞本。
③ 道光《徽州府志》卷二,舆地志·形胜,《中国地方志集成》本,南京:江苏古籍出版社,1998年。

的最早的一条资料。另外,嘉靖《徽州府志》①和康熙《徽州府志》②也收录了这条资料,其内容完全相同,也注明了资料的出处为"洪杏庭《新安续志杂志》",应该是对洪焱祖《新安后续志》的继承。因此,嘉靖《徽州府志》和康熙《徽州府志》也成为辑佚洪焱祖《新安后续志》的重要资料来源。

3. 新安据浙江上游,水云深处。李以申、洪焱祖《新安续志》序。③

这条资料在罗愿《新安志》中未曾见到,李以申《新安续志》是第一个记载这条资料的徽州府志,而洪焱祖《新安后续志》是对前志的继承。这条资料在嘉靖《徽州府志》④和康熙《徽州府志》⑤皆有记载,内容完全一样,并且也注明了此条资料出自于"李以申、洪焱祖《新安续志》序",因此,这些方志就成为辑佚洪焱祖《新安后续志》的又一资料来源。

(二) 职官方面的资料

职官方面的资料有三条,是介绍徽州职官设置和任职人员基本情况的。

1. (元儒学教授) 梅希说。见洪焱祖《续志》。⑥

这条资料说明了梅希说是元代儒学教授。虽然资料并不丰富,但由于梅希说为元代人,因此,洪焱祖《新安后续志》是第一个将"梅希说"的资料收录在徽州府志中的。因洪焱祖《新安后续志》的首载,才使"梅希说"的资料保存在徽州府志中。在

---

① 嘉靖《徽州府志》卷二,形胜,《北京图书馆古籍珍本丛刊》本,北京:书目文献出版社,1998年。
② 康熙《徽州府志》卷二,舆地志·形胜,《中国方志丛书》本,台北:成文出版社,1970年。
③ 道光《徽州府志》卷二,舆地志·形胜,《中国地方志集成》本,南京:江苏古籍出版社,1998年。
④ 嘉靖《徽州府志》卷二,舆地志·形胜,《北京图书馆古籍珍本丛刊》本,北京:书目文献出版社,1998年。
⑤ 康熙《徽州府志》卷二,舆地志·形胜,《中国方志丛书》本,台北:成文出版社,1970年。
⑥ 道光《徽州府志》卷七,职官,《中国地方志集成》本,南京:江苏古籍出版社,1998年。

嘉靖《徽州府志》①和康熙《徽州府志》②皆有关于"梅希说"的记载,即:"(元教授)梅希说,延祐中任,见洪焱祖《续志》"。这三条资料均出自于洪焱祖续志,可见洪焱祖《新安后续志》佚文的价值所在。其首载之功应该给予重视。

2.(元主簿)邱浚,宜兴人,邑志作"濬",延祐中任。见《新安续志》。③

此条资料虽标明出自《新安续志》,但根据"延祐中任"一句可知邱浚为元代人,因此,将这条佚文辑在洪焱祖《新安后续志》下。

这条资料介绍了"邱浚"在元代延祐年间任主簿的这个事实。由于邱浚为元代人,因此,洪焱祖《新安后续志》是第一个收录这条资料的徽州府志。康熙《徽州府志》④也有如下记载:"(元主簿)丘浚,邑志作'濬',宜兴人,延祐中任。见《新安续志》。"看来"丘浚"、"邱浚"和"丘濬"应该是同一个人。因为洪焱祖《新安后续志》的首次记载,所以才将"邱浚"的有关资料保存下来。

3.(元县尹)曹实,《新安续志》:实在官,和买楮桐油悉依实估,至今便之。⑤

这条资料标明出自《新安续志》,但所载之人"曹实"为元代县尹,因此,将此条归入到洪焱祖《新安后续志》下。洪焱祖《新安后续志》是第一个将这条资料载入徽州府志的,记载了曹实在任县尹时实行"和买"的便民事迹。另外,嘉靖《徽州府

---

① 嘉靖《徽州府志》卷四,郡职官志,《北京图书馆古籍珍本丛刊》本,北京:书目文献出版社,1998年。
② 康熙《徽州府志》卷三,秩官志上·郡职官,《中国地方志集成》本,南京:江苏古籍出版社,1998年。
③ 道光《徽州府志》卷七,职官·绩溪县职官,《中国地方志集成》本,南京:江苏古籍出版社,1998年。
④ 康熙《徽州府志》卷四,秩官志中·县职官,《中国方志丛书》本,台北:成文出版社,1970年。
⑤ 道光《徽州府志》卷七,职官志·县职官,《中国地方志集成》本,南京:江苏古籍出版社,1998年。

志》①和康熙《徽州府志》②中也有完全相同的记载,也明确注明了出处为"《新安续志》"。这些方志也是辑佚洪焱祖《新安后续志》佚文的重要资料来源。

(三)人物方面的资料

人物方面的资料共有三条。

1. 程若庸,字达原,宋端明殿学士珌之从侄。咸淳四年,陈文龙榜,进士。从学双峰饶先生鲁,又师事毅斋沈先生贵瑶,得闻朱子之学。淳祐丁未,为湖州安定书院山长。庚戌,冯此山去疾创临汝书院于抚州,聘若庸为山长,置田宅居之。咸淳戊辰,为福建武夷书院山长。若庸屡主师席,及门之士最盛。在新安号"勿斋",学者称为"勿斋先生",如范元奕、金若洙、吴锡畴皆其高弟。在福州号"徽庵",以寓不忘桑梓之意,学者称"徽庵先生",如吴澄、程钜夫皆其高弟。所著有《性理字训讲义》百篇及《太极图说》、《近思录注》行于世。《新安后续志》。③

这条资料主要是介绍程若庸的生平事迹的,包括他参加科举考试、从师学艺、做书院山长、教授生徒等方面的情况,并列举了程若庸撰写的著作的名称。这条资料记载的主要是程若庸在宋代淳祐、咸淳年间的活动,因此,洪焱祖《新安后续志》应该是第一个将这条资料载入徽州府志的,具有首创性价值,为后世方志编修提供了资料来源。弘治《徽州府志》④亦载有"程若庸"的资料,虽未注明资料出处,但应该是对洪志的继承和发

---

① 嘉靖《徽州府志》卷五,县职官志,《北京图书馆古籍珍本丛刊》本,北京:书目文献出版社,1998年。
② 康熙《徽州府志》卷四,秩官志中·县职官,《中国方志丛书》本,台北:成文出版社,1970年。
③ 道光《休宁县志》卷十二,人物·儒硕,《中国地方志集成》本,南京:江苏古籍出版社,1998年。
④ 弘治《徽州府志》卷七,人物志·儒硕,《天一阁藏明代方志选刊》本,上海:上海古籍书店影印,1964年。

展。另外,康熙《徽州府志》①和道光《徽州府志》②中皆有相关记载,主要内容也大体相同。道光《徽州府志》虽然注明此资料出自于"元洪焱祖程若庸传",但尚无法确定是否出自于洪焱祖的《新安后续志》。

《新安文献志》收录了洪杏庭撰写的"程山长若庸传",全文如下:

> 程山长若庸,字达原,宋端明殿学士珌之从侄。咸淳四年,陈文龙榜进士。从学双峰饶先生鲁,又师事毅斋沈先生贵瑶,得闻朱子之学。淳祐丁未,为湖州安定书院山长。庚戌,冯此山去疾创临汝书院于抚州,聘若庸为山长,置田宅居之。咸淳戊辰,为福建武夷书院山长。若庸累主师席,及门之士最盛。在新安号"勿斋",学者称"勿斋先生",如范奕、金洙、吴锡畴,皆其高弟。在抚州,号"徽庵",以寓不忘桑梓之意,学者称"徽庵先生"。如吴澄、程钜夫,皆其高弟。所著有《性理字训讲义》百篇,及《太极图说》、《近思录注》行于世。③

洪焱祖,号"杏庭",因此,洪杏庭即是洪焱祖。此传与《新安后续志》佚文皆出于洪焱祖之手,两者相比内容基本一致,但仍有一点不同。此传载:"在抚州,号'徽庵'",弘治《徽州府志》④和康熙《徽州府志》⑤与之同,而道光《休宁县志》所收《新

---

① 康熙《徽州府志》卷十二,人物志·儒硕,《中国方志丛书》本,台北:成文出版社,1970年。
② 道光《徽州府志》卷十一,人物志·儒林,《中国地方志集成》本,南京:江苏古籍出版社,1998年。
③ (明)程敏政辑撰,何庆善、于石点校:《新安文献志》卷七十,合肥:黄山书社,2004年,第1725页。
④ 弘治《徽州府志》卷七,人物志·儒硕,《天一阁藏明代方志选刊》本,上海:上海古籍书店影印,1964年。
⑤ 康熙《徽州府志》卷十二,人物志·儒硕,《中国方志丛书》本,台北:成文出版社,1970年。

安后续志》佚文则载："在福州,号'徽庵'",道光《徽州府志》[①]同。虽然"抚州"和"福州"字音相同,但却是两个不同的地方,根据程若庸曾在抚州临汝书院当山长的事实,当以"抚州"为长。《宋史》未载程若庸的生平事迹,因此,元代洪焱祖《新安后续志》佚文保存的"程若庸"的资料所具有的史料价值应该予以重视。

2. 曹泾,字清甫,屯田郎中矩之裔。幼颖悟,八岁能通诵五经,不专攻举子业,研穷经学,尤精诣于朱氏之书,故为文率皆典古有法。宝祐丁巳,年二十五岁,江东漕解第二。咸淳戊辰,殿试丙科,授迪功郎、昌化县主簿。曹氏自屯田至泾正奏凡六人。辛未,丞相马廷鸾以书币聘主教席。廷鸾诸子,端临最博学知名,撰《文献通考》,其学实出自泾。壬申,奏敕充殿西廊阶祠官,礼成,父镐以高年得封承务郎。癸酉,充信州考试官。甲戌,赴昌化簿任,寻转修职郎,权知县事,不久奉亲还里。元至元丁丑,建德路请教儒学。戊寅,江东按察请充紫阳书院山长,招致生徒,创辟学宫。壬午,辞职归养,自是不复出州里。循理笃行,士林宗之,与方回齐名。延祐乙卯卒,年八十二,号"宏斋"。所著有《讲义》四卷,《书》、《文》、《韵》、《俪》稿各五卷,余如《服膺录》、《读书记》、《杂作管见》、《泣血录》、《曹氏家录》甚多。次子仲埜能文著书,先泾二年卒,有《诗文讲义》二卷、《通鉴目纂》二十四卷。长孙次炎、曾孙宗垕皆能承其学。《新安文献志》引《新安后续志》。[②]

这条资料保留了有关"曹泾"这个历史人物的生平事迹方面的资料,内容较为丰富,主要包括他参加科考、做官、授徒等方面的情况,还专门列举了曹泾及其二子的有关著作。根据上述记载,曹泾生于南宋绍定壬辰(1232年),卒于元代延祐乙卯(1315年),因此,洪焱祖《新安后续志》是第一个将"曹泾"的资料载入徽州府志的,具有首创性价值,为后世方志编修提供了

---

① 道光《徽州府志》卷十一,人物志·儒林,《中国地方志集成》本,南京:江苏古籍出版社,1998年。

② 道光《休宁县志》卷十二,人物·文苑,《中国地方志集成》本,南京:江苏古籍出版社,1998年。

资料来源。弘治《徽州府志》①亦载有相关资料,应该是对洪志的继承和丰富。康熙《徽州府志》②、道光《徽州府志》③中关于"曹泾"的记载与此基本相同。道光《徽州府志》则称此条资料"见洪焱祖曹泾传",但尚无法断言这是否是出自于洪焱祖《新安后续志》中的内容。由于有了洪焱祖《新安后续志》的首载和后世方志的继承才能将这条资料保存下来。洪焱祖《新安后续志》的首载之功非常重要。

《新安文献志》收录了洪杏庭撰写的"曹主簿泾传",为了更好地说明问题,现将有关内容摘录如下:

> 曹主簿泾,字清甫,屯田郎中矩之裔。曾祖然,始居歙南叶村。泾幼颖悟,八岁能通诵五经。不专攻举子业,研穷经学,尤精诣于朱氏之书。故为文率皆典古有法。宝祐丁巳,年二十五岁,江东漕解第二。咸淳戊辰殿试丙科,授迪功郎、昌化县主簿。曹氏自屯田至泾,正奏凡六人。辛未,丞相马廷鸾以书币聘主教席。廷鸾诸子,端临最博学知名,撰《文献通考》,其学实出自泾。壬申,奉敕充广西廊阶祠官,礼成,父镐以高年得封承务郎。癸酉,充信州考试官。甲戌,赴昌化簿任,寻转修职郎。乙亥,权知县事,不久奉亲还里。元至元丁丑,建德路请教儒学。戊寅,江东按察请充紫阳书院山长,招致生徒,创辟学官。壬午,辞归养,自是不复出州里。循理笃行,士林宗之,与方回齐名。延祐乙卯卒,年八十二。号"弘斋",所著有《讲义》四卷,《书文韵》、《俪稿》各五卷,余如《服膺录》、《读书记》、《杂作管见》、《泣血录》、《曹氏家录》甚多。次子仲埜能文著书,先泾二年卒,有《诗文讲义》二卷,

---

① 弘治《徽州府志》卷七,人物志·儒硕,《天一阁藏明代方志选刊》本,上海:上海古籍书店影印,1964年。
② 康熙《徽州府志》卷十三,人物志·文苑,《中国方志丛书》本,台北:成文出版社,1970年。
③ 道光《徽州府志》卷十一,人物志·文苑,《中国地方志集成》本,南京:江苏古籍出版社,1998年。

《通鉴日纂》二十四卷。长孙次炎,曾孙宗垔,皆能承其学。①

此传与道光《休宁县志》所收之《新安后续志》佚文皆出自于洪焱祖之手,皆转引自《新安文献志》,两文相比内容基本相同,但传文比《新安后续志》佚文更为丰富,多出二十多字,这或许是洪焱祖在编修《新安后续志》时对文字进行了微调,或者是因为道光《休宁县志》在转引时进行了删节。如,《新安文献志》有"曾祖然,始居歙南叶村"一句,《新安后续志》佚文无;《新安文献志》称:"乙亥,权知县事",而《新安后续志》佚文无"乙亥"二字。另外,从《新安后续志》佚文和《新安文献志》"曹主簿泾传"的记载看,曹泾"咸淳戊辰殿试丙科","咸淳戊辰"为咸淳四年(1268年),那么,此后的时间应该依次是:辛未年、壬申年、癸酉年和甲戌年,而不是"甲戌"年。故《新安后续志》佚文中"甲戌"有误,应为"甲戌"。

点校本《新安文献志》标点有误。《新安文献志》"曹主簿泾传"称:"《书文韵》《俪稿》各五卷"②。考之其他文献记载,如弘治《徽州府志》③、《新安名族志后卷》④皆称:"《书稿》、《文稿》、《韵稿》、《俪稿》各五卷",康熙《徽州府志》则称:"《书稿》、《文稿》、《韵稿》、《俪稿》"⑤,道光《徽州府志》称:"《书》、《文》、《韵》、《俪》稿各五卷"⑥,光绪《重修安徽通志》载:"《书稿》五卷,《韵

---

① (明)程敏政辑撰,何庆善、于石点校:《新安文献志》卷九五上,合肥:黄山书社,2004年,第2408页。

② (明)程敏政辑撰,何庆善、于石点校:《新安文献志》卷九五上,合肥:黄山书社,2004年,第2408页。

③ 弘治《徽州府志》卷七,人物志·儒硕,《天一阁藏明代方志选刊》本,上海:上海古籍书店影印,1964年。

④ (明)戴廷明、程尚宽等撰,朱万曙、王平等点校:《新安名族志》,后卷,合肥:黄山书社,2004年,第564页。

⑤ 康熙《徽州府志》卷十三,人物志·文苑传,《中国方志丛书》本,台北:成文出版社,1970年。

⑥ 道光《徽州府志》卷十一,人物志·文苑,《中国地方志集成》本,南京:江苏古籍出版社,1998年。

稿》五卷,《文稿》五卷,《讲议》,《俪稿》,曹泾"①。可见,曹泾编撰的《书稿》、《文稿》、《韵稿》、《俪稿》是四部作品,各五卷,所以点校本《新安文献志》的标点有误,应为"《书》、《文》、《韵》、《俪》稿各五卷"。《新安文献志》"曹主簿泾传"称曹泾的著作另有"《读书记杂作》、《管见》"等,而清朝《钦定天禄琳琅书目》中称:"曹泾,字清甫,号宏斋。至元中授紫阳书院山长。著《服膺录》、《读书记》诸书。"②因此,曹泾所著之书应是《读书记》,而不是《读书记杂作》,那么,点校本《新安文献志》标点有误,应为"《读书记》、《杂作管见》"。《新安后续志》佚文所称之"《曹氏家谱》"在其他文献中则称为"《曹氏家录》"。

《宋史》未载曹泾的相关资料,因此,元代洪焱祖《新安后续志》佚文保存的"曹泾"的资料具有一定史料价值。

3.吴源,字德信,凤山人,号神医。其上世有名谅者,遇异人授以金匮玉函之秘,遂造活人之妙,累世皆以医名。源以枢密汪勃保奏引试医之七经,数百人源冠其首。爰入内府,稍迁至翰林医官,疗痨瘵疾奇中。邑宰黄法乘妻病剧,祷于北斗,梦一少年衣紫长裙戴逍遥巾,一人指曰:"此神医也,能起汝疾。"黄遂遍召诸医,独源衣冠与梦符,一见谓饥中伏暑,三日而愈。诊一妊妇曰:"是儿左手多一指",又诊一妊妇曰:"是当生三男",已而皆验。尝遇一人仆地,诊之谓为虫症,针其腹曰:"已中其头矣",病者果吐,痰中有虫如蜥蜴,头有细窍,其人即起。神效不可数纪。晚弃官归隐,号"南薰老人"。有《南薰诗集》,词千篇。与竹洲二吴先生游。乾道癸巳冬,建康留守洪枢密病,招中都旁郡医集,皆抟手相视。源一诊视即曰:"由惊气入心而得",洪惊问曰:"何其神也。"言捰焚而得疾,服药遂瘳。留以待春,源曰:"吾无春脉矣",归甫旬卒。《新安文献志》引《新安后续志》。③

---

① 光绪《重修安徽通志》卷三四三,艺文·集部,清光绪四年(1878年)刻本。
② (清)于敏中等奉敕撰:《钦定天禄琳琅书目》卷九,清文渊阁《四库全书》本。
③ 道光《休宁县志》卷十九,人物·方技,《中国地方志集成》本,南京:江苏古籍出版社,1998年。

这条资料主要是通过记载几件治病的实例来说明吴源这个人物在医学方面的技术特长。"吴源"的资料在罗愿《新安志》中只有一条，即在"叙进士题名"时说明了吴源在元符三年中了进士①，至于吴源的其他情况则别无记载。李以申《新安续志》佚文未辑出"吴源"的资料。因此，洪焱祖《新安后续志》佚文中的这条资料是目前徽州府志中最早的记载。弘治《徽州府志》亦载："吴源，字德信，休宁人，号神医。自其上世有名谅者，本嗜学，遇异人授书，乃金匮玉函之秘，遂造活人之妙。再传至名豫者，号'松萝居士'，长于诗亦得是秘，源之父也。源以枢密汪勃保奏引试医之凡经，百人独冠其首。授入内内宿，稍迁，至翰林医官，疗劳瘵疾奇中，起死回生，神效不可胜纪。晚弃官隐于儒，号'南薰老人'，尝作诗训诸子，警句云：'五世活人功已积，一经教子意难忘。尔曹好展摩云翮，伴我黄花晚节香。'乾道癸巳冬曰：'吾无春脉'，至期果摄衣而逝。"②两段资料相比，洪焱祖《新安后续志》佚文所载内容较弘治《徽州府志》更为丰富，尤其详于吴源治病的实例，为了解吴源这个历史人物提供了新的参考。两段资料有相一致的地方，也有不同的内容，因此，洪焱祖《新安后续志》佚文对现存记载有补阙的作用。另外，在嘉靖《徽州府志》③、康熙《徽州府志》④、道光《徽州府志》⑤皆有关于"吴源"的记载，其内容与弘治《徽州府志》大体相同。可见，由于洪焱祖《新安后续志》的记载被后世所继承，才使得这条资料保存下来。

《新安文献志》收录了洪杏庭撰写的"南薰老人吴源传"，其全文如下：

---

① 罗愿：《新安志》卷八，清嘉庆十七年（1812年）刻本。
② 弘治《徽州府志》卷十，人物志·艺术，《天一阁藏明代方志选刊》本，上海：上海古籍书店影印，1964年。
③ 嘉靖《徽州府志》卷二十，艺术，《北京图书馆古籍珍本丛刊》本，北京：书目文献出版社，1998年。
④ 康熙《徽州府志》卷十七，人物志·艺术，《中国方志丛书》本，台北：成文出版社，1970年。
⑤ 道光《徽州府志》卷十四，人物志·方技，《中国地方志集成》本，南京：江苏古籍出版社，1998年。

吴源,字忠信,休宁人,号"神医"。自其上世有名谅者,本嗜学,遇异人于郊,授以异书,忽不见,视之乃金匮玉函之秘,遂造活人之妙。再传至豫,号松萝居士,长于诗,亦得是秘。豫子源,以枢密汪公勃保奏引试医之七经,百人中独冠其首,授入内内宿,稍迁至翰林医官,疗劳瘵疾奇中。邑宰黄法奭妻病剧,祷于北斗以祈应,梦一少年衣紫长裾,戴逍遥巾,一人指曰:"此神医也,能起汝疾。"黄遂遍召诸医,独源衣冠与梦符。一见谓饥中伏暑。三日而愈。诊一妊妇,曰:"是儿左手多一指。"又诊一妊妇,曰:"是当生三男。"已而皆验。尝遇一人仆地,诊之谓为虫证,针其腹,曰:"已中其头矣。"病者果吐,痰中有虫如蜥蜴,头有细窍,其人即起谢去。神效不可数纪。每曰:"医虽十全,不过一艺。官至和安,不过一医。"遂弃官,隐于儒,号"南薰老人"。有《南薰集》诗词千篇,与竹洲二吴先生游。作诗训诸子,警句云:"五世活人功已积,一经教子意难忘。尔曹好展摩云翮,伴我黄花晚节香。"尝谓:"功名非必身享,当在子孙也。"乾道癸巳冬,建康留守洪枢密抱病,招中都旁郡医集,皆束手相视,时遭程公叔达,以同乡之好,强致之诊视,即曰:"由惊气入心而得。"洪惊问曰:"何其神也?"因言救焚而得疾,服药即瘳。留以待春。源曰:"吾无春脉。"归甫旬,摄衣而逝。①

这篇传文和《新安后续志》佚文皆出自洪焱祖之手,亦转引自《新安文献志》,两文所载事例相同,可以互为参证。但传文比佚文多出 150 多字,这或许是因为洪焱祖在编修《新安后续志》时做了些文字处理,没有采用与传文完全相同的内容,或者是道光《休宁县志》在转引时作了删节。两文不仅字数有差别,而且所载内容也有些不同。传文称吴源为"休宁人",嘉靖《徽

---

① (明)程敏政辑撰,何庆善、于石点校:《新安文献志》卷一〇〇下,合肥:黄山书社,2004年,第2606页。

州府志》、康熙《徽州府志》、道光《徽州府志》皆称为"休宁人",而佚文则称"凤山人"。凤山为休宁县所属之地,故可称吴源为"凤山人",也可称其为"休宁人"。传文称吴源"字忠信",而佚文则称:"字德信。"考之文献,嘉靖《徽州府志》①、康熙《徽州府志》②、道光《徽州府志》③皆称:"字德信",因此,当以"字德信"为确,《新安文献志》有误。《新安后续志》佚文为校勘现存记载提供了参考。

另外,根据《新安后续志》佚文和《新安文献志》的记载,弘治《徽州府志》中"源以枢密汪勃保奏引试医之凡经,百人独冠其首"一句有讹字,"凡经"之"凡"字有误,当为"七"字,即是"七经"。这是《新安后续志》佚文为校勘现存记载提供参考的又一例证。

(四)遗事方面的资料

遗事方面的资料有十五条。此十五条均出自弘治《徽州府志》,这十五条资料后有注曰"以上凡一十五条并《后续志》"④。

1.《新安广录》云:郡西北黄山有三十六峰,与宣、池接境,岩岫秀丽可爱,仙翁释子多隐其中。山有汤泉,色红,可以澡瀹。刘宜翁尝游焉,题诗寺壁:"山有灵砂泉色红,涤除身垢信成功。不除心上无明业,只与人间众水同。"宜翁名谊,元丰间,自广东移江西,皆持庚节上疏议新法勒停。或云宜翁晚得道不出,东坡绍圣所与书可见矣。谊疏云:"自唐朝庸调法坏,五代至皇明税赋凡五增其数矣。今又大更张,不原其本,敛愈重,民愈困,为害凡十。"又言:"变祖宗法者,陛下也;承意以立法者,安石也;讨论润色之者,惠卿、曾布、章惇之徒也。"其语激切深

---

① 嘉靖《徽州府志》卷二〇,艺术,《北京图书馆古籍珍本丛刊》本,北京:书目文献出版社,1998年。
② 康熙《徽州府志》卷十七,人物志·艺术,《中国方志丛书》本,台北:成文出版社,1970年。
③ 道光《徽州府志》卷十四,人物志·方技,《中国地方志集成》本,南京:江苏古籍出版社,1998年。
④ 弘治《徽州府志》卷十二,词翰二·拾遗,《天一阁藏明代方志选刊》本,上海:上海古籍书店影印,1964年。

至。内批云:"谊张皇上书,公肆诞谩,上惑朝廷,外摇众听,可特勒停。"①

此条佚文在大典本《新安志》佚文亦有收录②,内容相同。据下文所做的分析,大典本《新安志》应该是明洪武九年(1376年)朱同所修之志,那么,朱同《新安志》就是继承洪焱祖《新安后续志》的内容的③。罗愿《新安志》未载此条资料,李以申《新安续志》佚文未辑出这条资料,因而洪焱祖《新安后续志》佚文中保存的这条资料就是目前徽州方志中最早的记载。另外,因《新安广录》早已亡佚,洪焱祖《新安后续志》佚文即成为辑佚《新安广录》的资料来源。

2.《广录》云:何次翁生瘤于鼻,日以益大。遇道人于襄阳,授以药如粟粒,使是夜轻。用针刺小穴,置药焉。俄顷,觉药于内,旋转若游行。然迨晓,瘤已失去。吾乡罗伯固为士人时,脑后生一瘤,数月后大如半升器,不可栉发。闻婺源有疡医,艺绝精,遣仆邀迎于家,医涂药线系瘤际,再匝紧,缚其末,剪断之,而出憩外舍。逾两时,久系处痛甚,至啮衫袖弗堪忍,呼其子去线曰:"宁逐日受苦,此痛殆彻骨髓。"子将奉戒而断线,无余地,欲施手,不克。方冬月因卧火阁席上,遂熟睡。及醒,枕畔皆如水沾湿,有布囊一片在旁。扪其瘤已不见,诸子秉烛就视脑外,略无瘢痕。盖附著成赘,初不相干也。④

此条佚文记载的是徽州名医用一种特殊的方法为病人治瘤的故事。文中用细致的描写,展示了徽州医生的高超技艺。这是对徽州地区民间医生精湛医术的记载,反映了新安医学的精华所在。罗愿《新安志》没有收录这条资料,李以申《新安续志》佚文中也未辑出,因而洪焱祖《新安后续志》佚文是目前徽

---

① 弘治《徽州府志》卷十二,词翰二·拾遗,《天一阁藏明代方志选刊》本,上海:上海古籍书店影印,1964年。
② 马蓉等点校:《永乐大典方志辑佚》,第2册,北京:中华书局,2004年,第1063页。
③ 因大典本《新安志》佚文中亦有此条资料,故将在后文对这条佚文进行分析说明,此处从略。
④ 弘治《徽州府志》卷十二,词翰二·拾遗,《天一阁藏明代方志选刊》本,上海:上海古籍书店影印,1964年。

州府志中最早的记载。

另外,何薳《春渚纪闻》中收录一条《罗伯固脑瘤》,即"何次翁生瘤于鼻,日以益大。遇道人于襄阳,授以药如粟米粒,使是夜轻。用针剔小穴,置药焉。俄顷,觉药在内,旋转若游行。然迨晓,瘤已失去。吾乡罗伯固巩为士人时,脑后生一瘤,数月后大如半升器,不可栉发。闻婺源有疡医,艺绝精,遣仆邀迎于家,医涂药线系瘤际,再匝紧,缚其末,剪断之,而出憩外舍。逾两时,久系处痛甚,至啮龁衫袖弗堪忍,呼其子去线曰:'宁逐日受苦,此痛殆彻骨髓。'子将奉戒而断线,无余地,欲施手,不克。方冬月困卧火阁席上,遂熟睡。及醒,枕畔皆如水沾湿,有布囊一片在傍。扪其瘤已不见,诸子秉烛就视脑外,略无瘢痕。盖附着成赘,初不相干也"①。除个别字词有差异外,其内容与洪焱祖《新安后续志》佚文基本相同。从编纂时间来看,《新安广录》应在《春渚纪闻》之后,或许《新安广录》是转引后者的。

3.《广录》载:《容斋随笔》云:徽州素无火灾。绍兴元年,别乘卢寺簿瑢以所作隶字郡下扁榜一切趋新。郡人以为字多火笔,于州牌尤欠严重,私切忧之。次年四月,果灾,官舍民庐十荡其七八,以是知谶不虚生,系于扁榜字体者如此。嘉定六年冬,歙令龚维蕃葺治鼓楼,判官李直节篆书"歙县"二字,稍合绳度,有相士阅之,谓:"令当即被恩命,且有乡举,不止解三名之象。"未几,龚令权郡及通判事,自后计,偕悉如所言。至乙酉年,通榜占及三分之二。次年,知郡赵公希齐鼎建贡院,袁状元甫为楷书扁额,笔法端凝,字势掀振,识者以为奇观。己丑省试联标,又有为礼部第二人者,如别头,如甲科,以至舍选,奏优每连续见之。②

此段佚文中有一些时间线索,如"绍兴元年"、"绍兴二年"、"嘉定六年"、"乙酉年"、"己丑"等,根据前后时间推论,"乙酉年"即是宝庆元年(1225年),"己丑"即是绍定二年(1229年),其中最晚的时间是绍定二年(1229年)。据此,罗愿《新安志》

---

① (宋)洪迈:《夷坚支志》乙,卷6,清影宋钞本。
② 弘治《徽州府志》卷十二,词翰二·拾遗,《天一阁藏明代方志选刊》本,上海:上海古籍书店影印,1964年。

不可能记载这条资料,而李以申《新安续志》又没有辑出这条佚文,因此,洪焱祖《新安后续志》佚文是现存徽州府志中关于这条资料最早的记载。

康熙《徽州府志》中有相似记载:"《广录》载:《容斋随笔》云:徽州素无火灾。绍兴元年,别乘卢寺簿璐以所作隶字将郡下扁榜一切趋新。郡人以为字多火笔,于州牌尤欠严重,私切忧之。次年四月,果灾,官舍民庐十荡其七八,以是知谶不虚生,系于扁榜字体者如此。嘉定六年冬,歙令龚维蕃葺治鼓楼,判官李直节篆书'歙县'二字,稍合绳度,有相士阅之,谓:'令当即被恩,命且有乡举,不止解三名之象。'未几,龚令权郡及通判事,自后计,偕悉如所言。至乙酉年,通榜占及三分之二。次年,知郡赵公希齐鼎建贡院,袁状元甫为楷书扁额,笔法端凝,字势掀振,识者以为奇观。己丑省试联标,又有为礼部第二人者,如别头,如甲科,以至舍选,奏优每连续见之。"①这应当是对前志的继承。不过,其中"别乘卢寺簿璐以所作隶字将郡下扁榜一切趋新"一句中,"郡下"之前多一"将"字,而洪焱祖《新安后续志》佚文中无此字,从文义看,当以康熙《徽州府志》义长。弘治《徽州府志》应该是在转引时脱漏"将"字。

另外,以上两条佚文是从弘治《徽州府志》辑佚出来的,因此"《广录》"指的就是《新安广录》,这两条佚文也是辑佚《新安广录》的资料来源。洪焱祖《新安后续志》佚文具有辑佚旧志的价值。

4.《祁山志》云:汪丞相伯彦微时,邑宰王本延置馆中,秦太师桧与其弟内相棣皆在弟子列。二秦之母即本之女,秦时御母以从。王公家庖甚俭,或连日蔬饭,二秦苦之,兄弟自相联句。小秦云:"黄仓米饭莫言,更加斋汁相煎。"大秦云:"苦荬舌头轮剑,紫茄肚里行拳。"二公后皆远到,盖方成童时已不凡,至大秦"轮剑"、"行拳"之语,气象虽雄伟,然挟势逞威于此占之。②

---

① 康熙《徽州府志》卷十八,杂志下·拾遗,《中国方志丛书》本,台北:成文出版社,1970年。

② 弘治《徽州府志》卷十二,词翰二·拾遗,《天一阁藏明代方志选刊》本,上海:上海古籍书店影印,1964年。

此条佚文主要是涉及秦桧及其弟秦棣年少时的一些故事，从两兄弟所做诗文来看，两人在少年时已显不凡之势，而诗文所用字词亦可显出两人"挟势逞威"的气势。《祁山志》的编者对秦桧、秦棣二人的褒贬已寓于字里行间。

5.《祁山志》云：祁阊西东松庵，绍兴初鄂王岳飞提兵经过，尝憩是庵，留题。庆元巳未，裔孙珂过祠下，题诗云："东松一建几经春，景物清幽匪俗邻。曾识当年驻金节，尚存遗墨勒坚珉。晚生不复究前烈，所幸犹来拂壁尘。市虎欺天畴敢尔，东风回首一沾巾。"名流题咏甚多。左史吕午和前韵有云："当年惟说岳家军，纪律森严孰与邻。师过家家皆按堵，功成处处可镌珉。威名千古更无敌，词翰数行俱绝尘。襟取中原报明主，何劳余刃到黄巾。"①

这条佚文主要是记载了岳飞曾在绍兴初年路经祁门县东松庵，并在此留下题咏。而其裔孙岳珂在到东松庵时，亦题诗以抒发对家祖的哀思之情。岳家军声名远振，左史吕午亦有诗和前韵，同样表达了对岳飞及岳家军的崇敬之情。《新安文献志》收录吕午《和岳王庙壁上韵》一首，诗前有注曰："祁阊西一舍有庵曰东松。绍兴初，岳鄂王提兵经吾郡西上，士卒秋毫无犯，夜宿人门外，足不敢一越限内，尝憩是庵留题"，其诗言："当年惟说岳家军，纪律森严孰与邻。师过家家皆按堵，功成处处可镌珉。威名千古更无敌，词翰数行俱绝尘。拟取中原报明主，亦劳余刃到黄巾。"②注文充分说明了当年岳飞带着岳家军路过祁门县时，对当地百姓秋毫无犯、纪律森严的情况，而诗文则是对岳飞及岳家军的歌咏，两者相得益彰，互相呼应。《新安文献志》中的记载与《新安后续志》佚文中的内容可以相互参证。

《新安后续志》佚文中为"何劳余刃到黄巾"，而在《新安文献志》中则为"亦劳余刃到黄巾"，从文义看，应以"何劳余刃到

---

① 弘治《徽州府志》卷十二，词翰二·拾遗，《天一阁藏明代方志选刊》本，上海：上海古籍书店影印，1964年。

② （明）程敏政辑撰，何庆善、于石点校：《新安文献志》，合肥：黄山书社，2004年，第1235页。

黄巾"义长。

以上两条佚文皆为罗愿《新安志》所未载，李以申《新安续志》佚文中也未辑出，因而洪焱祖《新安后续志》佚文是目前徽州府志中最早的记载，后世方志皆是对它的继承。洪焱祖《新安后续志》佚文为后世方志的编修提供了资料来源。查阅现存方志目录及相关书籍，《祁山志》一书未见存世，疑其早已散佚，因而洪焱祖《新安后续志》佚文为辑佚《祁山志》提供了资料。

6. 赵良锦《云林脞录》云：朱奉使弁，字少章，韦斋从叔行也，故庐在婺源县西。初韦斋宣和间登第，拜少章于郑州，有诗《别百一侄寄念二兄》曰："昔我别汝父，见汝立扶床。汝今已婚宦，我须宜俱苍。自来青云器，不佩紫罗囊。竹林我未孤，玉树汝非常。青衫初一尉，远在子真乡。念将南来归，拜我溱洧旁。上能论道义，次犹及文章。自惭老仍僻，何以相激昂。日暮嵩云飞，秋高塞鸿翔。了知还家梦，先汝渡江航。迢迢建邺水，高台下凤凰。鼻祖有故庐，勿令草树荒。我欲种松菊，继此百年芳。汝归约吾兄，晚岁同耕桑。请策葛陂龙，来寻金华羊。"时少章赘于清丰晁氏云。①

这条资料收录了朱弁给其从侄韦斋所写的诗《别百一侄寄念二兄》，在诗中朱弁追述了自己的一生，也表达对家人的思念之情。康熙《徽州府志》中也有相关记载："《脞录》云：朱奉使弁，字少章，韦斋从叔行也，故庐在婺源县西。初韦斋宣和间登第，拜少章于郑州，有诗《别百一侄寄念二兄》曰：'昔我别汝父，见汝立扶床。汝今已婚宦，我须宜俱苍。自来青云器，不佩紫罗囊。竹林我未孤，玉树汝非常。青衫初一尉，远在子真乡。念将南来归，拜我溱洧旁。上能论道义，次犹及文章。自惭老犹僻，何以相激昂。日暮嵩云飞，秋高塞鸿翔。了知还家梦，先汝渡江航。迢迢建邺水，高台下凤凰。鼻祖有故庐，勿令草树荒。我欲种松菊，继此百年芳。汝归约吾兄，晚岁同耕桑。请

---

① 弘治《徽州府志》卷十二，词翰二·拾遗，《天一阁藏明代方志选刊》本，上海：上海古籍书店影印，1964年。

策葛陂龙,来寻金华羊。'时少章赘于清丰晁氏云。"①《新安文献志》②、道光《徽州府志》③亦收录朱弁的这首诗,内容基本相同。只是康熙《徽州府志》和道光《徽州府志》中"自惭老犹僻"一句,在弘治《徽州府志》和《新安文献志》中为"自惭老仍僻"。两句意思相当,但不知原文为何,姑存两说。

7.《脞录》云:休宁程内翰珌布衣时往杭都求牒,漕试不遂,谒瓦子下,卜者古象问休咎,古象别著布卦,批状曰:若遇会稽康仲颖,定知名誉达朝绅。内翰不晓所谓,亟还应乡举,行至近城三十里,已是八月二十日,问本郡试官何人,建康府教授康仲颖也。对号入院,珌大喜,是年领乡荐,明年仲颖赴班,改为省试官,其卷子又出本房。仲颖越上人,仕至郎官、郡守云。④

这条资料是洪焱祖《新安后续志》转引赵良锦《云林脞录》里的一条资料,主要是介绍程珌参加乡试、省试并获得成功的一些情况。康熙《徽州府志》⑤中有与之完全相同的记载。而道光《休宁县志》亦载:"赵良锦《云林脞录》云:程内翰珌布衣时往杭都求牒,漕试不遂,谒瓦子下,卜者占象问休咎,占象别著布卦,批状曰:'若遇会稽康仲颖定知名,位达朝绅。'内翰不晓所谓,亟还应乡举。行至近城三十里,已是八月二十日,问本郡试官何人,乃建康府教授康仲颖也。对号入院,珌大喜,是年领乡荐。明年仲颖赴班,改为省试官,其卷又出本房。仲颖越上人,仕至郎官、郡守云。《新安后续志》。"⑥道光《休宁县志》亦是转引《新安后续志》的,可与弘治《徽州府志》相参证。

---

① 康熙《徽州府志》卷十八,杂志下·拾遗,《中国方志丛书》本,台北:成文出版社,1970年。

② (明)程敏政辑撰,何庆善、于石点校:《新安文献志》卷五一上,合肥:黄山书社,2004年,第1098~1099页。

③ 道光《徽州府志》卷十六,杂记·拾遗,《中国地方志集成》本,南京:江苏古籍出版社,1998年。

④ 弘治《徽州府志》卷十二,词翰二·拾遗,《天一阁藏明代方志选刊》本,上海:上海古籍书店影印,1964年。

⑤ 康熙《徽州府志》卷十八,杂志下·拾遗,《中国方志丛书》本,台北:成文出版社,1970年。

⑥ 道光《休宁县志》卷二十四,杂志·琐记,《中国地方志集成》本,南京:江苏古籍出版社,1998年。

由上述各文献中的记载,并根据文义,弘治《徽州府志》和康熙《徽州府志》中"卜者古象问休咎,古象别著布卦"有误,应为"卜者占象问休咎,占象别著布卦","古"字当为字形相近而误。而道光《休宁县志》中的"占象别著布卦"亦有误,当为"占象别著布卦","著"字亦是字形相近而误。

8.《脞录》云:鄱阳刘定知婺源县日,朝廷未行顾役法。邑税户程氏叟身充衙前卒,一旦定忽呼叟语之曰:"夜来妾得男,吾妇不能容,汝能育之乎?"并出数金为助。程叟方恨无子,欣然领命。儿后长成,名翔,字国老,生男妇各一人,男则十五公,乃环溪翁鼎之父,洵字允夫之祖,女则朱吏部之母,文公之祖母也。①

此条佚文所反映的是程洵和朱熹先祖的一些事情。康熙《徽州府志》亦载:"赵良锦《云林脞录》云:鄱阳刘定知婺源县日,朝廷未行雇役法。邑税户程氏叟身充衙前卒,一旦定忽呼叟语之曰:'夜来妾得男,吾妇不能容,汝能育之乎?'并出数金为助。程叟方恨无子,欣然领命。儿后长成,名翔,字国老,生男妇各一人,男则十五公,乃环溪翁鼎之父洵字允夫之祖,女则朱吏部之母,文公之祖母也。"②道光《徽州府志》③所载相同。这些记载可以相互参证。

9.《脞录》云:谯令宪尝为江东刑狱使者,早年领荐自湖湘越杭都省试至江鄂间,睹邻舟有柩,舟上之人往来卒卒。谯怪而问之,曰:"某郡倅死于途,归计茫然,今议鬻女于巨商。"令宪遣人谕之曰:"吾亦欲议之,与其嫁商人曷若与士君子乎?然不实告以名也,询价几何?"曰:"银会若干。"令宪如所需应之,明日天未曙,令宪遂解缆而东,邻舟恍然不测,谓为神助,后数年令宪登科,与某侍郎家为婿,其妇每夕必焚香致祝祷,令宪潜

---

① 弘治《徽州府志》卷十二,词翰二·拾遗,《天一阁藏明代方志选刊》本,上海:上海古籍书店影印,1964年。
② 康熙《徽州府志》卷十八,杂志下·拾遗,《中国方志丛书》本,台北:成文出版社,1970年。
③ 道光《徽州府志》卷十六,杂记·拾遗,《中国地方志集成》本,南京:江苏古籍出版社,1998年。

听,其祝辞可疑,且白之妇翁,翁曰:"此吾侄女也,父为某郡倅死,无以为归,中途将鬻此女,偶得邻舫不识姓名君捐金周之,始获善达,此女感而不忘耳,吾今以为己女与君婚焉,何疑之有?"令宪因述向来并舟之故,彼此为之感泣。

10. 又云:程玭怀古未第,时尝与乡里人家缔姻而未娶,既擢第,似嫌其贫,有寒盟意,女氏亦自揆不敢攀附。怀古同产兄曰:"吾亦未有妇,愿娶之,如何?"女家从其请。怀古遂就婺州王氏之婚,丞相鲁公之侄女也。后怀古官达竟无子,而兄有三男。怀古祝其二恩泽,产业悉以畀之嫂氏,竟厚享其福寿。

11. 又曰:婺源县丹阳乡,其里名"还珠"。商人在广间贩真珠,道邑入京,所雇担夫在途有恨于商人,期至邑,许以瞒税,而语泄,商人才泊里中村店,即密以珠寄于逆旅之主翁矣。担夫抵邑遽诉于官,官遣吏搜逮,囊无粒珠,担夫受妄言之罪。商人因自计曰:"仓卒寄托,无左验,况尝讼于有司,彼讵肯尝我邪?"懊恨徒芙蓉、五岭以去,昉至岭陌间,逆旅主翁已憩于松阴之下,商人惊喜,扣之主翁曰:"吾携若所寄在此,封识俱好",商溢望表曰:"吾与若中分之。"主翁曰:"我若利此,顾不可奄有之邪?"尽举以还。有司闻而义之,故旌其里曰:"还珠"。①

这条佚文讲述了一位商人出外做生意,为避官府查问而将珍珠托于婺源县丹阳乡一位旅店老板暂管,但因事情紧急,商人没有与旅店老板签下任何书面协议。商人离开旅店后一路担心,却不想旅店老板早已在路上等他,并将珍珠全数奉还。官府听闻此事,旌其里为"还珠"。这件事反映了徽州人纯朴、讲信义的品格。康熙《徽州府志》亦有相关记载:"又云,婺源县丹阳乡,其里名'还珠'。原有一商在广间贩真珠,道邑入京,所雇担夫在途有恨于商,计至邑,许以瞒税,而语泄。商才泊里中村店,即以珠密寄于逆旅翁。担夫抵邑果诉之官,官遣吏搜之,囊无粒珠,担夫受妄言之罪。商因自计曰:'仓卒寄托,无左验,况经讼于有司,彼讵肯尝我耶?'去至芙蓉、五岭,逆旅翁已憩于

---

① 弘治《徽州府志》卷十二,词翰二·拾遗,《天一阁藏明代方志选刊》本,上海:上海古籍书店影印,1964年。

松阴之下,曰:'吾携若所寄在此,封识俱好',商①出望外曰:'吾与若中分之',主翁曰:'我若利此,顾不可奄有之邪?'尽举以还。有司闻而义之,旌其里曰:'还珠'"②。道光《徽州府志》③亦有此记载,内容与康熙《徽州府志》完全相同,但与弘治《徽州府志》所载不完全相同。考察两段文字,笔者以为应以弘治《徽州府志》所载为佳。

12. 又云婺源金竹程节金有田在福亭,与向氏山相近,程见其山可为葬地,百计置其旁田以及其山,遂以此田令向氏佃耕,又诬以欠租强取其山营葬地。宋嘉熙乙亥,向氏死,程梦向直入其房,觉而生子,既长号翠壁,以地学自负,坚谓福亭地不吉,举二枢露之中野,节金死,家赀尽丧,其子亦殒,二枢竟不复葬。④

以上七条佚文皆出自赵良锦《云林脞录》。这七条资料在罗愿《新安志》中没有记载,李以申《新安续志》佚文也未辑出这些内容,因此,洪焱祖《新安后续志》佚文保存的这些资料是现存徽州府志最早的记载,后世方志皆是对它的继承。洪焱祖《新安后续志》为后世方志的编修提供了资料参考。查阅现存文献目录及相关书籍,未见赵良锦《云林脞录》一书,疑其早已亡佚,因而洪焱祖《新安后续志》佚文为辑佚《云林脞录》提供了资料。

13. 方省元恬初筑书室于茅田松林中,水环如带,号曰"师古林"。尝因雪赋诗云:"睡起眼光的䃅,拥衾缩颈高吟。推转小窗惊看,松林翻作琼林。"后应乡举在场中有诗云:"长驱笔阵浑无碍,扫尽春蚕食果声。"是岁预计过昱岭题云:"直上最高头,无人独少留。万山皆在下,千里入双眸。马傍松边立,云从脚底浮。倚天一长啸,红日满苍洲。"至杭都游湖上吟一绝云:

---

① 疑"商"后缺一"喜"字。
② 康熙《徽州府志》卷十八,杂志下·拾遗,《中国方志丛书》本,台北:成文出版社,1970年。
③ 道光《徽州府志》卷十六,杂记·拾遗,《中国地方志集成》本,南京:江苏古籍出版社,1998年。
④ 弘治《徽州府志》卷十二,词翰二·拾遗,《天一阁藏明代方志选刊》本,上海:上海古籍书店影印,1964年。

"春闱试罢且徘徊,十顷荷花浑未开。笑指西湖且归去,闲时应待我重来。"乾道己丑果为南省第一人,其平生抱负已于题咏见之矣。①

此条佚文主要收录了方恬的几首诗。这些诗是他在不同场合下所作的,因而可以由这些诗约略了解方恬其人以及作诗时的心境。这条资料在罗愿《新安志》和李以申《新安续志》佚文中没有收录,洪焱祖《新安后续志》佚文是徽州府志中保存下来的最早的资料。

方恬,"婺源人,乾道己丑南省第一人,后登进士"②。康熙《徽州府志》③、道光《徽州府志》④收录了这条资料,其内容与弘治《徽州府志》完全相同。《宋诗纪事补遗》中收录了方恬的《师古林赋雪》一诗,诗曰:"睡起眼光的铄,拥衾缩颈高吟。推转小窗惊看,松林翻作琼林。"⑤其中,洪焱祖《新安后续志》佚文为"睡起眼光的皪",而《宋诗纪事补遗》为"睡起眼光的铄"。"皪"是"明亮、鲜明"的意思,"铄"是"熔化(金属)"、"耗损;削弱"的意思,根据文义,当以"睡起眼光的皪"义长,应为字形相近而误。洪焱祖《新安后续志》佚文具有校勘现存文献记载的价值。

14.《歙砚谱》论砚产云:罗纹,上坑色微重,中坑色微淡,下坑泥浆石。又论砚品云:粗罗纹理不疏,细罗纹石不嫩者佳,罗纹若瓜子纹最佳,幸而得不可期,刷丝纹理疏易于磨墨。崔德符《题眉子石砚》云:"石家有研玉舍晶,嘘为云气吸为晴。纯精与之相感并,孕育万状流千名。黄昏鬼哭不忍听,且为白鹅了黄庭。"枣心石,青润有小斑纹,皆乾坑石,微燥,失之顽。又有星石、绿石,赵光弼砚绿如袍,点如紫金,斑斑匀布,无罗纹。人论制砚云:砚成涂蜡,与石相益,便于洗濯,不惹墨渍,初便涂以

---

① 弘治《徽州府志》卷十二,词翰二·拾遗,《天一阁藏明代方志选刊》本,上海:上海古籍书店影印,1964年。
② (清)陆心源:《宋诗纪事补遗》卷五二,清光绪刻本。
③ 康熙《徽州府志》卷十八,杂志下·拾遗,《中国方志丛书》本,台北:成文出版社,1970年。
④ 道光《徽州府志》卷十六,杂记·拾遗,《中国地方志集成》本,南京:江苏古籍出版社,1998年。
⑤ (清)陆心源:《宋诗纪事补遗》卷五二,清光绪刻本。

姜汁,砚即着墨。今人多云以蜡灭瑿,非也,攻琢龙尾石心,贮水处圆转如涡旋可爱。贯休砚诗"低心蒙润久,入匣更身安"。古人砚,心多涡也。①

这条佚文是对于歙砚相关情况所做的介绍,包括不同类型的砚纹的特点、砚品档次高低、砚石种类和特点、制砚的过程,说明了徽州地区特产之一的砚别具风格,为人们了解歙砚提供了参考。关于徽州砚石的介绍在其他文献中亦有记载,如《砚笺》称:"罗纹,上坑色微重,中坑色微淡,下坑泥浆石";"粗罗纹理不疏,细罗纹石不嫩者佳";"刷丝纹理疏易于摩墨";"枣心,青润有小斑纹,皆乾坑石,微燥,失之顽";"赵光弼砚绿如袍,点如紫金,斑斑匀布,无罗纹";"砚成涂蜡,与石相益,便于洗濯,不惹墨渍,初使涂以姜汁,研即着墨。今人多云以蜡灭瑿,非也"②。这些记载可与洪焱祖《新安后续志》佚文相互参证。

《砚笺》中收录了崔德符所作之《子石砚诗》,诗曰:"石家有儿玉含晶,嘘为云气吸为晴。纯精与之相感并,孕育万状流千名。黄昏鬼器不忍听,且为白鹅了黄庭。"③《宋诗纪事》④转引了《砚笺》中的这首诗,诗文与之完全相同。此诗中第一句"石家有儿玉含晶"与洪焱祖《新安后续志》佚文中《题眉子石砚》第一句"石家有研玉舍晶"不同,但不知原诗为何,姑存两说。

15. 朱韦斋《戒杀子文》云:政化七年秋,寓学云溪之上,闻溪上王氏妇死,一日夜而复苏,亟往问之,具言所见。云死之日,方入室,有二吏候于户间,趣之行沙莽中,不知日之早晚也。忽至一城,通衢列肆,如大都市,凡其祖先与其亲戚之死者皆惊怪相问,劳吏引至官府西廊吏舍,舍中簿书盈屋,一吏按簿问:"汝非歙州婺源县俞氏女乎?"曰:"然。"具问其祖父名与乡里,皆非也。舍中吏愕然相顾,曰:"是郡县姓氏之同者。"呵二吏复往,须臾,一妇身血淋淳,四五婴儿攀缘牵挽而至,儿状甚忿切,

---

① 弘治《徽州府志》卷十二,词翰二·拾遗,《天一阁藏明代方志选刊》本,上海:上海古籍书店影印,1964年。
② (宋)高似孙:《砚笺》卷二,清文渊阁《四库全书》本。
③ (宋)高似孙:《砚笺》卷二,清文渊阁《四库全书》本。
④ (清)厉鹗:《宋诗纪事》卷三二,清文渊阁《四库全书》本。

吏审以州县姓名祖讳皆是,指王氏妇曰:"此妇凡杀五子,冥司以其子诉冤,不待算尽呼之,吏误呼汝,汝归,语汝乡里亲戚慎无杀婴儿,人间容以幸免,此不汝赦也。"二吏复送妇,及河推堕水中,乃苏,寻问于所见追妇家,死以其日矣。①

这条佚文节录的是朱韦斋《戒杀子文》中的前半部分内容。朱韦斋,即朱松,人称"韦斋先生","字乔年,徽之婺源人。政和八年同上舍出身,授建州政和尉。丁外艰,服除,调南剑州尤溪尉,监泉州石井镇。绍兴四年,召试馆职,除正字。丁内艰。服阕,召对,改左宣教郎秘书省校书郎,迁著作佐郎、尚书度支员外郎兼史馆校勘,历司勋吏部两曹,兼史职如故。修《哲宗实录》,书成转奉议郎,以年劳转承议,出知饶州。未上,请间得主管台州崇道观,满秩再请,命下而卒,绍兴十三年三月二十四日也,赠官通议大夫"。②朱松所撰《戒杀子文》下半部分内容主要是作者针对所闻之事发表的议论,即:

  余闻之曰:冥漠之事不可得而知也。吾乡之人多止育两子,过是不问男女,生辄投水盆中杀之。父母容有不忍者,兄弟惧其分己赀,辄亦从旁取杀之。冥追之惧,果然乎则不可知,不然其亦托以竦瘠斯人也耶?嗟夫人伦之爱孰如父母之于子者。始生之婴,未及呱嘤而恐置于死,父母兄弟几何不相率而相残?先王之时,未成人而死者,以殇礼葬之,未成为人而无辜以死,犹云可伤。况夫出腹而杀之,无辜而可伤,岂不甚哉?自予来闽中,闻闽人不喜多子,以杀为常,未尝不恻然也。无故杀子孙,官有法甚明,顾牵于习俗之昏,则虽有法而不能胜。夫法有所不能胜,则亦何事于吾言。然吾闻吴道子画酆都之变,都人不敢屠宰者累月。夫人固不可以法胜,而可以理动者,庖宰且可罢,况其天性之爱乎?是未可以厚诬斯人而悬断,其必不可告也。故取王氏妇所见次第之,虽然予文之不

---

① 弘治《徽州府志》卷十二,词翰二·拾遗,《天一阁藏明代方志选刊》本,上海:上海古籍书店影印,1964年。
② (宋)李幼武:《宋名臣言行录外集》卷十一,清文渊阁《四库全书》本。

工，岂能使人读之耸然，如见道子之画哉？其亦区区之意有所不能已也。他日将有语其子孙者曰："活汝者新安人朱乔年也。"或由此也夫。①

通过《戒杀子文》可以了解到，中国古代社会民间习俗的时代差异和地区特色，以及法律规范与民间习俗之间的矛盾。朱松有感于闽中地区的恶劣习俗，也感叹法律无法超越陋习的现实。朱松受"吴道子画酆都之变"的启示，也希望通过这篇《戒杀子文》，激起人们的仁爱之心，减少杀死婴幼儿的不良行为。如果人们真能受这篇文章的影响，那么某一天某一个因此而存活下来的孩子只要被家人告知"活汝者新安人朱乔年也"，朱松就会感到欣慰了。

笔者查找到的二十四条洪焱祖《新安后续志》佚文都是现存徽州府志中的最早记载，其中有五条是首次入志的，即"程若庸"、"曹泾"、"梅希说"、"邱浚"、"曹实"，具有首创性价值，为后世方志编修提供了资料来源。而"吴源"一条的内容比现存记载丰富得多，具有补阙资料的作用，可以为了解这个历史人物提供一些新的资料。另外，《新安后续志》佚文中还转引了《新安广录》、《祁山志》、《云林脞录》的资料，这三部书原书早已亡佚，因而《新安后续志》佚文可以为辑佚它们提供资料来源。洪焱祖《新安后续志》佚文还具有辑佚古书的价值。又如"吴源"等条可为校勘现存文献记载提供参考。

元代延祐六年（1319 年）洪焱祖编修的十卷本的《新安后续志》早已亡佚，《永乐大典》收录了这部志书，其佚文被辑佚出来收录在《永乐大典方志辑佚》一书中，共有十三条佚文，借此可以了解洪焱祖《新安后续志》的部分内容。笔者又据现存方志等有关资料查找到二十四条出自于洪焱祖《新安后续志》的资料，摘录出来，以为辑补。因此，就目前情况而言，洪焱祖《新安后续志》佚文共保存三十七条资料，近五千字，这些资料主要是地理、经济、职官、人物、遗事、文化方面的内容，包括山川、形胜、宫室、衙署、仓廪、职官、人物、诗文、奇闻佚事，为研究和了

---

① （宋）朱松：《韦斋集》卷十一，四部丛刊续编景明本。

解宋、元两代徽州地区社会历史发展的基本情况提供了重要的参考。洪焱祖《新安后续志》佚文保存的资料有十一条是第一次载入徽州府志的，即"胡炳文"、"胡斗元"、"江东建康道肃政廉访司分司廨"、"徽州禁门"、"相儒堂"、"龙山"、"程若庸"、"曹泾"、"梅希说"、"邱浚"、"曹实"十一条，具有首创性价值，为后世方志的编修提供了资料来源和参考。"滕毅"、"吴锜"、"汪友直"三条为现存徽州方志所鲜载，为了解徽州历史人物提供了新的资料。"吴源"一条保存的资料比现存记载丰富，因此具有补阙资料的价值。另外，洪焱祖《新安后续志》佚文还为校勘其他文献记载、辑佚其他古书提供了资料参考。洪焱祖《新安后续志》佚文具有重要的价值，应当进一步发掘和利用。

第四章

大典本《新安志》、《徽州府志》和《徽州府新安志》研究

根据徽州府志编修源流和佚文提供的时间线索，笔者认为《永乐大典》收录的《新安志》、《徽州府志》、《徽州府新安志》三部志书是同一部志书，都是明代洪武九年（1376年）朱同编纂的十卷本的《新安志》。

一、关于大典本《新安志》编修时间的探讨

《永乐大典》收录了一部《新安志》，《永乐大典方志辑佚》第二册辑出这部志书的三十七条佚文，包括【山川】："新岭"、"石墨岭"、"危峰岭"、"方吴岭"、"石莲岭"、"碎石岭"、"剥岭"、"上枭岭"、"碜岭"、"婺源西湖"、"黄墩湖"；【土产】："梧碧"、"梅"、"玉梅"、"黄精"、"小麦"、"大麦"、"荞麦"、"笙"、"篁竹"、"苦竹"；【官署】："元织染局"；【仓廪】："平准仓"、"宋际留仓"、"绩溪县常平仓"、"休宁县常平仓"；【古迹】："吴村"、"孔灵村"、"舒村"；【人物】："周景曜"、"毕祈凤"；【诗文】①："中都"、"石敏若"、"郡西北"、"天禧二年"、"郑千龄"；【遗事】："阎居敬"。②

关于这部《新安志》的编修时间，佚文中虽未直接说明，但

---

① 因佚文内容较长，此处几条仅以开头几字为代表。
② 马蓉等点校：《永乐大典方志辑佚》，第2册，北京：中华书局，2004年，第1056~1064页。

是有较为明显的线索,即【官署】类目下有"元织染局"①的字样,【仓廪】类目下有关于"元义仓"②的记载,据此可知,此志当修于元代以后。根据《永乐大典》成书的时间,大典本《新安志》应当修于明代且在永乐六年之前。《永乐大典方志辑佚》的编者也明确指出"《新安志》为明志"③,此说当是言之有据的。那么,《永乐大典方志辑佚》辑出的这部《新安志》肯定不是南宋淳熙二年(1175年)罗愿编修的《新安志》,两书只是同名而已。根据徽州府建置沿革的有关情况,这部《新安志》应该是一部徽州府志。

至于这部《新安志》的编纂者,佚文中没有明显的线索,因此要想确定它的具体的编修时间和编修者,有必要从徽州府志的编修源流来进行考察。根据弘治《徽州府志》"汪舜民序"④、康熙《徽州府志》"修志源流"⑤和道光《徽州府志》"修志源流"⑥中对明代弘治以前徽州府志编修源流所作的介绍,修于明代永乐六年(1408年)以前、且以"新安"为名的徽州府志只有一部,即明代洪武初年朱同编修的《新安志》。关于朱同编修《新安志》一事,在弘治《休宁志》⑦、康熙《徽州府志》⑧、乾隆《歙县

---

① 马蓉等点校:《永乐大典方志辑佚》,第2册,北京:中华书局,2004年,第1060页。

② 马蓉等点校:《永乐大典方志辑佚》,第2册,北京:中华书局,2004年,第1060页。

③ 马蓉等点校:《永乐大典方志辑佚》,第1册,北京:中华书局,2004年,前言,第20页。

④ 弘治《徽州府志》,汪舜民序,《天一阁藏明代方志选刊》本,上海:上海古籍书店影印,1964年。

⑤ 康熙《徽州府志》卷十八,杂记·修志源流,《中国方志丛书》本,台北:成文出版社,1970年。

⑥ 道光《徽州府志》卷十六,杂记·修志源流,《中国地方志集成》本,南京:江苏古籍出版社,1998年。

⑦ 弘治《休宁志》卷七,书目二,《北京图书馆古籍珍本丛刊》本,北京:书目文献出版社,1998年。

⑧ 康熙《徽州府志》卷十三,人物志·文苑,《中国方志丛书》本,台北:成文出版社,1970年。

志》①、道光《徽州府志》②、民国《歙县志》③中都有记载,皆言朱同"修《新安志》";《江南通志》载:"《新安志》,休宁朱同。"④光绪《重修安徽通志》载:"《新安志》十卷,休宁朱同著。"⑤另,《明史·艺文二》载:"朱同《新安志》,十卷。"⑥康熙《休宁县志》则言:"《新安志》,十卷,朱同撰。"⑦弘治《徽州府志》"汪舜民序"称:"朱礼侍同乃隐括三志合而续之以为一书,迄于今又百二十余年,中间景泰、成化前守孙公遇、周公正两经增集,简略弗得,所传者惟洪武志。"⑧以上资料相互补充可以说明:明代洪武初年,朱同编成一部十卷本的《新安志》,此后又有孙遇和周正两次增修,但朱同、孙遇、周正三志相比,后二志是"简略弗得",所以未能流传下来,到弘治十五年(1502年)编修《徽州府志》时,"所传者惟洪武志",朱同《新安志》的质量应该是高于孙遇、周正二志的。从志书的编修时间、质量和《永乐大典》收书的时间看,明代洪武初年朱同编修的十卷本《新安志》既符合《永乐大典》收书的质量要求,又符合它收书的时间条件,而且书名也是一致的,因此,笔者认为《永乐大典》所收之《新安志》应该是明代洪武初年朱同编修的十卷本的《新安志》。

上文所言朱同是在明代洪武初年编修《新安志》的,那么应该是洪武几年呢?朱同在《重编新安志序》中称自己是在洪武

---

① 乾隆《歙县志》卷十二,人物志·文苑,《中国方志丛书》本,台北:成文出版社,1970年。

② 道光《徽州府志》卷十一,人物志·文苑,《中国地方志集成》本,南京:江苏古籍出版社,1998年。

③ 民国《歙县志》卷七,人物志·文苑,《中国地方志集成》本,南京:江苏古籍出版社,1998年。

④ (清)赵弘恩等监修:《江南通志》卷一九一,艺文志·史部,《四库全书》本,上海:上海古籍出版社,1987年。

⑤ 光绪《重修安徽通志》卷三三九,艺文志·史部,清光绪四年(1878年)刻本。

⑥ 《明史》卷九七,志第七十三,北京:中华书局,1974年。

⑦ 康熙《休宁县志》卷八,通考·书目,《中国方志丛书》本,台北:成文出版社,1970年。

⑧ 弘治《徽州府志》,汪舜民序,《天一阁藏明代方志选刊》本,上海:上海古籍书店影印,1964年。

九年春受命修志的,"四阅弦望,始克成书",只经过四个月便修完这部志书,正如朱同自己所言"深愧编次苍皇"①,因此,朱同应该是在洪武九年(1376年)修完此志的。朱同在志序最后落款"洪武十年丁巳冬十有二月既望,新安布衣臣朱同谨序"②,则说明《重编新安志序》是在洪武十年写成的。而弘治《休宁志》则载:朱同"洪武十年举明经,任本郡教授,修《新安志》进之"③。据此,朱同到洪武十年(1377年)才通过科举考试做了官,而且将修成的《新安志》进呈朝廷。根据上述资料,情况应该是这样的:朱同是在洪武九年(1376年)奉命修志的,并于当年修成《新安志》,当时他只是一介布衣。到洪武十年(1377年)他通过科举考试做了本郡教授之后,才将自己修成的《新安志》写上"志序",并进献朝廷。朱同在志序末仍署"新安布衣臣朱同谨序",或者是指自己是以布衣身份接受修志任务并完成修志的。

从徽州府建置沿革的情况看,宋宣和三年(1121年)改歙州为徽州后,"新安"之名不再使用,到"元至正二十四年即明太祖吴元年"则正式称为"徽州府",而明初朱同编修的志书仍以"新安"为名,以及景泰、成化年间两次增修仍均以"新安"为书名,这就是方志编修中喜欢借用古地名的习惯所致。关于朱同的《新安志》,道光《徽州府志》"修志源流"中称"明洪武丁巳郡人礼部侍郎朱同"奉诏纂成"《新安府志》"④。因此,可以肯定道光《徽州府志》及其他徽州方志中所称《新安府志》皆应是朱同的《新安志》。

另外,《永乐大典方志辑佚》第五册"补遗"部分也有署名为《新安志》的一部志书的部分佚文,是物产方面的资料,共有四条。那么,这部《新安志》与《永乐大典方志辑佚》第二册的《新安志》是什么关系呢?为说明之需,故将这部分佚文摘录如下:

---

① (明)朱同:《覆瓿集》卷四,序,清文渊阁《四库全书》本。
② (明)朱同:《覆瓿集》卷四,序,清文渊阁《四库全书》本。
③ 弘治《休宁志》卷十二,人物五·宦业,《北京图书馆古籍珍本丛刊》本,北京:书目文献出版社,1998年。
④ 道光《徽州府志》卷十六,杂记·修志源流,《中国地方志集成》本,南京:江苏古籍出版社,1998年。

休宁县本县之水南及虞芮、和睦、良安三乡,皆有槽户抄纸。国朝除每月解纳榜纸三千八百张外,其余和买无定额。[卷一〇一—〇页十四]

和买纸,绩溪县十都、十一都皆有槽户,旧志国朝除每月解纳榜纸一千张外,每年和买,时估色数不等。

歙县出产纸,都分四都、五都、十七都、三十都至三十四都、三十六都,皆有槽户,除榜纸每月解纳四千八百张外,其余诸色纸各年和买,时估数目则例不等。

休宁县虞芮、和睦、良安三乡除纳榜纸三千八百张外,其余和买无定额。[卷一〇一—〇页一〇]①

这些资料主要是记载有关"榜纸"情况的,除"国朝"二字外,没有提供其他更为明确的时间线索。又,弘治《徽州府志》介绍明代徽州府"上供纸"时有如下记载:"国初,歙县每月解纳榜纸四千八百张。休宁县每月解纳榜纸三千八百张。绩溪县每月解纳榜纸一千张。其余各色纸每年有用则以时估给价,和买无定额,无定色。"②从弘治《徽州府志》的编修时间看,此段资料所称"国初"应指明朝。再将弘治《徽州府志》中的这段资料与《永乐大典方志辑佚》"补遗"部分的《新安志》佚文进行比较,两者基本相同,因此,可以断定"补遗"部分中的"国朝"也指的是明朝。那么,"补遗"部分的《新安志》也应该修于明朝且在明代永乐六年(1408年)以前。根据徽州府志编修源流以及志书名称等,这部《新安志》亦即朱同编修的《新安志》。既然"正文"和"补遗"两部分的《新安志》都是朱同的《新安志》,且在《永乐大典》中的书名相同,理应将两者合并在一起进行集中论述。

关于朱同《新安志》散佚的具体时间文献中没有明确记载,从弘治《徽州府志》"汪舜民序"看,此志到弘治十五年(1502年)编修徽州府志时仍存于世。修于乾隆三十六年(1771年)和民国二十六年(1937年)的两部《歙县志》中都有关于朱同的

---

① 马蓉等点校:《永乐大典方志辑佚》,北京:中华书局,2004年,第5册,第3252页。

② 弘治《徽州府志》卷二,食货一·土贡,《天一阁藏明代方志选刊》本,上海:上海古籍书店影印,1964年。

记载,且内容完全一致,即:"朱同,字大同,学士升之子。洪武中举明经,为本府教授。又以人才征,官礼部侍郎。同经术无愧其父,为文亦谨严有法。今存者《覆瓿集》、《新安志》。"①从"今存者《覆瓿集》、《新安志》"一句看,朱同《新安志》到乾隆三十六年(1771年)甚至到民国二十六年(1937年)似乎还存于世。如果说朱同《新安志》在乾隆三十六年仍存于世还有一定可信度的话,那么将民国《歙县志》中的记载看作方志编修时盲目承袭前志的志文应该更为合理。根据上述记载,朱同《新安志》在弘治十五年(1502年)时仍存于世是不争的事实,乾隆三十六年(1771年)时仍存于世尚有可能,但民国二十六年(1937年)时是否仍未散亡,还有待进一步考察。

根据《中国古方志考》一书提供的线索,张国淦《蒲圻张氏大典辑本》没有从《永乐大典》中辑出《新安志》。而经杜春和整理、张国淦的《永乐大典方志辑本》则辑出一部《新安志》,其佚文包括"新岭"、"石墨岭"、"危峰岭"、"方吴岭"、"石莲岭"、"碎石岭"、"剥岭"、"上枭岭"、"碜岭"、"婺源西湖"、"舒村"、"周景曜"、"毕祈凤"、"诗"(实际包括"中都"、"石敏若"、"郡西北"、"天禧二年"四条资料)、"郑千龄"、"梦龟救生"(即为上文所列《永乐大典方志辑佚》条目【遗事】"阎居敬")。

另外,还有一条"永丰仓"佚文实出自于《徽州府新安志》,《永乐大典方志辑本》的编者则亦辑于《新安志》下。

为说明问题,现将《永乐大典方志辑本》中关于《新安志》的解释说明摘录如下:

> 案:《大典》引《新安志》凡十五条,又《徽州府新安志》凡一条。宋徽州新安郡,元徽州路,明徽州府。今存有淳熙《新安志》,其永丰仓条,宋名曰"州仓",元更名"永丰",国朝改作"杂造局",当系明初《新安志》增补,仍沿旧称曰《新安志》。《千顷堂书目》云:"朱同重编《新安志》十卷",其志修于洪武九年,未知即是志

---

① 乾隆《歙县志》卷十二,人物志·文苑,《中国方志丛书》本,台北:成文出版社,1970年;民国《歙县志》卷七,人物·文苑,《中国地方志集成》本,南京:江苏古籍出版社,1998年。

第四章　大典本《新安志》、《徽州府志》和《徽州府新安志》研究　113

否?(《大典》又引《新安志》凡六条。见绍熙《新安志》者,录入《大典》见存本后编。)①

根据此按语,可以了解到以下情况:第一,《永乐大典方志辑本》的编者称"《大典》引《新安志》凡十五条",但从此书辑出的佚文看,应有十六条佚文,且其中"诗"条可具体包括"中都"、"石敏若"、"郡西北"、"天禧二年"四条,则共十九条,《徽州府新安志》佚文一条;第二,编者或可能将《新安志》和《徽州府新安志》这两部志书看作一部志书,因而将两书佚文辑在一起;第三,编者根据《徽州府新安志》佚文提供的时间线索,认为此志有明代初年增补的内容;第四,编者尚未敢确定此《新安志》是否就是明代洪武九年(1376年)朱同编修的那部《新安志》。根据徽州府志编修源流,在宋代绍熙年间并未编修过《新安志》,此条按语中"绍熙《新安志》"或有误,或许是"淳熙《新安志》",即是淳熙二年(1175年)罗愿编修的那部《新安志》。另外,按语末尾有"《大典》又引《新安志》凡六条。见绍熙《新安志》者,录入《大典》见存本后编"一句,不知其内容所指。

将佚文条数、条目、内容、出处进行比较,对于大典本《新安志》的辑佚,《永乐大典方志辑本》比《永乐大典方志辑佚》少"黄墩湖"、"梧碧"、"梅"、"玉梅"、"黄精"、"小麦"、"大麦"、"荞麦"、"笙"、"篁竹"、"苦竹"、"元织染局"、"平准仓"、"宋际留仓"、"绩县常平仓"、"休宁县常平仓"、"吴村"、"孔灵村"十八条佚文,以及四条关于"榜纸"的佚文,共二十二条。另外,"婺源西湖"一条内容也没有后者丰富,《永乐大典方志辑本》只辑出"婺源西湖。婺源灵顺庙右有水一带,亦号西湖。李唐时,大溪由湖直出,名曰蚓蛇港"②这一部分内容,而缺少"县治在清化,欲迁今地,乃画图呈上李王,王令水围绕县城,用铁牛北筑港口,南筑港尾,中潴水为湖,溪遂环县而出。绍定辛卯,县尉赵崇沆命工

---

① 张国淦著,杜春和整理:《永乐大典方志辑本》,载《张国淦文集四编》(下),北京:北京燕山出版社,2009年,第890页。
② 张国淦著,杜春和整理:《永乐大典方志辑本》,载《张国淦文集四编》(下),北京:北京燕山出版社,2009年,第891页。

甃砌湖堤,植以桃柳,湖内种荷,高下相映"。① 当然,其他佚文则在具体内容和出处上都是完全一致的。不过,关于"永丰仓"一条,《永乐大典方志辑佚》则并未辑在《新安志》下,而是辑在《徽州府新安志》下,这主要是因为此书编者在辑佚时遵循"《大典》征引书名,殊不一致,究为一书或他书,已难寻考,今辑佚时悉遵《大典》所录书名,一般不强为合并"②的原则。

《永乐大典方志辑本》另辑出一部《祥符□□经》三条佚文,即"黄墩湖"、"孔灵村"、"吴村"③。此志下按语称:

> 案:《大典》黄墩湖条,又孔灵村条,又吴村条,《新安志》引《祥符经》凡三条。此三条见淳熙《新安志》三:歙县,水源,又古迹,又五:婺湖,古迹。《舆地纪胜》二十:"徽州亦引《祥符经》。"(《新安志》录入《六典》见存本后编)④

可见,《永乐大典方志辑本》的编者是将《新安志》转引的《祥符经》再单独辑佚出来的。而《永乐大典方志辑佚》的编者则"一志转引他志,他志不单独辑出列目"⑤,所以就将"黄墩湖"、"孔灵村"、"吴村"三条佚文直接辑在《新安志》下了。即使将这三条佚文增入《永乐大典方志辑本》辑出的《新安志》下,亦比《永乐大典方志辑佚》辑出的内容少,因而在没有其他辑本的情况下,《永乐大典方志辑佚》是关于《永乐大典》收录的《新安志》的最完整的辑本。其原因正如前文所言,主要是因为马蓉等学者参考的《永乐大典》残卷更为丰富。

---

① 马蓉等点校:《永乐大典方志辑佚》,第 2 册,北京:中华书局,2004年,第 1057~1058 页。

② 马蓉等点校:《永乐大典方志辑佚》,第 1 册,北京:中华书局,2004年,前言,第 24 页。

③ 张国淦著,杜春和整理:《永乐大典方志辑本》,载《张国淦文集四编》(上),北京:北京燕山出版社,2009 年,第 101 页。

④ 张国淦著,杜春和整理:《永乐大典方志辑本》,载《张国淦文集四编》(上),北京:北京燕山出版社,2009 年,第 101 页。

⑤ 马蓉等点校:《永乐大典方志辑佚》,第 1 册,北京:中华书局,2004年,前言,第 24 页。

第四章　大典本《新安志》、《徽州府志》和《徽州府新安志》研究　115

二、关于大典本《徽州府志》编修时间的探讨

《永乐大典》收录了一部《徽州府志》。根据《中国古方志考》提供的线索,张国淦先生的《蒲圻张氏大典辑本》没有辑出这部志书。经杜春和整理、张国淦先生的《永乐大典方志辑本》则辑出了这部《徽州府志》的七条佚文,即"灵岩"、"石人岩"、"长林岩"、"五峰岩"、"十里岩"、"徽州元杂造局"、"端平仓",佚文前按语称:

  案:《大典》引《徽州府志》凡七条。此"杂造局"条,"元末国朝"云云,兹据录作明志。①

据此,《永乐大典方志辑本》仅将大典本《徽州府志》看作明代所修之志,但并未说明此志的编修时间。

《永乐大典方志辑佚》也从《永乐大典》中辑出一部《徽州府志》的七条佚文②。这些佚文的内容和出处,与《永乐大典方志辑本》完全相同。

根据徽州府志编修源流,以"徽州"为名的徽州府志最早的一部应是明代弘治年间编修的《徽州府志》。关于这一问题,可以从弘治《徽州府志》"林瀚序"和"凡例"中得到验证。林瀚序称:"徽素为文献之邦,文献所存,郡志所存也。宋罗愿、李以申、元洪焱祖先后踵修之,皆曰《新安郡志》,山川、人物大率已载。逮我朝郡守孙君遇、周君正又尝次第续之,所未大备者,盖有待也。弘治庚申冬,兰州彭君泽以秋官正郎擢守是郡,不期月而仁心德政敷于千里间,取旧志展阅,遂慨然注意于斯,爰告诸巡抚、都宪,安成彭公彦恭曰:'文献足征盛事也,宜亟成之,

---

① 张国淦著,杜春和整理:《永乐大典方志辑本》,载《张国淦文集四编》(下),北京:北京燕山出版社,2009 年,第 894 页。
② 马蓉等点校:《永乐大典方志辑佚》,第 2 册,北京:中华书局,2004 年,第 1047~1048 页。

然当易其新安故名,名曰《徽州府志》,则于圣制为不倍矣'。"①"凡例"亦称:"今之纂修虽祖旧志,而易新安之名为徽州府,遵时制也。"②从以上两条资料可以看出,弘治以前罗愿、李以申、洪焱祖、孙遇、周正所修诸志皆以"新安"为志书之名,虽然宋宣和三年(1121年)"新安"已改为"徽州",但此后所修之志亦从未使用"徽州"作为书名,弘治《徽州府志》是最早以"徽州"作为方志书名的。弘治年间修志用"徽州"为名,是尊重当时的区划名称。从徽州府建置沿革看,徽州原称"新安"、"歙州"等,到宋徽宗宣和三年(1121年),才改"歙州"为"徽州",始有"徽州"之称。元代设为"徽州路",后曾一度称为"兴安府",到元至正二十四年即明太祖吴元年(1364年)又改称"徽州府",自是定名,清代相沿不改。可见,弘治年间修志用"徽州府志"为名确实是适应了建置沿革的变化,正如其所言:"易新安之名为徽州府,遵时制也。"

根据《永乐大典》成书的时间,大典本《徽州府志》肯定不是弘治《徽州府志》,而是另一部方志。根据弘治《徽州府志》"汪舜民序"③、康熙《徽州府志》"赵吉士序"④以及道光《徽州府志》"修志源流"⑤等关于徽州府志编修情况的记载,修于明代永乐六年(1408年)以前的徽州府志有:梁萧几《新安山水记》、王笃《新安记》、唐《歙州图经》、宋太平兴国《广记》、大中祥符中李宗谔《新图经》、罗愿《新安志》、姚源《新安广录》、李以申《新安续志》、郑密《新安广录续编》、元洪焱祖《新安后续志》和明代洪武初年朱同《新安志》,共十一部。那么,大典本《徽州府志》是哪

---

① 弘治《徽州府志》,林瀚序,《天一阁藏明代方志选刊》本,上海:上海古籍书店影印,1964年。

② 弘治《徽州府志》,凡例,《天一阁藏明代方志选刊》本,上海:上海古籍书店影印,1964年。

③ 弘治《徽州府志》,汪舜民序,《天一阁藏明代方志选刊》本,上海:上海古籍书店影印,1964年。

④ 康熙《徽州府志》,赵吉士序,《中国方志丛书》本,台北:成文出版社,1970年。

⑤ 道光《徽州府志》卷十六,杂记·修志源流,《中国地方志集成》本,南京:江苏古籍出版社,1998年。

一部方志呢？要解决这一问题目前只能从考察和分析大典本《徽州府志》佚文入手。

大典本《徽州府志》佚文有较为明确的时间线索，【官署】类目下元代"杂造局"条载："徽州元杂造局，在东北隅岩灵顺庙之左。……元末毁于兵。国朝创于永丰仓旧基。"①从行文的时间顺序这一线索考察，佚文中"徽州元杂造局"、"元末毁于兵"和"国朝创于永丰仓旧基"这些表示时间先后顺序的文字充分说明了"国朝"应该指的就是"明朝"。另外，现存徽州方志中关于"杂造局"的记载也充分证明了这一判断的正确性。弘治《徽州府志》②、嘉靖《徽州府志》③皆称："杂造局，元置，在东北隅灵顺庙之左，元末毁于兵。国朝创于永丰仓旧基，季造军器，今废。每季侨寓谯楼以造。"康熙《徽州府志》④、道光《徽州府志》⑤则载："杂造局，在东北隅灵顺庙左。元置，至正中毁于兵。明创于永丰仓旧基，季造军器，后废。每季侨寓谯楼以造。"根据这些资料可以知道，徽州杂造局建于元代，元代末期毁于战争，到明代初年又在永丰仓旧基重新修建，不久又废。据此可以肯定大典本《徽州府志》佚文中的"国朝"指的就是"明朝"，因此，《永乐大典》中的《徽州府志》应修于明初。另外，大典本《徽州府志》佚文【山川】条下"石人岩"、"长林岩"、"五峰岩"、"十里岩"中皆有"直隶徽州府"的字样。根据第一章所言徽州建置沿革的情况，"直隶徽州府"应是明代对徽州的称呼，据此可知，大典本《徽州府志》修于明代。

根据徽州府志编修源流的情况，修于明朝且为永乐六年

---

① 马蓉等点校：《永乐大典方志辑佚》，第2册，北京：中华书局，2004年，第1048页。

② 弘治《徽州府志》卷二，地理二·古迹，《天一阁藏明代方志选刊》本，上海：上海古籍书店影印，1964年。

③ 嘉靖《徽州府志》卷二十一，古迹，《北京图书馆古籍珍本丛刊》本，北京：书目文献出版社，1998年。

④ 康熙《徽州府志》卷十七，杂志上·古迹，《中国方志丛书》本，台北：成文出版社，1970年。

⑤ 道光《徽州府志》卷二，舆地下·古迹，《中国地方志集成》本，南京：江苏古籍出版社，1998年。

(1408年)以前的徽州府志只有一部,即是明代洪武九年(1376年)朱同所修之十卷本《新安志》,那么《永乐大典》中收录的《徽州府志》应当就是朱同的《新安志》。

三、关于大典本《徽州府新安志》编修时间的探讨

《永乐大典方志辑本》和《永乐大典方志辑佚》均辑出一部《徽州府新安志》,且佚文只有一条,即:"永丰仓,宋名曰州仓,在天宁寺侧。自宣和睦寇平,始建于此。元更名永丰,大德元年,总管刘克昌改用砖石甃砌一新。国朝改作杂造局,而于局右重建,仍名永丰。"只不过是前者将其辑在《新安志》[1]下,而后者是单独以《徽州府新安志》[2]来辑佚的。

根据前文所做的分析,《永乐大典方志辑本》将《徽州府新安志》辑于《新安志》下,或可能将两书看作一书。那么,究竟两书是什么关系呢?虽然此志佚文仅有一条,内容不算太多,但仍有必要弄清这个问题,并进一步确定《徽州府新安志》的编修时间,从而探讨有关问题。

根据徽州府建置沿革的有关情况,"徽州府"之名始用于明太祖吴元年(1364年),那么,从这一角度考虑,大典本《徽州府新安志》应该修于明代且在永乐六年以前。

作为郡名,"新安"和"徽州府"是徽州地区不同时期的两个称呼。如果大典本《徽州府新安志》中的"新安"是郡名,"徽州府"和"新安郡"就是同一级行政区划,而将这两个不同时期的同一级行政区划名称合在一起作为书名不太妥当,因此,仅从书名来判断大典本《徽州府新安志》修于明代证据尚显不足。因此,有必要从其佚文入手来探讨大典本《徽州府新安志》的编

---

[1] 张国淦著,杜春和整理:《永乐大典方志辑本》,载《张国淦文集四编》(下),北京:北京燕山出版社,2009年,第890页。

[2] 马蓉等点校:《永乐大典方志辑佚》,第2册,北京:中华书局,2004年,第1056页。

修时间。该志佚文涉及一些时间概念,即"宋"、"宣和"、"元"、"大德元年"、"国朝",从历史发展的时间顺序,从这些时间的先后变化,可以推论,佚文中的"国朝"指的就是"明朝"。从这一角度考虑,这部《徽州府新安志》应该修于明代。这一推论在现存徽州方志中可以找到佐证。关于"永丰仓"的情况在现存徽州方志中多有记载,如,弘治《徽州府志》载:"永丰仓,宋名州仓,在郡城东北隅,天宁寺侧。自宣和睦寇平始建,更名永丰。元大德元年,总管刘克昌用砖石甃护四旁。国朝改为杂造局,而仓建局右。洪武二十三年,改隶新安卫,后寻为属府,仍名永丰仓。"①乾隆《歙县志》:"永丰仓,元在郡城北天宁寺侧,明改杂造局右,后改隶新安卫,属府。"②道光《徽州府志》③、民国《歙县志》④所载略同。由以上记载可知:永丰仓建于宋,初名"州仓",宣和以后更名"永丰",元代曾经维修予以加固,明代改为杂造局。这些记载与大典本《徽州府新安志》佚文基本相同,因此可以肯定,佚文中所说的"国朝"即是"明朝",那么,大典本《徽州府新安志》应修于明朝。

根据徽州方志编修源流的情况,修于明朝且为永乐六年(1408年)以前的徽州府志只有一部,即明代洪武九年(1376年)朱同编修的《新安志》,那么,大典本《徽州府新安志》就是朱同的《新安志》。

同为朱同的《新安志》,在《永乐大典》中却有三种不同的称呼,或称为《新安志》,或称为《徽州府志》,或称为《徽州府新安志》。造成这种情况的原因可能有三:第一,朱同《新安志》在流传过程中,人们对它的称呼不一,存在同书异名的现象,而《永乐大典》的编者在收录时没有鉴别和区分,也未加统一,而是直

---

① 弘治《徽州府志》卷五,恤政·仓局,《天一阁藏明代方志选刊》本,上海:上海古籍书店影印,1964年。
② 乾隆《歙县志》卷七,恤政·仓储,《中国方志丛书》本,台北:成文出版社,1970年。
③ 道光《徽州府志》卷三,营建志·仓局,《中国地方志集成》本,南京:江苏古籍出版社,1998年。
④ 民国《歙县志》卷三,恤政·仓储,《中国地方志集成》本,南京:江苏古籍出版社,1998年。

接加以引用,所以《永乐大典》中对同一部书有着不同的称呼;第二,《永乐大典》皆为手抄本,不同的抄工由于各自的认识和习惯不同,再加上有的抄工做事严谨,有的抄工比较马虎,因此对同一部书便使用了不同的称呼,以至于《永乐大典》收录同一部书时出现了同书异名的现象;第三,言《徽州府新安志》者,当时抄手或意为反映徽州府情况的《新安志》,遂写成了《徽州府新安志》;言《徽州府志》者,亦当是根据明代地区建置的具体情况,而将《新安志》写成《徽州府志》。而《永乐大典方志辑佚》的编者在辑佚方志时"《大典》征引书名,殊不一致,究为一书或他书,已难寻考,今辑佚时悉遵《大典》所录书名,一般不强为合并"①,所以同一部志书的内容才会被分别辑在不同的书名之下。

既然大典本《新安志》、《徽州府志》、《徽州府新安志》是同一部志书,是明代洪武九年(1376年)朱同编修的十卷本的《新安志》,因此有必要将这三部分佚文合并在一起进行论述。

四、关于朱同生平事迹的考述

关于朱同的情况文献中多有记载,这些记载,有的附于其父朱升传之后,有的为其单独立传,主要包括朱同的名、字、号、籍贯、中举时间、官品、学识、著作、最后归宿等内容。关于朱同的记载虽然较为简略,但仍能勾勒出朱同的基本轮廓,为了解朱同的基本情况提供了线索,现从徽州方志中选取几则记载以兹说明。如,弘治《休宁志》载:"朱同,字大同,学士升之子。资敏,尽传其家学。通群经,诸艺毕给。洪武十年,举明经,任本郡教授,修《新安志》进之。十三年,举人材,授吏部司封员外郎,寻升礼部右侍郎,后坐废。有文集曰《覆瓿稿》"②;弘治《徽

---

① 马蓉等点校:《永乐大典方志辑佚》,第1册,北京:中华书局,2004年,前言,第24页。
② 弘治《休宁志》卷十二,人物五·宦业,《北京图书馆古籍珍本丛刊》本,北京:书目文献出版社,1998年。

州府志》载:朱升"子同,字大同,小字外生。资性超迈,为文敏捷。洪武中举明经,为本郡教授。十三年,举人才,为吏部司封员外郎。十五年二月,以升恩升礼部侍郎,后坐事废。所著有《覆瓿稿》、《新安志》"①;道光《休宁县志》载:"朱同,字大同,学士升之子。举明经,任本府儒学教授。又以人才举为吏部司封员外郎备员。东宫懿文太子崇重特甚,晋礼部侍郎,大被宠遇,凡太常典礼多其制作,与潜溪宋濂典试南宫,所拔多名士。未几,以被诬得罪,太子救之弗及。有《覆瓿集》八卷。"②明人雷礼的《国朝列卿纪》称:朱同"直隶徽州府休宁县人,翰林学士升之子。博学笃行,见重乡里。洪武中,举明经,授徽州府教授,善迪后学。十三年,举才行,升吏部司封员外郎。十五年,升试礼部侍郎。上嘉其称旨,特赐袭衣。十六年,坐事废"③;《礼部志稿》载:朱同"直隶休宁人,洪武中,举明经,十五年,任右侍郎,十六年,坐事废。"④近人蒋元卿亦有较为全面的论述:"朱同,字大同,号朱陈村民,又号紫阳山樵,休宁人,升子。洪武庚申(1380年)举人,官至礼部侍郎,坐事死。承家学,通群经诸艺,有文武才,工绘图,时称三绝。懿文太子爱其书,甚重之。为文羽翼六经,诗具盛唐风致。《明诗综》录诗一首,著有《新安志》十卷、《覆瓿集》七卷及附录一卷。"⑤另外,《新安名族志》⑥、嘉

---

① 弘治《徽州府志》卷九,人物一·勋贤,《天一阁藏明代方志选刊》本,上海:上海古籍书店影印,1964年。
② 道光《休宁县志》卷十二,人物·文苑,《中国地方志集成》本,南京:江苏古籍出版社,1998年。
③ (明)雷礼辑:《国朝列卿纪》卷四三,明万历徐鉴刻本。
④ (明)俞汝楫编:《礼部志稿》卷四一,清文渊阁《四库全书》本。
⑤ 蒋元卿:《皖人书录》卷三,合肥:黄山书社,1989年,第341页。
⑥ (明)戴廷明、程尚宽等撰,朱万曙、王平等点校:《新安名族志》,后卷,合肥:黄山书社,2004年,第433~434页。

靖《徽州府志》①、《明史》②、康熙《徽州府志》③、康熙《休宁县志》④、乾隆《歙县志》⑤、《清朝续文献通考》⑥、道光《徽州府志》⑦等文献中皆有记载。

  由这些记载可以勾画出朱同的大体轮廓。朱同,字大同,小字外生,号朱陈村民,又号紫阳山樵,休宁人,也有称其为"歙石门人"的⑧,这两种说法并不矛盾,主要是因为"其先居休宁回溪,元季曰升始迁于此(笔者注:指歙县石门)"⑨,所以旧志有称其是休宁人,也有称其为歙县人,两地县志中均有关于他的记载。朱同是学士朱升之子,家学渊源,再加上自己聪明好学,因而能够师承家学,"经术无愧其父,为文亦谨严有法"⑩。"通群经诸艺,有文武才,工绘图,时称三绝",因此他能够连续升迁,"洪武十年,举明经,任本郡教授";"十三年,举人材,授吏部司封员外郎";十五年二月,升礼部侍郎。朱同博学笃行,为乡人所推重。他不仅自己学识渊博,而且也十分重视对家乡子弟的教育,在徽州府教授任上,就曾督促和启迪后生学子读书学习。朱同有两部著作问世,即《新安志》和《覆瓿集》。《新安志》早已

---

  ① 嘉靖《徽州府志》卷四、卷十二,选举志,《北京图书馆古籍珍本丛刊》本,北京:书目文献出版社,1998年。
  ② 《明史》卷一三六,列传第二十四,北京:中华书局,1974年。
  ③ 康熙《徽州府志》卷三、卷六、卷一〇、卷十三、卷十七,《中国方志丛书》本,台北:成文出版社,1970年。
  ④ 康熙《休宁县志》卷六,《中国方志丛书》本,台北:成文出版社,1970年。
  ⑤ 乾隆《歙县志》卷十二、卷二〇,《中国方志丛书》本,台北:成文出版社,1970年。
  ⑥ (清)刘锦藻:《清朝续文献通考》卷一九一,经籍考,杭州:浙江古籍出版社,2000年。
  ⑦ 道光《徽州府志》卷二、卷七、卷九、卷十一,《中国地方志集成》本,南京:江苏古籍出版社,1998年。
  ⑧ 康熙《徽州府志》卷十三,人物三·文苑,《中国方志丛书》本,台北:成文出版社,1970年。
  ⑨ (明)戴廷明、程尚宽等撰,朱万曙、王平等点校:《新安名族志》,后卷,合肥:黄山书社,2004年,第434页。
  ⑩ 民国《歙县志》卷七,人物志·文苑,《中国地方志集成》本,南京:江苏古籍出版社,1998年。

亡佚,现仅依赖其他文献保留部分内容,而《覆瓿集》则流传于世,《四库全书》"集部"就收有这部著作。根据蒋元卿的考证,《覆瓿集》有明万历四十四年(1616年)黄叔吉刊本(安徽图书馆藏)、明歙县朱府刊本(江苏国学图书馆藏)和四库全书珍本初集本。《四库全书总目》对其《覆瓿集》有较高评价:"集凡诗三卷,多元末之作,爽朗有格。文四卷,议论纯粹,不愧儒者之言。"①清人陈田在《明诗纪事》中对朱同也多有赞誉:"大同兼长书、画、诗,格高老,亦明初一作家。"②近人蒋元卿也称其"为文羽翼六经,诗具盛唐风致"。看来,朱同的学识和成就确实得到了人们的赞赏和认同。朱同以布衣身份被邀参加并负责编修徽州府志也能说明他的才能早年即被当地人所认可。从这一点看,他编修的《新安志》质量当属上乘。

再从朱同《重编新安志序》落款"新安布衣臣朱同谨序"③看,洪武九年(1376年)朱同编修《新安志》时还只是一介布衣,但在短短几年时间里他连续升迁直至礼部右侍郎,并且还得到过赏赐:"洪武十六年十二月,赐礼部侍郎朱同、佥都御史詹徽、左通政蔡瑄等十二人袭衣。"④因为他擅长诗翰,所以"东宫懿文太子崇重特甚,晋礼部侍郎,大被宠遇,凡太常典礼多其制作"⑤,可谓风光之极,但他最后却因"坐事"而受到牵连,命运十分悲惨。现存文献中多有关于朱同最后命运的记载,但内容有

---

① (清)永瑢等:《四库全书总目》卷一六九,集部二十二,别集类二十二,北京:中华书局,2008年,第1467页。
② (清)陈田辑:《明诗纪事》甲籖卷一五,清陈氏听诗斋刻本。
③ 弘治《徽州府志》卷十一,词翰一·序,《天一阁藏明代方志选刊》本,上海:上海古籍书店影印,1964年。
④ 《明太祖高皇帝实录》卷一五八,上海:华文书局,1968年。
⑤ 道光《休宁县志》卷十二,人物·文苑,《中国地方志集成》本,南京:江苏古籍出版社,1998年。

所不同,有的称其"坐事废"①,有的说他是"坐事死"②,也有称其"被诬得罪"③,但具体情况却交代得并不清楚。

《四库全书总目》对朱同的生平事迹有如下评价:"(朱)同字大同,自号紫阳山樵,休宁人,翰林学士朱升之子,《明史》附见升传末。是集末有《范檥跋》,称洪武中以人材举,为东宫官,寻进礼部侍郎。而同时范准作《云汉归隐图跋》,则云由吏部员外郎升礼部侍郎。准字平仲,尝受业于升,与同交至契,所记宜得其实。又《明史》但载同坐事死,而不著其详。蒋一葵《尧山堂外纪》乃云'同以词翰受知,宫人多乞书便面。一日御沟有浮尸,帝疑之,遂赐死。'其说颇荒唐,未可信也。"④由此亦可知,因朱同的死因含有隐情,不同文献有不同记载。《四库全书总目》认为《尧山堂外纪》所言不足信。

关于朱同的情况,清人陈田在其《明诗纪事》中有按语言:"黄瑜《双槐岁抄》称:大同父升,得六壬之奥生子同,升课之曰:'此子后必遭妇人之祸。'天兵过徽,高皇帝素知升名,召问,遂预帷幄密议,临行问所愿欲,升跽而泣曰:'臣子同,后得全躯而死,臣在地下亦蒙恩不浅矣。'后同仕至礼部侍郎,善诗翰,大被宠遇,禁中画壁多其题咏,或令题诗赐宫人。忽御沟中有流尸,上疑之,将杀同,因念允升之请,令其自经。壬课精妙,亦至于此,与《尧山堂外纪》所言同一不经。今检《覆瓿集》有遭诬得罪赋诗见志云:'四十趋朝五十过,典章事业历研磨。九重日月瞻

---

① 康熙《休宁县志》卷六,人物,《中国方志丛书》本,台北:成文出版社,1970年;(明)戴廷明、程尚宽等撰,朱万曙、王平等点校:《新安名族志》,后卷,合肥:黄山书社,2004年,第434页;弘治《徽州府志》卷七,人物一,《天一阁藏明代方志选刊》本,上海:上海古籍书店影印,1964年;道光《徽州府志》卷一一,人物志,《中国地方志集成》本,南京:江苏古籍出版社,1998年;弘治《休宁志》卷一二,人物五,《北京图书馆古籍珍本丛刊》本,北京:书目文献出版社,1998年;康熙《徽州府志》卷一三,人物志,《中国方志丛书》本,台北:成文出版社,1970年。

② 《明史》卷一三六,列传第二十四,北京:中华书局,1974年。

③ 道光《休宁县志》卷十二,人物·文苑,《中国地方志集成》本,南京:江苏古籍出版社,1998年。

④ (清)永瑢等:《四库全书总目》卷一六九,集部二十二,别集类二十二,北京:中华书局,2008年,第1467页。

第四章　大典本《新安志》、《徽州府志》和《徽州府新安志》研究　125

依久,一代文章制作多。岂有黄金来暮夜,只愁白发老风波。归魂不逐东流水,直上长江诉汨罗。'盖以赃罪见诛也。"①这段按语对朱同的死因做了较为具体的分析。

在《安徽人物大辞典》中有关于"朱同"的记载,即:"朱同(1338—1385),字大同,号朱陈村民。朱升子,幼年随父隐于山野。明洪武十一年(1378)中举,任徽州府儒学教授,纂修《新安府志》。不久以父荫升任吏部,寻迁礼部右侍郎。后因受人诬陷,赐死。能文善武,擅长诗、书画。著有《覆瓿集》8 卷。"②此条资料指明朱同是受人诬陷而被赐死的。根据地方志的记载,朱同死后其墓建在歙县"桃梅下田干"③。

朱同长于诗文,现存文献保存了一些他写的诗文。如:《新安文献志》中收录了朱同撰写的《双节堂记》④、《书先子临晦庵夫子书尊德性斋铭后赠曹子纯》⑤、《朱学士升传》⑥、《孙上舍元京传》⑦、《赵司法希衢传》⑧、《吴万户讷传》⑨等文,以及《题黄石

---

① (清)陈田辑:《明诗纪事》甲籤卷一五,清陈氏听诗斋刻本。
② 戎毓明主编:《安徽人物大辞典》,北京:团结出版社,1992 年,第 78 页。
③ 道光《徽州府志》卷二,舆地志下,《中国地方志集成》本,南京:江苏古籍出版社,1998 年。
④ (明)程敏政辑撰,何庆善、于石点校:《新安文献志》卷十六,记,合肥:黄山书社,2004 年,第 409~410 页。
⑤ (明)程敏政辑撰,何庆善、于石点校:《新安文献志》卷二五,题跋,合肥:黄山书社,2004 年,第 539~540 页。
⑥ (明)程敏政辑撰,何庆善、于石点校:《新安文献志》卷七六,行实,合肥:黄山书社,2004 年,第 1854~1857 页。
⑦ (明)程敏政辑撰,何庆善、于石点校:《新安文献志》卷八八,行实,合肥:黄山书社,2004 年,第 2154 页。
⑧ (明)程敏政辑撰,何庆善、于石点校:《新安文献志》卷九三,行实,合肥:黄山书社,2004 年,第 2320~2321 页。
⑨ (明)程敏政辑撰,何庆善、于石点校:《新安文献志》卷九七,行实,合肥:黄山书社,2004 年,第 2503~2504 页。

汪茂卿溪山小隐卷》①、《上巳日苦雨寄汪彦晖》②等诗；《明诗纪事》中收录了他的十三首诗，包括《题画》、《散步至枫林》、《登子陵钓台有感》、《归故宅》、《上江山中即事》、《至枫林登东山楼有感》、《上巳日苦雨寄汪彦晖》、《题琴趣轩卷》、《泛舟严陵》、《杨妃上马图》、《墨菊寄方山程德明》、《竹枝词二首》③；《御定历代赋汇》④收录其《云赋》一篇。可以通过这些保存下来的诗文作品了解朱同在文学上的成就。

五、朱同的修志思想和修志情况

虽然朱同《新安志》原书已佚，依赖《永乐大典》保存了部分内容，所幸的是朱同撰写的《重编新安志序》被弘治《徽州府志》⑤、道光《徽州府志》⑥保留下来，朱同自己的《覆瓿集》里也收录了这篇序文，从这篇序言可以了解到朱同修志的思想和此志编修的一些基本情况。

为了说明问题，现将朱同《覆瓿集》收录的其《重修新安志序》全文抄录如下：

> 洪武九年春，有旨令各府州县纂辑图志，知徽州府事臣张孟善、复关同知徽州府事臣金石提督之，于是期集儒宿，摭采庶务，而命布衣臣朱同类辑成编。同窃伏自惟郡县之有志，犹历代之有史也，山川、人物之繁夥，制度、典章之错综因革之故，古今之变靡不具

---

① （明）程敏政辑撰，何庆善、于石点校：《新安文献志》卷五二，古诗七言，合肥：黄山书社，2004年，第1174页。
② （明）程敏政辑撰，何庆善、于石点校：《新安文献志》卷五五上，律诗七言，合肥：黄山书社，2004年，第1274页。
③ （清）陈田辑：《明诗纪事》甲籤，卷一五，清陈氏听诗斋刻本。
④ 《御定历代赋汇》卷六，天象，清文渊阁《四库全书》本。
⑤ 弘治《徽州府志》卷十一，词翰一·序，《天一阁藏明代方志选刊》本，上海：上海古籍书店影印，1964年。
⑥ 道光《徽州府志》卷十六，杂记·修志源流，《中国地方志集成》本，南京：江苏古籍出版社，1998年。

焉,是故不可以易言之也。况比年以来,干戈底定,所在板籍,百不一存,今乃搜求捃拾于焦土劫灰之后,而欲尽夫典故记录之详,其亦难矣。而新安则自宋之南渡,郡人罗愿博考遗书,网罗众说,辑成一书。巨细兼该,纲目备举,其问学之博、探索之勤,固有非他作者所能企及。后十六年四明刘炳守郡日,俾教授李以申续之。又八十年至元之延祐郡守朱济,又俾郡人洪焱祖再续焉。是三书者,幸犹不泯,他如梁萧几、王笃之记,唐之图经,宋太平兴国之广记,祥符之书,以至姚源之广录,则已不可得而见矣。然而三志之续作者非一,是以体制大纲,虽以祖述罗愿,而纪录之法重复驳杂不无有焉,今又续之则成四书,首尾一事而翻阅检讨已不胜其烦。盖必变而通之,提纲举目,错综比事,芟繁撮逸,旁搜总核,合为一编,然后可以为不刊之典,成一代之言,斯岂陋学浅识所能纂定,固辞不获,于是黾勉奉命条疏总会,四阅弦望,始克成书。深愧编次苍皇,不无挂漏,而爬罗剔抉,补缺正讹则有望于当代大人君子云。洪武十年丁巳冬十有二月既望,新安布衣臣朱同谨序。①

朱同《覆瓿集》收录的其《重编新安志序》与弘治《徽州府志》所收内容基本相同,但有个别地方存在差异。如,弘治《徽州府志》称,"同窃伏自郡县之有志",朱同《覆瓿集》则言"同窃伏自惟郡县之有志",多一"惟"字;弘治《徽州府志》称,"后六十年四明刘炳守郡日",朱同《覆瓿集》则言"后十六年四明刘炳守郡日",淳熙二年(1175年)罗愿修《新安志》到端平二年(1235年)李以申修《新安续志》,两者之间应为六十年,朱同《覆瓿集》中"后十六年"误,应为"后六十年";弘治《徽州府志》称,"翻阅检讨已不胜其繁",朱同《覆瓿集》则言"翻阅检讨已不胜其烦";弘治《徽州府志》称,"疏抓剔抉",朱同《覆瓿集》则言"爬罗剔抉";弘治《徽州府志》在序文结尾只有"新安布衣臣朱同谨序",

---

① (明)朱同:《覆瓿集》卷四,序,清文渊阁《四库全书》本。

朱同《覆瓿集》序末则注:"洪武十年丁巳冬十有二月既望,新安布衣臣朱同谨序。"

明代洪武初年,王朝初建,社会秩序还未稳定。洪武九年(1376年),明朝政府就下令全国各府州县编修志书,这应该是明朝建立之后全国范围内第一次大规模地纂辑志书的活动。明政府在这个时候下令全国范围内修志,其目的非常明显,主要是想在国朝建立之初,利用修志的机会,尽快掌握全国各地的基本情况,以便更好地建立正常的统治秩序,加强对全国的统治。方志"资治"的功能被明初统治者深刻认识并充分加以利用。

丰富的资料是方志编修取得成功的重要基础,朱同是非常重视方志编修的资料来源的。但他受命编修志书时面临的困难局面却是不容乐观的。由于战争等原因,各类书籍均遭到很大程度的毁坏,"比年以来,干戈底定,所在板籍,百不一存",而"梁萧几、王笃之记,唐之图经,宋太平兴国之广记,祥符之书,以至姚源之广录,则已不可得而见矣",明代以前编修的十部徽州府志只有宋代罗愿的《新安志》、李以申的《新安续志》和元代洪焱祖的《新安后续志》三部志书保存下来,朱同编修方志时能够参考的文献资料非常有限。尽管困难重重,朱同还是积极查找各类文献资料,充分利用当时保存下来的各类文献典籍,以期修好志书。朱同称自己编修《新安志》是:"搜求捃拾于焦土劫灰之后,而欲尽夫典故纪录之详其亦难矣。"其修志的难度和在搜集资料工作中所付出的艰辛劳动是可以想见的。丰富的资料是编修方志的重要基础,也是方志的生命力所在。方志因保存了一地丰富而翔实的资料具有"存史"之功,为各时期各级政府所重视,方志编修工作也因此持续下来。重视资料、充分利用现存资料是朱同修成《新安志》的基础,也是朱同《新安志》具有"存史"之功的体现。

关于地方志的性质历来就有不同的观点,有的认为是地理书,有的认为是史书,有的认为兼有史地两性,也有的认为方志是地方百科全书。朱同认为"郡县之有志,犹历代之有史也,山川、人物之繁夥,制度典章之错综因革之故,古今之变靡不具焉,是故不可以易言也"。将方志的地位与史书相等同,认为

"志"即是"史","地方志"就是"地方史",通过志书的记载可以了解一个地区山川、人物、典章制度的因革变化等方面的内容。朱同本人非常重视方志的价值,也非常重视志书的编修,因此当"洪武九年春,有旨令各府州县纂辑图志"时,当徽州地方官张孟善、金石邀请他编修方志时,他便欣然应允,主持编修了这部十卷本的《新安志》。

从这篇志序看,朱同是非常推崇罗愿编修的《新安志》的,认为罗愿的志书"博考遗书,网罗众说","巨细兼该,纲目备举",是一部非常优秀的地方志书。朱同认为,内容丰富翔实、资料考证精当、容纳各家之说是一部优秀方志所应具备的基本质量要求。一部方志要想达到这样的质量标准并非易事,一方面要求修志者自身具有较高的理论素养和研究能力,另一方面不仅要求修志者广泛查阅资料,搜集多方面的材料,而且还要对搜集到的资料进行仔细的筛选,对选取留用的资料进行精确的考证,以保证资料的恰当和准确。因为志书内容和资料非常丰富,朱同认为用纲目体来编排志书是比较合适的,这样不仅可以容纳大量的资料,也可以做到条目清晰、层次分明,既方便阅读,也方便使用。由此可知,朱同《新安志》采用的应该是纲目体。

关于修志的方法和原则,朱同也有自己的思考。继承前志的成果是修志的一般原则。朱同修志不仅秉承了这一原则,而且还提出了新的要求。朱同修志时罗愿、李以申、洪焱祖三志"幸犹不泯",朱同原本可以直接加以借鉴和继承,再补充元代延祐六年(1319年)到明洪武九年(1376年)间的内容,就可以完成整个修志任务。但朱同认为"三志之续作者非一,是以体制大纲,虽祖述罗愿,而纪录之法重复驳杂不无有焉",所以要想通过简单地继承前志来达到编修出一部质量上乘的好志书的目的是不可能的。尽管修志时面临很多困难,但朱同不仅没有放弃,而且还对修志提出了更高的要求,不以简单地继承三志为满足,他认为如果仅仅继承前人之志,也可以"续之则成四书",但会出现"首尾一事而翻阅检讨已不胜其烦"的情况,读之必然觉得索然无味,毫无新意。为此,朱同对修志提出了新的标准和要求,不仅要继承三志的优秀成果,而且对三志要"变而通之",希望编修出来的志书"可以为不刊之典,成一代之言"。为了修好此志,朱同和其他编修者确实是下了一番工夫,"错综比事,芟繁摭逸,旁搜总括",最终完成了这部纲目体志书的编修。在修志过程中,朱同一直坚持继承、变通、创新的基本原则,而这些原则也是当前修志工作应当秉承的。

朱同对于方志的质量要求很高,对于修志人员的素质要求自然也很高。他认为一部高质量的方志不是"陋学浅识"之人"所能纂定"的,修志人员应当"问学博"、"探索勤"。朱同本人就已经具备了这些素质。朱同是学士朱升之子,家学渊源,再加上自己聪明好学,因而既能够师承家学,又能够形成自己的思想,有着较高的学术修养和文字功底,这些是他能够承担起修志负责人角色的条件和基础。他充分认识到了"志才"对于编修一部高质量志书的重要性,所以修志之前"期集儒宿",聘请了不少高素质的修志人员参与修志。这一切应当都是《新安志》质量得以保证的重要基础。重视修志人员的素质,聘请具备高素养、高能力的修志人员参与修志是保证志书质量的先决条件。这一点也是当今修志工作应该借鉴和注意的。

虽然困难重重,但朱同还是做了很多努力,对前三志做了大量补充和发展工作,修成明朝第一部徽州府志,此志的体例、结构和内容对后世方志编修产生了一定影响。从后世对朱同《新安志》所持的肯定态度看,朱同《新安志》的质量当属上乘。在弘治以前编修的几部明代徽州府志中,朱同《新安志》是质量最好的,所以才能够受到人们的重视,到弘治十五年(1502年)续修徽州府志时仍然能够留存于世。朱同严谨的治学态度、追求创新和变通的修志原则、重用高素质修志人员的修志态度是志书质量的保证,也是当前方志编修工作中应当继承和发扬的。

虽然朱同《新安志》原书已佚,无法看到其本来面貌,但在这样一位主修人的领导下,在这样一种修志原则和思想的指导下,朱同《新安志》在内容上不但有继承前人成果之处,更有超越前人的地方。

六、大典本朱同《新安志》佚文的价值

在《永乐大典方志辑佚》辑出的十部徽州方志中,朱同《新安志》佚文内容最为丰富,涉及面也最广。在尚无其他辑本出现的情况下,《永乐大典方志辑佚》便成为目前关于《永乐大典》收录的朱同《新安志》佚文最全面的辑本。

现存徽州府志中,宋代仅存南宋淳熙二年(1175年)罗愿编修的《新安志》,这是现存最早的一部徽州府志,明代仅存三志,最早的一种是弘治十五年(1502年)编修的《徽州府志》。自淳熙二年(1175年)罗愿修志到弘治十五年(1502年)编修《徽州府志》,其间三百二十多年的时间里,虽然《新安广录》、《新安续志》、《新安广录续编》、《新安后续志》等徽州府志相继问世,但原志均已亡佚,不得复见。虽南宋端平二年(1235年)李以申所修之《新安续志》,元代延祐六年(1319年)洪焱祖所修之《新安后续志》已有辑佚①,但在辑出的内容和类目上均无法与朱同《新安志》佚文相比。另外,朱同修志是以继承前志优秀成果、补充新材料、超越前志为宗旨的,因此他纂修的这部《新安志》在内容上应该更为丰富,更能反映明代初年以前徽州地区社会发展的总体情况。从现存徽州府志和残志佚文看,朱同《新安志》佚文有上承宋元下启明代之功。

大典本朱同《新安志》佚文现存四千五百多字,其内容涉及徽州府所辖歙县、休宁、婺源、祁门、黟县、绩溪六县,主要分为地理、经济、人物、文化、遗事等几大类,包括【山川】、【土产】、【官署】、【仓廪】、【古迹】、【人物】、【诗文】、【遗事】、【物产】等九个类目,共四十九条资料,收录了有关山岭、湖泊、古迹、人物、墓葬、竹木、粮食、药材、织染局、杂造局、平准仓、际留仓、义仓、常平仓、社仓、永丰仓、端平仓、村落、诗文、佚事、文献、贡纸等

---

① 马蓉等点校:《永乐大典方志辑佚》对此二志有辑佚(第2册,中华书局,2004年,第1053~1056页)。

方面的内容,为了解春秋、战国、三国、晋、南朝梁、陈、唐、南唐、宋、元以及明初徽州地区社会历史发展的基本情况提供了一些线索。

(一)地理类资料的价值

地理类资料共有十九条,可分为自然地理和人文地理两部分,自然地理是十六条山川方面的资料,包括十四座山岭、两个湖泊。主要记载了这些山岭和湖泊的地理位置、交通、特征、名称的来历、有关的传说以及诗文等方面的资料。人文地理是三条古迹方面的内容,主要记载了这些古迹的地理位置、名称的来历以及有关的历史事实。地理类资料除了提供山川、古迹地理位置方面的资料,还提供了诸如交通、历史传说和事实以及文化方面的内容,涉及春秋、战国、三国、晋、南朝梁、唐、南唐、宋等时期的资料,为了解这些时期徽州地区历史发展过程中多方面的问题提供了丰富的参考资料。

1. 新岭,在祁门县。东行则有仙人岩,以至于丛山关,又南行至大鄣山,皆其干也。其阳则水入于歙,其阴则水入于旌德县,故有岭南、岭北之分。其上为官道,走旌德。王荆公为江东提刑时有《度麇岭》诗,用此旌麇字,"凌晓常行云气中"。又有诗云:"晓度藤溪霜落后,夜过翚岭月明中。"则又用此翚雉字。然《太平广记》载绩溪有大徽村。又宣和中改州为徽。说者以为取此岭为名,则徽字近是。[册一百二二卷一一九八〇页五]①

这条资料包含了六个层次的内容,不仅介绍了新岭的地理位置、山岭向东和向南的交通线路、周围河流走向的情况,还引用了王安石的两句诗文,保存了《太平广记》里的一条资料,并论及"歙州"改为"徽州"的原因。这虽是自然地理方面的资料,却又蕴含着文化的内容。短短数语包含了六层意思,可谓言简而意赅。现存最早的徽州府志罗愿的《新安志》只是在介绍"塌岭"时提到了"新岭"的有关情况,即:"塌岭,在东北百五里,高二十八仞,周九里,自芙蓉以下皆中通驿路,接休宁之新岭,凡

---

① 马蓉等点校:《永乐大典方志辑佚》,第 2 册,北京:中华书局,2004年,第 1056~1057 页。

第四章　大典本《新安志》、《徽州府志》和《徽州府新安志》研究　133

号五岭,县走郡之道也,旧由大坂趋郡,数苦水潦,后更从此五岭,几及百年,或亦自浙岭往来"①,并没有对"新岭"进行专门的介绍,使人无法了解到有关"新岭"的更多情况。另外,李以申《新安续志》、洪焱祖《新安后续志》虽经辑佚,但皆未辑出有关"新岭"的资料,因此,朱同《新安志》佚文保存的"新岭"的资料是现存徽州府志中最早的。

现存其他通志、府志、县志介绍休宁县山川时多有关于"新岭"的记载。如,弘治《徽州府志》载:"新岭,在县西南七十里,高六百余仞,周二十里,西合婺源芙蓉等岭为五岭。"②康熙《徽州府志》③、康熙《休宁县志》④、道光《休宁县志》⑤所载略同。嘉靖《徽州府志》:休宁"南七十里曰新岭,山称高峻"⑥。《清一统志》载:"新岭,在休宁县南七十里,周二十里。西连婺源芙蓉诸岭,名五岭,往来通道。岭南有地名黄茆,可由小径直达,为防御地。"⑦嘉庆《重修一统志》⑧、道光《徽州府志》⑨、光绪《重修安徽通志》⑩亦有相似记载。

这些方志主要记载新岭的地理位置、高度和广度,并点明

---

① 罗愿:《新安志》卷五,清嘉庆十七年(1812年)刻本。
② 弘治《徽州府志》卷一,地理一·山川,《天一阁藏明代方志选刊》本,上海:上海古籍书店影印,1964年。
③ 康熙《徽州府志》卷二,舆地下·山川,《中国方志丛书》本,台北:成文出版社,1970年。
④ 康熙《休宁县志》卷一,方舆·山川,《中国方志丛书》本,台北:成文出版社,1970年。
⑤ 道光《休宁县志》卷一,疆域·山川,《中国地方志集成》本,南京:江苏古籍出版社,1998年。
⑥ 嘉靖《徽州府志》卷二,山川志,《北京图书馆古籍珍本丛刊》本,北京:书目文献出版社,1998年。
⑦ (清)和坤等奉敕撰:《钦定大清一统志》卷七八,《四库全书》本,上海:上海古籍出版社,1987年。
⑧ 《嘉庆重修一统志》卷一一二,徽州府·山川,《中国古代地理总志丛刊》本,北京:中华书局,1986年。
⑨ 道光《徽州府志》卷二,舆地下·山水,《中国地方志集成》本,南京:江苏古籍出版社,1998年。
⑩ 光绪《重修安徽通志》卷二五,舆地志·山川,清光绪四年(1878年)刻本。

了新岭为往来交通之要道的事实，内容基本相同，所以上述方志记载的"新岭"应该是同一座山岭，在休宁县。虽然同为"新岭"，朱同《新安志》佚文与上述各志的记载在内容上有很大的不同，而且从山岭的地理位置看，朱同《新安志》佚文中的"新岭"在祁门县，上述各志所载"新岭"在休宁县南或西南七十里。虽然休宁和祁门两县接壤，但佚文中只提及祁门，而没有具体的方位，也没有关于"新岭"高度和广度的记载，更重要的是朱同《新安志》佚文与其他方志的记载在内容上根本不同，所以尚无法根据佚文和上述方志的记载来确定这两个"新岭"是不是同一座山岭。但无论是不是同一座山岭，由于与现存其他方志的记载多有不同，所以朱同《新安志》佚文保存的"新岭"的资料便是一条新资料，为认识徽州地区自然地理状况以及相关的文化内涵提供了新的参考。

另外，笔者在查阅资料时发现有些文献中记载的"徽岭"或"徽岭山"的内容与朱同《新安志》佚文的内容有不少相同的地方，现摘录如下以为说明。罗愿《新安志》载："徽岭，在（绩溪县）西北十里，高四百五十仞，周三十里，旧名大尖山。其上为官道，走旌德道也。'凌晓常行云气中'。王荆公为江东提刑时有《度麾岭》诗，用此旌'麾'字。又有诗云'晓度藤溪霜落后，夜过翚岭月明中'，则又用此'翚'雉字。然《太平广记》载绩溪有大徽村。又宣和中改州为徽，说者以为取此岭为名则徽字近是。"①《舆地纪胜》载："徽岭，在绩溪县西北十里，王荆公为江东提刑时有《度徽岭》诗云：'晓度藤溪霜落后，夜过翚岭月明中'。"②《元一统志》载："徽岭，在绩溪县西北十里。高四百一十仞，周三十里。旧名尖山，上有官路通旌德，晓行如在云气中。昔王安石为江东宪，有诗云：'晓度藤溪霜露后，夜过徽岭月明中'是也。"③《清一统志》载："徽岭山，在绩溪县西北。《元和郡

---

① 罗愿：《新安志》卷五，绩溪·山阜，清嘉庆十七年（1812年）刻本。
② （宋）王象之：《舆地纪胜》卷二〇，江南东路·徽州·景物上，扬州：江苏广陵古籍刻印社，1991年。
③ （元）孛兰肹等撰，赵万里校辑：《元一统志》卷八，徽州路，北京：中华书局，1966年，第612页。

县志》:徽岭山在泾县东南二百五十里,泾水所出。《明统志》:在绩溪县西北十五里,一名翚岭,旧名大尖山,周三十里,东北接仙人岩,东南抵障山,西北连新岭,为南北通衢。"①《江南通志》:"徽岭山,在绩溪县西北十五里,一名大尖山,徽水出焉。王安石有《度麾岭》诗作'麾'字,又诗'晓渡藤溪霜落后,夜过翚岭月明中',又作'翚'字。《太平广记》载:绩溪'大徽村',改州为徽取此,从徽字为是。西北连凛山、佛论、新岭,东抵丛山关,南接大鄣。"②另外,《大明一统名胜志》③、《明一统志》④、光绪《重修安徽通志》⑤中也载有"徽岭(山)"的资料。虽然这些记载中关于王安石诗句的内容基本上与朱同《新安志》佚文相同,但所载之山岭皆称作"徽岭"或"徽岭山",而且皆在绩溪县。上述记载多称"徽岭山"和"新岭"相连,因此可以确定这两座山虽然相连,但却是两座不同的山岭。但是为什么朱同《新安志》佚文中王安石的诗句用于"新岭"资料中,而现存其他文献则用于"徽岭山"的资料里,或许是因为两山相连,山体特征有相似的地方,故而将王安石的《度麾岭》诗既用于歌咏"新岭",又用于歌咏"徽岭(山)"。

虽然无法确定王安石诗句描述的对象是新岭还是徽岭,但两种记载却可以互为参考,以便发现异同,订正讹误。《元一统志》中"晓度藤溪霜露后"一句中的"露"字当为"落"字之误,两字应为音近而误。朱同《新安志》佚文为校勘其他文献记载提供了参考。

2.石墨岭,在黟县南八十里。出石断裂齐截,黑质黑章,脆腻易折,不可磨。今释氏多采之以染衣。[册一百二二卷一一

---

① (清)和坤等奉敕撰:《钦定大清一统志》卷七八,《四库全书》本,上海:上海古籍出版社,1987年。
② (清)赵弘恩等监修:《江南通志》卷十五,《四库全书》本,上海:上海古籍出版社,1987年。
③ (明)曹学佺:《大明一统名胜志》卷五,《四库全书存目丛书》本,济南:齐鲁书社,1996年。
④ (明)李贤等奉敕撰:《明一统志》卷十六,《四库全书》本,上海:上海古籍出版社,1987年。
⑤ 光绪《重修安徽通志》卷二五,舆地志,清光绪四年(1878年)刻本。

九八〇页五]①

这条资料介绍了"石墨岭"的位置以及所产石墨的特点和用途。罗愿《新安志》没有专门条目来介绍"石墨岭",只是在"石墨井"一条中夹杂了对它的介绍,但不称其为"石墨岭",而称为"墨岭"。罗愿《新安志》载:"石墨井,在(黟)县南十六里。《方舆记》云:墨岭上出石墨,土人采之以书,采处成井,今为水所淙,其井转深。《寰宇记》云:墨岭上有石特起十余丈,峰若剑峙,有灵鼓潜发令长,每以为候鸣则不利,岭旁窦出石墨可书。又《新安图经》云:岁贡柿,心墨木,黟之字县,职此之由。据《寰宇记》有石鼓则是前戢兵山矣,又云:墨岭山上有穴,中有墨石软腻,土人取为墨,色甚鲜明,可以记文字。按:今石墨岭墨极縻烂,乃未闻采以书者,用以染皂,色深而香不假他物也。"②这段资料介绍"石墨井"地理位置之外,还大量引用了其他文献记载中关于"墨岭"的内容,以说明石墨的特点、用途以及石墨井形成的原因。通过比较,朱同《新安志》佚文和罗愿《新安志》关于"石墨岭"的记载有着很大的差异。朱同《新安志》佚文对罗愿《新安志》是一个补充。

现存其他文献多载有"石墨岭"的资料,大多也称其为"墨岭"。《太平御览》载:"《歙州图经》曰:黟县有墨岭,上有石如墨,色软腻,土人取以为墨。"③弘治《徽州府志》载:"墨岭,在(黟)县南十六里。岭产石墨,土人采之以画,久而成井,号曰'石墨井'。按今石墨縻烂,不可以书画,惟染皂色颇佳。"④《明一统志》⑤、康熙《徽州府志》⑥皆有类似记载。嘉靖《徽州府志》

---

① 马蓉等点校:《永乐大典方志辑佚》,第2册,北京:中华书局,2004年,第1057页。
② 罗愿:《新安志》卷五,黟县·古迹,清嘉庆十七年(1812年)刻本。
③ (宋)李昉等:《太平御览》卷五四,四部丛刊三编景宋本。
④ 弘治《徽州府志》卷一,地理一·山川,《天一阁藏明代方志选刊》本,上海:上海古籍书店影印,1964年。
⑤ (明)李贤等奉敕撰:《明一统志》卷十六,《四库全书》本,上海:上海古籍出版社,1987年。
⑥ 康熙《徽州府志》卷二,舆地志下·山川,《中国方志丛书》本,台北:成文出版社,1970年。

第四章　大典本《新安志》、《徽州府志》和《徽州府新安志》研究　137

载:"墨岭,墨宜染皂。岭有峰峦,其形如剑。有灵鼓潜发,令长候鸣以卜吉凶。"①嘉庆《黟县志》载:"石墨岭,《寰宇记》云:在(黟)县南十八里,岭上有石如墨,岭有穴,中有石墨软腻,土人取为墨,色碧甚鲜明可以记文字。又云县南十六里有石墨井,是昔采墨之所,今为悬水所漂,其井转深,其实井即墨穴也,今采墨仅染皂耳。或言其上亦有灵鼓潜发,令长候之以占吉凶。"②《江南通志》③、《清一统志》④、《大明一统名胜志》⑤、《嘉庆重修一统志》⑥、光绪《重修安徽通志》⑦所载内容相似。上述文献均谈及石墨的特点,但朱同《新安志》佚文记载的石墨的特点与这些记载不同,为全面认识徽州地区自然地理状况和地方物产提供了新的参考。

3. 危峰岭,在徽州府歙县南九十里,高十里,来自休宁之白际,南界于睦之遂安县。[册一百二二卷一一九八〇页六]⑧

这条资料记载了"危峰岭"的地理位置、山峰高度以及山峰走向几个方面的情况。罗愿《新安志》中没有关于"危峰岭"的记载,李以申《新安续志》、洪焱祖《新安后续志》佚文均未辑出"危峰岭"的资料,因此,朱同《新安志》佚文便是目前徽州府志中关于"危峰岭"的最早的记载。

弘治《徽州府志》记载歙县山川时有如下内容:"危峰岭,在

---

① 嘉靖《徽州府志》卷二,山川志,《北京图书馆古籍珍本丛刊》本,北京:书目文献出版社,1998年。

② 嘉庆《黟县志》卷二,地理·山川,《中国地方志集成》本,南京:江苏古籍出版社,1998年。

③ (清)赵弘恩等监修:《江南通志》卷十五,《四库全书》本,上海:上海古籍出版社,1987年。

④ (清)和坤等奉敕撰:《钦定大清一统志》卷七八,《四库全书》本,上海:上海古籍出版社,1987年。

⑤ (明)曹学佺:《大明一统名胜志》卷五,《四库全书存目丛书》本,济南:齐鲁书社,1996年。

⑥ 《嘉庆重修一统志》卷一一二,徽州府,《中国古代地理总志丛刊》本,北京:中华书局,1986年。

⑦ 光绪《重修安徽通志》卷二五,舆地志,清光绪四年(1878年)刻本。

⑧ 马蓉等点校:《永乐大典方志辑佚》,第2册,北京:中华书局,2004年,第1057页。

县南九十里,其高十仞,发脉自休宁白际山。"①此条资料与《新安志》佚文所载内容的前半部分意思基本相同,但却没有记载危峰岭南界的情况,相比而言,朱同《新安志》佚文更加全面一些,补充记载了"危峰岭"最南端位置的有关资料。弘治《徽州府志》的这条资料应该是继承朱同《新安志》而略加修改的。其他文献中也有不少记载"危峰岭"的。嘉靖《徽州府志》载,歙县"南九十里曰危峰岭,支发休宁白际"②;康熙《徽州府志》载,歙县"南九十里曰危峰岭,发脉休宁白际"③;《清一统志》④、嘉庆《重修一统志》⑤、光绪《重修安徽通志》⑥、道光《徽州府志》⑦皆载有相关资料。民国《歙县志》称,歙县"西南至浙江遂安县界危峰岭九十里,由危峰岭至遂安县八十里","新岭、危峰均称天险"⑧。从现存文献保存的"危峰岭"的资料看,朱同《新安志》不仅记载了危峰岭的南部边界,还记载了它的高度,而其余各志皆未记载这些内容。这充分说明了朱同《新安志》佚文具有重要的史料价值,为认识徽州地区的自然地理条件提供了新的依据。

4. 方吴岭,在歙县南九十里危峰之东高倍岭之巅,有小岭七十有二,徽达遂安之接径也。其麓曰石门,水北流合白际之

---

① 弘治《徽州府志》卷一,地理一·山川,《天一阁藏明代方志选刊》本,上海:上海古籍书店影印,1964年。

② 嘉靖《徽州府志》卷二,山川志,《北京图书馆古籍珍本丛刊》本,北京:书目文献出版社,1998年。

③ 康熙《徽州府志》卷二,舆地志下·山川,《中国方志丛书》本,台北:成文出版社,1970年。

④ (清)和珅等奉敕撰:《钦定大清一统志》卷七八,《四库全书》本,上海:上海古籍出版社,1987年。

⑤ 《嘉庆重修一统志》卷一一二,徽州府,《中国古代地理总志丛刊》本,北京:中华书局,1986年。

⑥ 光绪《重修安徽通志》卷二五,舆地志,清光绪四年(1878年)刻本。

⑦ 道光《徽州府志》卷二,舆地下,《中国地方志集成》本,南京:江苏古籍出版社,1998年。

⑧ 民国《歙县志》卷一,舆地志·疆域,《中国地方志集成》本,南京:江苏古籍出版社,1998年。

第四章　大典本《新安志》、《徽州府志》和《徽州府新安志》研究　139

水以达于浙。[册一百二二卷一一九八〇页六]①

这条资料主要介绍了"方吴岭"的地理位置、高度和交通情况。"方吴岭"的资料在罗愿《新安志》中未曾涉及，李以申《新安续志》、洪焱祖《新安后续志》佚文均未辑出"方吴岭"的资料，因此朱同《新安志》佚文便是目前徽州府志中的最早的记载。

弘治《徽州府志》②继承了朱同《新安志》的内容，嘉靖《徽州府志》③、康熙《徽州府志》④、道光《徽州府志》⑤、嘉庆《重修一统志》⑥、光绪《重修安徽通志》⑦等关于"方吴岭"的记载也与朱同《新安志》佚文基本相同，只有个别字词有差异。由于方志编修所具有的承继性，有关"方吴岭"的资料才保存于方志中并流传至今。

5. 石莲岭，在歙县西六十里。[册一百二二卷一一九八〇页六]

6. 碎石岭，在歙县西七十里。以岭多碎石，因而名焉。[册一百二二卷一一九八〇页六]

7. 剥岭，在歙县东三十里柳山乡，岭北接宁国界。[册一百二二卷一一九八〇页六]

8. 上臬岭，在歙县西五十里。[册一百二二卷一一九八〇页六]

---

① 马蓉等点校：《永乐大典方志辑佚》，第 2 册，北京：中华书局，2004 年，第 1057 页。
② 弘治《徽州府志》卷一，地理一·山川，《天一阁藏明代方志选刊》本，上海：上海古籍书店影印，1964 年。
③ 嘉靖《徽州府志》卷二，山川志，《北京图书馆古籍珍本丛刊》本，北京：书目文献出版社，1998 年。
④ 康熙《徽州府志》卷二，舆地志·山川，《中国方志丛书》本，台北：成文出版社，1970 年。
⑤ 道光《徽州府志》卷二，舆地下·山川，《中国地方志集成》本，南京：江苏古籍出版社，1998 年。
⑥ 《嘉庆重修一统志》卷一一二，徽州府，《中国古代地理总志丛刊》本，北京：中华书局，1986 年。
⑦ 光绪《重修安徽通志》卷二五，舆地志，清光绪四年（1878 年）刻本。

9. 硶岭,在歙县北二十里。[册一百二二卷一一九八〇页六]①

10. 长林岩,在直隶徽州府婺源县。即五圣发迹之地,先君建道院于此。[册一百卷九七六四页十八]②

这六座山岭的资料主要介绍了山岭所在的地理位置,每条资料均不超过二十字,但这六条资料的价值却不容忽视。罗愿《新安志》未加记载,而李以申《新安续志》、洪焱祖《新安后续志》佚文均未辑出这六座山岭的资料,朱同《新安志》佚文是目前徽州方志中关于这六座山岭的最早的记载。而且,因为这六座山岭的资料在现存徽州方志中很难见到,因此,这六条资料是极为重要的资料,它为认识徽州地区的自然地理状况提供了全新的参考,具有补充史料的价值。

11. 五峰岩,在直隶徽州府祁门县东北十里。昔有韩氏子坐禅于此,尝降乳虎。[册一百卷九七六五页六]③

这条资料介绍了五峰岩的地理位置和与其有关的传说。罗愿《新安志》在介绍祁门山川时载:"五峰岩,在东北十里。昔有韩氏子坐禅于此,常降乳虎。"④朱同《新安志》是以罗愿《新安志》为参考,并继承了其中的重要内容。罗愿《新安志》的记载和大典本《徽州府志》佚文基本相同正说明了这一点。后世的弘治《徽州府志》⑤、嘉靖《徽州府志》⑥、康熙《徽州府志》⑦、道光

---

① 马蓉等点校:《永乐大典方志辑佚》,第 2 册,北京:中华书局,2004 年,第 1057 页。

② 马蓉等点校:《永乐大典方志辑佚》,第 2 册,北京:中华书局,2004 年,第 1047 页。

③ 马蓉等点校:《永乐大典方志辑佚》,第 2 册,北京:中华书局,2004 年,第 1047 页。

④ 罗愿:《新安志》卷四,祁门·山阜,清嘉庆十七年(1812 年)刻本。

⑤ 弘治《徽州府志》卷一,地理一·山川,《天一阁藏明代方志选刊》本,上海:上海古籍书店影印,1964 年。

⑥ 嘉靖《徽州府志》卷二,山川志,《北京图书馆古籍珍本丛刊》本,北京:书目文献出版社,1998 年。

⑦ 康熙《徽州府志》卷二,舆地志下·山川,《中国方志丛书》本,台北:成文出版社,1970 年。

《徽州府志》①皆有关于"五峰岩"的记载,内容与上述二志基本相同,也是对前志的继承。

12. 灵岩,在徽州府州城西北一百二十里。中有洞灵观,观之东北曰庆云洞,岩窦皆五色,两崖瀑流之,上有真人鸾鹤云霞之众②。更入四五十步许,则有芝田灵草,罗列左右。遇春瀑涨,则破帆烂桨流出。西曰莲花洞,入百步,有大石室,广十方,有象高一丈八尺,旁有羽盖幡幢狮子镈罍芝草,皆乳石结成。遇拜章投龙,诚感所致,往往有仙乐、庆云,珍禽奇兽致花果于像前。又有天井,深不可测。南曰含虚洞,洞有二重,外狭内平,有积雪台、沉香峰。是为三洞,皆与浙岭率山相连。〔册一百卷九七六六页一〕③

这条资料主要介绍了"灵岩"的地理位置、组成结构、特色等方面的内容。"灵岩"的资料在现存徽州方志中多有记载。罗愿《新安志》载:"灵岩三洞,在(婺源)西北百二十里。中有洞灵观,观之东北曰庆云洞,岩窦皆五色。两崖瀑流之上,有真人鸾鹤云霞之象。沂流秉烛而入者,行可四五十步,则芝田灵草,罗列左右。遇春雨暴涨,有破帆烂桨流出。西曰莲华洞,入百步,有大石室,广十丈,有像高丈八尺,旁有羽盖幡节、狮子镈罍、还丹芝草,皆乳石所成。遇拜章投龙,往往有仙乐、庆云,或珍禽奇兽致花果于像前。又有天井,深不可测。南昌含虚洞,洞有二重,外狭而内平,有积雪台、沈香峰,及唐神仙所画龙。是为三洞,皆襟带浙岭、联连率山。"④朱同《新安志》佚文和罗愿《新安志》的记载基本相同,应是对后者的继承,只是少了"旧说者以为三天子都在率东,岂谓是耶?"一句。后世的弘治《徽州

---

① 道光《徽州府志》卷二,舆地下·山川,《中国地方志集成》本,南京:江苏古籍出版社,1998年。
② "众"字在《永乐大典》(中华书局,1986年,第4218页)中为"象"字。
③ 马蓉等点校:《永乐大典方志辑佚》,第2册,北京:中华书局,2004年,第1047页。
④ 罗愿:《新安志》卷五,婺源·山阜,清嘉庆十七年(1812年)刻本。

府志》①、康熙《徽州府志》②、道光《徽州府志》③、民国《婺源县志》④皆是继承了前志的优秀成果。

罗愿《新安志》中"南昌含虚洞",在朱同《新安志》中为"南曰含虚洞",弘治《徽州府志》亦称"南曰含虚洞"。根据文献记载以及文义,当以"南曰含虚洞"为长,"昌"字误,应为"曰"。朱同《新安志》为校勘现存文献记载提供参考。

13. 石人岩,在直隶徽州府休宁县西七里。有石高五十仞许,状如人,冠方巾,背溪面山而立。[册一百卷九七六四页十七]⑤

这条资料主要介绍了"石人岩"的地理位置,以及它的外形特征。罗愿《新安志》中没有"石人岩"的记载,李以申《新安续志》和洪焱祖《新安后续志》佚文皆未辑出相关的内容,因此,朱同《新安志》佚文便是目前徽州方志中关于"十里岩"的最早的记载,这条资料为后世方志所继承。弘治《徽州府志》⑥、弘治《休宁志》⑦、嘉靖《徽州府志》⑧、康熙《徽州府志》⑨、康熙《休宁

---

① 弘治《徽州府志》卷一,地理一·山川,《天一阁藏明代方志选刊》本,上海:上海古籍书店影印,1964年。
② 康熙《徽州府志》卷二,舆地志下·山川,《中国方志丛书》本,台北:成文出版社,1970年。
③ 道光《徽州府志》卷二,舆地下·山川,《中国地方志集成》本,南京:江苏古籍出版社,1998年。
④ 民国《婺源县志》卷四,疆域·山川,民国十四年(1925年)刻本。
⑤ 马蓉等点校:《永乐大典方志辑佚》,第2册,北京:中华书局,2004年,第1047页。
⑥ 弘治《徽州府志》卷一,地理一·山川,《天一阁藏明代方志选刊》本,上海:上海古籍书店影印,1964年。
⑦ 弘治《休宁志》卷一,山川,《北京图书馆古籍珍本丛刊》本,北京:书目文献出版社,1998年。
⑧ 嘉靖《徽州府志》卷二,山川,《北京图书馆古籍珍本丛刊》本,北京:书目文献出版社,1998年。
⑨ 康熙《徽州府志》卷二,舆地志下·山川,《中国方志丛书》本,台北:成文出版社,1970年。

县志》①、道光《徽州府志》②、道光《休宁县志》③等皆有相似记载。

14. 十里岩,在直隶徽州府绩溪县东十里。每久雨初霁,人见朱砂一颗,在半岩如盘盂,与日争光,隐现不常,莫得取也。[册一百卷九七六五页八]④

这条资料主要介绍了"十里岩"的地理位置,以及它雨后初霁的独特景色。罗愿《新安志》未载"十里岩"的资料,李以申《新安续志》和洪焱祖《新安后续志》佚文未辑出"十里岩"的内容,朱同《新安志》佚文是目前徽州方志中关于"十里岩"的最早的记载。弘治《徽州府志》介绍绩溪县山川时记载:"十里岩,在(绩溪)县东十里,壁立奇险,经其下者,不敢徐步。每久雨初霁,日射岩畔,光如盘盂,仿佛朱砂隐见不常。又有石断裂如斧斫痕。"⑤康熙《徽州府志》⑥、道光《徽州府志》⑦所载略同。这些方志是对朱同《新安志》的继承。在内容上,后世方志与朱同《新安志》佚文有所不同,朱同《新安志》佚文主要集中描绘了"十里岩"雨后初霁神妙莫测的景象,而后世方志除此之外还强调了"十里岩"崖壁险峻、天然工成的特点。两种记载可互为补充。

15. 黄墩湖,在歙县西南四十五里,阔二十余丈,长三百步,众水所潴。湖旧有蛟,湖侧居人程灵洗者,好勇善射,夜梦白衣道士告曰:"吾数为吕湖蛟所困,明日当复来,君能见助,当有厚

---

① 康熙《休宁县志》卷一,舆地志·山川,《中国方志丛书》本,台北:成文出版社,1970年。

② 道光《徽州府志》卷二,舆地下·山川,《中国地方志集成》本,南京:江苏古籍出版社,1998年。

③ 道光《休宁县志》卷一,疆域·山川,《中国地方志集成》本,南京:江苏古籍出版社,1998年。

④ 马蓉等点校:《永乐大典方志辑佚》,第2册,北京:中华书局,2004年,第1048页。

⑤ 弘治《徽州府志》卷一,地理一·山川,《天一阁藏明代方志选刊》本,上海:上海古籍书店影印,1964年。

⑥ 康熙《徽州府志》卷二,舆地志下·山川,《中国方志丛书》本,台北:成文出版社,1970年。

⑦ 道光《徽州府志》卷二,舆地下·山川,《中国地方志集成》本,南京:江苏古籍出版社,1998年。

报。"灵诜问:"何以为识?"道士曰:"来白练者我也。"许之。旦日率里中少年鼓噪于湖上,顷之,波涌大声如雷,有二牛相奔触,其一肩白者甚困,灵诜射黑牛,中之。俄而阴晦廓然,湖水皆变。明日,有蛟死于吉阳滩下,吕湖由是渐塞,后名其滩曰蛟滩。以上蛟及此蛟滩,本字并辰下虫。未几,灵诜偶出,有道人过其母乞食,食已,令母随行。至山上,以白石识地曰:"葬此可以骤贵。"灵诜还,母语之,因葬其父于此。已而灵诜官仪同封侯,宅其湖东二里,南有大橐可数十围,号千年木,乡人立祠其下。墓在湖西北黄牢山下,云黄墩,地广衍。黄巢之乱,中原衣冠避地者,相与保于此。及事定,留居新安,或稍散之傍郡。今人即灵诜墓处为坛,水旱祷者八十余社。灵诜事见《祥符经》,与欧阳公所书张龙公事相类,姑载之。自余鳄滩灶井及祁门蛟泽①之属尤怪诞无补者,皆不取。[册十八卷二二六一页二十]②

"黄墩湖",亦称"篁墩湖"、"相公湖",关于它的记载在徽州方志中多能见到。朱同《新安志》佚文与罗愿《新安志》③基本相同,只有个别字词有差异,当是对后者的继承。《太平御览》④、《太平广记》⑤、《太平寰宇记》⑥、《方舆胜览》⑦、弘治《休宁志》⑧、

---

① "泽"字在《永乐大典》(中华书局,1986年,第745页)中为"潭"字。其他文献中关于"黄墩湖"或"篁墩湖"、"相公湖"的记载多为"潭"字,再根据文义,当以"潭"字为长。后文在进行佚文订误时,将此字直接更正为"潭"字。

② 马蓉等点校:《永乐大典方志辑佚》,第2册,北京:中华书局,2004年,第1058页。

③ 罗愿:《新安志》卷三,歙县·山阜,清嘉庆十七年(1812年)刻本。

④ (宋)李昉等:《太平御览》卷六六,地部三一·湖,四部丛刊三编景宋本。

⑤ (宋)李昉等:《太平广记》卷一一八,北京:中华书局,1961年。

⑥ (宋)乐史撰,王文楚等点校:《太平寰宇记》卷一〇八,江南西道·歙州,《中国古代地理总志丛刊》本,北京:中华书局,2007年,第2061页。

⑦ (宋)祝穆编,祝洙补订,施和金点校:《方舆胜览》卷十六,徽州,《中国古代地理总志丛刊》本,北京:中华书局,2003年,第284页。

⑧ 弘治《休宁志》卷一,山川,《北京图书馆古籍珍本丛刊》本,北京:书目文献出版社,1998年。

弘治《徽州府志》①、康熙《徽州府志》②、康熙《休宁县志》③、乾隆《歙县志》④、道光《徽州府志》⑤、道光《休宁县志》⑥中皆有"黄墩湖"或"相公湖"或"篁墩湖"的记载,虽然语言文字与前两者有些区别,但所记内容基本相同。方志编修继承前志成果的做法,为保存资料提供了保证。

16. 婺源西湖。婺源灵顺庙右有水一带,亦号西湖。李唐时,大溪由湖直出,名曰蚺蛇港。县治在清化,欲迁今地,乃画图呈上李王,王令水围绕县城,用铁牛北筑港口,南筑港尾,中潴水为湖,溪遂环县而出。绍定辛卯,县尉赵崇沆命工甃砌湖堤,植以桃柳,湖内种荷,高下相映。[册十九卷二二六三页二十八]⑦

"婺源西湖"即"蚺蛇港"是徽州地区的一处重要的历史古迹,这条资料主要记载了婺源西湖历史变迁的大体过程,介绍了历史上不同时期对婺源西湖进行改造的原因和结果。因罗愿《新安志》对"婺源西湖"未加记载,李以申《新安续志》、洪焱祖《新安后续志》佚文均未辑出,因此,朱同《新安志》佚文便是目前徽州方志中关于"婺源西湖"的最早的记载。

弘治《徽州府志》载:"蚺蛇港,即西湖,在灵顺庙西偏,大溪先由此港直出,南唐因从清华徙县治于此,欲令水绕县城,用铁牛北筑港口,南筑港尾,中潴水为西湖,自此大溪遂环城而转。

---

① 弘治《徽州府志》卷一,地理一·山川,《天一阁藏明代方志选刊》本,上海:上海古籍书店影印,1964年。

② 康熙《徽州府志》卷十七,杂志上·古迹,《中国方志丛书》本,台北:成文出版社,1970年。

③ 康熙《休宁县志》卷一,方舆·山川,《中国方志丛书》本,台北:成文出版社,1970年。

④ 乾隆《歙县志》卷十九,杂志上·古迹,《中国方志丛书》本,台北:成文出版社,1970年

⑤ 道光《徽州府志》卷二,舆地下·山川,《中国地方志集成》本,南京:江苏古籍出版社,1998年。

⑥ 道光《休宁县志》卷一,疆域·山川,《中国地方志集成》本,南京:江苏古籍出版社,1998年。

⑦ 马蓉等点校:《永乐大典方志辑佚》,第2册,北京:中华书局,2004年,第1057~1058页。

宋绍定辛卯,县尉赵宗沆命工甃砌湖堤,旁植桃柳,内种芰荷,为一时胜概。历元至国朝承平日久,市民稠密,日渐填塞,湖面以为居址,今遂成市廛,北港口即今埂塍也。"①关于"蚺蛇港"或"西湖"的资料,在其他徽州方志里多有收录,如嘉靖《徽州府志》②、康熙《徽州府志》③、道光《徽州府志》④、民国《婺源县志》⑤等皆有类似记载。从弘治《徽州府志》的记载看,"婺源西湖"的内容与朱同《新安志》佚文基本相同,这是继承前志的结果,又增加了"概历元至国朝承平日久,市民稠密,日渐填塞,湖面以为居址,今遂成市廛,北港口即今埂塍也"一句,反映了婺源西湖从元朝到明朝逐渐堙塞、成为市廛的历史发展过程。"婺源西湖"的资料因朱同《新安志》的记载而为弘治《徽州府志》及后世其他方志所继承,因而得以流传下来。

朱同《新安志》佚文收录的这条资料还具有校勘其他文献记载的价值。佚文有"李唐时,大溪由湖直出"一句,其中"李唐"在弘治《徽州府志》、嘉靖《徽州府志》、康熙《徽州府志》、道光《徽州府志》、《大明一统名胜志》⑥中皆称"南唐",民国《婺源县志》则称"唐季"。究竟是"李唐"正确,还是"南唐"正确?要解决这一问题,关键在于弄清婺源县治由清华迁往他处的时间。民国《婺源县志》载:"开元二十八年庚辰,初置婺源县,治清华","唐昭宗天复元年辛酉,迁婺源县治于弦高镇"⑦。根据这一记载,婺源县治从清华迁走的时间在唐昭宗天复元年,即901年,而南唐是在937年才正式建立的。因此,婺源县治从

---

① 弘治《徽州府志》卷二,地理二·古迹,《天一阁藏明代方志选刊》本,上海:上海古籍书店影印,1964年。

② 嘉靖《徽州府志》卷二一,古迹,《北京图书馆古籍珍本丛刊》本,北京:书目文献出版社,1998年。

③ 康熙《徽州府志》卷十七,杂志上·古迹,《中国方志丛书》本,台北:成文出版社,1970年。

④ 道光《徽州府志》卷二,舆地下·山川,《中国地方志集成》本,南京:江苏古籍出版社,1998年。

⑤ 民国《婺源县志》卷四,疆域·古迹,民国十四年(1925年)刻本。

⑥ (明)曹学佺:《大明一统名胜志》卷五,《四库全书存目丛书》本,济南:齐鲁书社,1996年。

⑦ 民国《婺源县志》卷三,疆域·沿革,民国十四年(1925年)刻本。

清华迁走当在李唐而不是南唐。所以,"李唐"是正确的,"唐季"亦可,而"南唐"误。朱同《新安志》佚文为校勘其他记载提供了线索,具有校勘他书的作用。

17. 吴村,在县北七十里。有吴太子墓。《方舆记》云:昔吴王为越灭,句践流其三子。长子鸿逃于此死,因葬焉。遂名其葬处为吴山里。按三国吴时,尝徙太子和于新都郡,寻遣使赐死。今歙县有阶村,是其谪居处。此亦当是太子"和"音转而为"鸿",既不可考,因以句践附会之耳。唐中和年中,改延宾里。《寰宇志》及《新图经》皆言改为婺安里。今从《祥符经》。[册五十卷三五七九页十八]①

这条资料主要介绍了"吴村"的位置及其来历,还转载了其他文献的有关记载,为考证历史事实提供了参考。罗愿《新安志》也载有"吴村"的资料:"吴村,在(婺源)县北七十里,有吴太子墓。《方舆记》云:昔吴王为越灭,句践流其三子。长子鸿逃于此死,因葬焉。遂名其葬处为'吴山里'。按三国吴时,尝徙太子和于新都郡,寻遣使赐死。今歙县有阶村,是其谪居处。此亦当是太子'和'音转而为'鸿',既不可考,因以句践附会之耳。唐中和年中,改'延宾里'。《寰宇志》及《新经》皆言改为'婺安里'。今从《祥符经》。"②两段资料的文字内容完全相同,这也说明朱同是继承了前志的优秀成果的。道光《徽州府志》③也有相似记载。

《方舆记》(130卷)为南唐人徐锴所撰,久已亡佚。朱同《新安志》佚文转引了《方舆记》的一段资料,因此,成为辑佚《方舆记》的资料来源。另外,佚文虽仅提及《新图经》和《祥符经》而未转引两书的内容,但说明了这两部图经在相关问题上的观点,亦可为辑佚这两部图经提供线索。朱同《新安志》佚文具有辑佚他书的价值。

---

① 马蓉等点校:《永乐大典方志辑佚》,第 2 册,北京:中华书局,2004 年,第 1061 页。

② 罗愿:《新安志》卷五,婺源·古迹,清嘉庆十七年(1812 年)刻本。

③ 道光《徽州府志》卷二,舆地下·山川,《中国地方志集成》本,南京:江苏古籍出版社,1998 年。

18. 舒村,在歙县西四十五里中鹄乡。村傍有读书墩,俗传唐进士舒雅所居也。隔溪山石,望之㠑然,若缨其冠者,名曰幞头石,遗迹尚存。[册五十卷三五七九页十八]①

这条资料主要记载了"舒村"的地理位置、特点以及相关的传说。罗愿《新安志》未载"舒村"资料,李以申《新安续志》、洪焱祖《新安后续志》佚文均未辑出有关"舒村"的资料,因此,朱同《新安志》佚文便是目前徽州方志中关于"舒村"最早的记载。弘治《徽州府志》载:"舒村,在(歙)县西四十五里中鹄乡。村傍有读书墩,俗传南唐进士舒雅所居也。隔溪山石,望之峨然,若缨其冠者,名曰幞头石。"②从以上两段资料看,两段记载基本相同,弘治《徽州府志》应该是在参考朱同《新安志》的基础上编修而成。而朱同《新安志》佚文则多"遗迹尚存"一句,说明在明代洪武初年这些遗迹还有所保存,但到弘治年间则已消失不可得见,反映了徽州地区社会历史的发展和变化。

19. 孔灵村,在歙县南三十里。孔愉,字敬康,会稽山阴人。惠帝末,东还会稽。永康之乱,避地入新安山中,改姓孙氏,以稼穑、读书为务。其后官尚书左仆射,信著乡里。后忽舍去,皆谓神人,而为立祠。事见《晋书》本传。而《世说》亦云:孔车骑少有嘉遁志,年四十余,始应安东命。未仕宦时,尝独寝,歌吹自箴诲,自称孔郎,游散名山。百姓谓有道术,为生立庙。后犹有孔郎庙。是其事也。今此村祷赛犹及孔愉先生云。《愉别传》云:永嘉大乱,愉入临海山中。而《晋传》又以谓会稽有新安山,然《世说》既称游散名山,明非一处。今此地以孔名,而《寰宇志》、《祥符经》皆言是愉隐处,不可没也。[册五十卷三五七九页十二]③

这条资料除了介绍"孔灵村"的地理位置,最主要的内容还

---

① 马蓉等点校:《永乐大典方志辑佚》,第2册,北京:中华书局,2004年,第1062页。

② 弘治《徽州府志》卷二,地理二·古迹,《天一阁藏明代方志选刊》本,上海:上海古籍书店影印,1964年。

③ 马蓉等点校:《永乐大典方志辑佚》,第2册,北京:中华书局,2004年,第1061页。

是简单介绍了孔愉的生平事迹。关于"孔灵村"或"孔愉"的记载在现存文献中有不少,但内容有些不同,兹举几例以为说明。《晋书》载:"孔愉,字敬康,会稽山阴人也。……吴平,愉迁于洛。惠帝末,归乡里,行至江淮间,遇石冰、封云为乱,云逼愉为参军,不从,将杀之,赖云司马张统营救获免。东还会稽,入新安山中,改姓孙氏,以稼穑、读书为务,信著乡里。后忽舍去,皆谓为神人,而为之立祠。永嘉中,元帝始以安东将军镇扬土,命愉为参军。邦族寻求,莫知所在。建兴初,始出应召,为丞相掾,仍除驸马都尉、参丞相军事,时年已五十矣。以讨华轶功,封余不亭侯"①。罗愿《新安志》中也有关于"孔灵村"的记载:"孔灵村,在(歙)县南三十里。孔愉,字敬康,会稽山阴人。惠帝末,东还会稽,入新安山中,改姓孙氏,以稼穑、读书为务,信著乡里,后忽舍去,皆谓之神人,而为立祠。事见《晋书》本传,而《世说》亦云,孔车骑少有嘉遁志,年四十余,始应安东命,未仕宦时,尝独寝,歌吹自箴诲,自称孔郎,游散名山。百姓谓有道术,为生立庙。今犹有孔郎庙。是其事也。今此村祷赛犹及孔愉先生云。《愉别传》云:永嘉大乱,愉入临海山中。而《晋传》又以谓会稽有新安山,然世说既称游散名山,明非一处。今此地以孔名,而《寰宇志》、《祥符经》皆言是愉隐处,不可没也。"②朱同《新安志》佚文与这段记载相同之处甚多,当是对它的继承。弘治《徽州府志》称:"孔灵村,在(歙)县南三十里。晋孔愉,字敬康,会稽山阴人。惠帝末东迁会稽,避地新安山中。改姓孙氏,以稼穑、读书为务,信著乡里。后忽舍去,皆谓之神人,而为立祠。事见《晋书》本传。"③嘉庆《绩溪县志》载:"孔愉,字敬康,会稽山阴人,幼孤事祖母,以孝闻。吴平,迁于洛,惠帝末还乡里,遇石冰、封云为乱,避地新安山中,改姓孙氏,以稼穑、读书为务,信著乡里。后忽舍去,皆谓为神人,即其屋立祠祀之。建兴初,始出应召,以功封余不亭

---

① 《晋书》卷七八,列传第四十八,北京:中华书局,1974年。
② 罗愿:《新安志》卷三,歙县·古迹,清嘉庆十七年(1812年)刻本。
③ 弘治《徽州府志》卷二,地理二·古迹,《天一阁藏明代方志选刊》本,上海:上海古籍书店影印,1964年。

侯。卒谥曰贞里,人始知愉孔姓,因名其地为孔灵。"①道光《徽州府志》:"孔灵村,在(歙)县南二十五里,按《晋书》云,孔愉,字敬康,会稽人,永嘉之乱避地,入新安山谷中,以稼穑、读书为业,信著邻里。后忽舍去,皆以为神人,为之立庙。愉官至尚书佐仆射,封余不亭侯。按所居止在此,故谓之,孔灵山祀其上。"②

以上几则记载和朱同《新安志》佚文在"孔愉何时因何原因而避地新安山中"这个问题上有很大的不同,现对有关情况加以探讨。关于这一问题上述记载有四种说法。第一种说法,朱同《新安志》佚文言"惠帝末""永康之乱"孔愉避地新安山中。晋惠帝在位共十七年,即从公元290年到306年。"永康"是晋惠帝的年号,只有一年,即公元300年。永康元年乃晋室内部八王之乱的开始。"永康之乱"当在此年。《舆地纪胜》③亦称"永康之乱"。第二种说法,《晋书》称孔愉是在"惠帝末""遇石冰、封云为乱"以后避地会稽新安山中的。石冰、封云起兵叛乱当在晋惠帝太安二年(303年),永兴二年(305年)石冰起义败亡。乾隆《歙县志》④亦持此说。第三种说法,罗愿《新安志》称孔愉在惠帝末避地新安山中。弘治《徽州府志》、嘉靖《徽州府志》⑤、康熙《徽州府志》⑥亦持此说。第四种说法,道光《徽州府志》转引《晋书》的记载则称"永嘉之乱"孔愉避地新安山中。"永嘉"为晋怀帝年号,"永嘉之乱"为匈奴刘曜攻占洛阳,俘虏

---

① 嘉庆《绩溪县志》卷一〇,流寓,《中国地方志集成》本,南京:江苏古籍出版社,1998年。

② 道光《徽州府志》卷二,舆地下·山川,《中国地方志集成》本,南京:江苏古籍出版社,1998年。

③ (宋)王象之:《舆地纪胜》卷二〇,江南东路·徽州,扬州:江苏广陵古籍刻印社,1991年。

④ 乾隆《歙县志》卷十九,杂志上·古迹,《中国方志丛书》本,台北:成文出版社,1970年。

⑤ 嘉靖《徽州府志》卷二〇,寓贤列传,《北京图书馆古籍珍本丛刊》本,北京:书目文献出版社,1998年。

⑥ 康熙《徽州府志》卷十七,人物志·流寓,《中国方志丛书》本,台北:成文出版社,1970年。

晋怀帝,时永嘉五年(311年)。《太平寰宇记》①、《太平御览》②、道光《徽州府志》③、光绪《重修安徽通志》④亦转引《晋书》,皆言"永嘉之乱"。但这一转引与《晋书》本身的记载却不一致。实际上,上述各文献中关于孔愉避地新安山的时间,总体上说是两个观点:一是在晋惠帝末年,只是有的只称"惠帝末",有的则说是"遇石冰、封云为乱",还有的说是"永康之乱",其实这些都是在惠帝末年发生的事件;一是在晋怀帝时期,也就是"永嘉之乱"中。孔愉避地新安山的时间当以晋惠帝末年为宜,或以《晋书》所言"遇石冰、封云为乱"为是。至于孔愉的避地"新安山"究竟位于何处,《晋书》、罗愿《新安志》、弘治《徽州府志》皆言"东还(或东迁)会稽,避地新安山中"中,因此,孔愉避地之处当是会稽新安山,而不是徽州新安山。故,文中所言当为"惠帝末"因"遇石冰、封云为乱",孔愉避地会稽新安山中。由罗愿《新安志》和朱同《新安志》佚文"注"可知,孔愉常游于各地名山,以孔愉之名为某地、某山命名的情况十分常见,《寰宇记》、《祥符经》中就认为孔愉曾在徽州这个地方隐居过一段时间,因而当地人亦以孔愉之名名其地。方志常有附会处,罗愿《新安志》和朱同《新安志》佚文虽以注辨析孔愉避地新安山所在,但终究还从《寰宇记》、《祥符经》之说,由此知作志之难也。

关于"孔灵村"在歙县的具体位置,文献记载中有所不同。罗愿《新安志》、朱同《新安志》佚文、弘治《徽州府志》皆称"在(歙)县南三十里",而《太平寰宇记》⑤、道光《徽州府志》、《明一统志》⑥皆言"在(歙)县南二十五里",姑存两说。

---

① (宋)乐史撰,王文楚等点校:《太平寰宇记》卷一○四,江南西道·歙州,《中国古代地理总志丛刊》本,北京:中华书局,2007年,第2062页。

② (宋)李昉等:《太平御览》卷一七一,四部丛刊三编景宋本。

③ 道光《徽州府志》卷十四,人物志·流寓,《中国地方志集成》本,南京:江苏古籍出版社,1998年。

④ 光绪《重修安徽通志》卷四五,舆地志,清光绪四年(1878年)刻本。

⑤ (宋)乐史撰,王文楚等点校:《太平寰宇记》卷一○四,江南西道·歙州,《中国古代地理总志丛刊》本,北京:中华书局,2007年,第2062页。

⑥ (明)李贤等奉敕撰:《明一统志》卷十六,《四库全书》本,上海:上海古籍出版社,1987年。

朱同《新安志》佚文中的这条资料引用了来自《晋书》、《世说新语》、《寰宇记》、《祥符经》等文献中的内容，不仅具有保存史料的价值，而且还有保存文献的价值。另外，《祥符经》早已亡佚，虽然没有直接转引《祥符经》的文字，但提到了《祥符经》的内容，因此，朱同《新安志》佚文也可以为辑佚《祥符经》提供资料来源，具有辑佚价值。

(二)经济类资料的价值

经济类资料在朱同《新安志》佚文中占有重要的位置，共有二十二条，包括物产、贡赋、仓廪、官署等几方面的内容。

物产类资料的价值

物产资料较为丰富，共收有十条资料，包括花草、药物、农作物、竹木等。这些资料为了解徽州地区物产的种类、特点提供了参考。

1. 梧碧，梧也，有乳者也。[册二三卷二三三七页一][①]

"梧碧"是徽州地区的一种特产，从记载看，它应当是一种树木，是梧木中的一种。在罗愿《新安志》[②]和弘治《徽州府志》[③]中皆有关于"梧碧"的记载，而在其他方志中尚未见到。朱同《新安志》佚文中关于"梧碧"的记载与罗愿《新安志》、弘治《徽州府志》中的记载基本相同，这说明朱同修志的宗旨之一就是继承前志的优秀成果，而其优秀成果也被后世方志所继承。这些记载可以互相参证。

2. 梅有名判官者，花丰实大。[册三六卷二八一〇页一]

3. 玉梅者，重叶脆实，花开下瞰。又曰照冰。[册三六卷二

---

① 马蓉等点校：《永乐大典方志辑佚》，第 2 册，北京：中华书局，2004年，第 1059 页。

② 罗愿：《新安志》卷二，物产·木果，清嘉庆十七年(1812 年)刻本。

③ 弘治《徽州府志》卷二，食货一·土产，《天一阁藏明代方志选刊》本，上海：上海古籍书店影印，1964 年。

八一〇页十]①

　　这两条资料在现存其他徽州方志中很难见到，罗愿《新安志》没有收录，李以申《新安续志》和洪焱祖《新安后续志》佚文均未辑出这两条资料，因此，朱同《新安志》佚文不仅是目前徽州方志中关于这两条资料的最早的记载，而且还是目前保存这两条资料的极为少见的重要文献。这两条资料虽然内容并不丰富，只是介绍了这两种花木的特点，但它们仍具有十分珍贵的史料价值，补充记载了徽州地区的物产情况，为了解该地区物产资源提供了新的资料。

　　4.黄精者，生山之阴，视其华文②白，以别钩吻。土人号为甜蕨，亦曰胡孙姜。［册九四卷八五二六页十七］③

　　"黄精"是徽州地区的一种物产，是一种药材，现存徽州方志中多有关于"黄精"的记载，罗愿《新安志》为现存最早的记载，"黄精者，生山之阴，视其华之白，以别钩吻。土人号为甜蕨，亦曰'胡孙姜'"。④朱同修志时以罗愿《新安志》为参考，本着继承前志优秀成果的宗旨，继承了罗愿《新安志》的这条资料。而此后弘治《徽州府志》⑤、嘉靖《徽州府志》⑥、康熙《徽州府志》⑦、民国《歙县志》⑧等也相继因袭，从而在徽州方志中保留了有关"黄精"的资料。朱同《新安志》佚文的这条资料为考证其他方志的记载提供了参考。

---

　　① 马蓉等点校：《永乐大典方志辑佚》，第2册，北京：中华书局，2004年，第1059页。

　　② "文"字在《永乐大典》（中华书局，1986年，第3954页）中为"之"字。

　　③ 马蓉等点校：《永乐大典方志辑佚》，第2册，北京：中华书局，2004年，第1059页。

　　④ 罗愿：《新安志》卷二，物产·药物，清嘉庆十七年（1812年）刻本。

　　⑤ 弘治《徽州府志》卷二，食货一·土产，《天一阁藏明代方志选刊》本，上海：上海古籍书店影印，1964年。

　　⑥ 嘉靖《徽州府志》卷八，食货志·物产，《北京图书馆古籍珍本丛刊》本，北京：书目文献出版社，1998年。

　　⑦ 康熙《徽州府志》卷六，食货志·物产，《中国方志丛书》本，台北：成文出版社，1970年。

　　⑧ 民国《歙县志》卷三，食货志·物产，《中国地方志集成》本，南京：江苏古籍出版社，1998年。

5. 小麦则有长穗麦,麸厚而面多。[册一百八八卷二二一八一页二]

6. 大麦则有早麦、中期麦、青光麦。又有高丽麦,亦呼高头麦,挼之则粒出,然难为地方。有糯麦,宜为饭。[册一百八八卷二二一八一页五]

7. 荞麦,姿荏弱,干赤花白,不类他麦,秋种而冬食。[册一百八八卷二二一八二页九]①

以上三条资料主要介绍了"小麦"、"大麦"、"荞麦"三种麦子的种类和特点。罗愿《新安志》②也载有这三种谷物的资料,朱同《新安志》佚文的资料与之基本相同,当是对前者的继承。弘治《徽州府志》③、嘉靖《徽州府志》④、康熙《徽州府志》⑤、道光《徽州府志》⑥、民国《婺源县志》⑦、民国《歙县志》⑧皆载有这三种谷物的资料,且内容与前二志相差无几,亦当是对前志的继承。正是由于方志编修所具有的良好的继承性,才能保留下来丰富的资料,这些资料为研究徽州地区的社会发展状况提供了参考。

8. 笋有甜笋,有苦笋。凡竹之雄者体质不坚,不堪为箆,于

---

① 马蓉等点校:《永乐大典方志辑佚》,第2册,北京:中华书局,2004年,第1059页。

② 罗愿:《新安志》卷二,物产·谷粟,清嘉庆十七年(1812年)刻本。

③ 弘治《徽州府志》卷二,食货一·土产,《天一阁藏明代方志选刊》本,上海:上海古籍书店影印,1964年。

④ 嘉靖《徽州府志》卷八,食货志·物产,《北京图书馆古籍珍本丛刊》本,北京:书目文献出版社,1998年。

⑤ 康熙《徽州府志》卷六,食货志·物产,《中国方志丛书》本,台北:成文出版社,1970年。

⑥ 道光《徽州府志》卷五,食货志·物产《中国地方志集成》本,南京:江苏古籍出版社,1998年。

⑦ 民国《婺源县志》卷一一,食货五·物产,民国十四年(1925年)刻本。

⑧ 民国《歙县志》卷三,食货志·物产,《中国地方志集成》本,南京:江苏古籍出版社,1998年。

第四章　大典本《新安志》、《徽州府志》和《徽州府新安志》研究　155

筼为尤多。[册二百二二卷一九八六五页五]①

"筜"是一种竹木,是徽州地区的一种重要物产。这条资料介绍了"筜"的两个种类即"甜筜"和"苦筜",以及它们的特点和用途。罗愿《新安志》中则只有"竹有苦淡、紫斑、堇筜之名,老竹长尺则曲,桃枝四寸有节"②这样的记载,与朱同《新安志》佚文完全不同。民国《歙县志》、民国《婺源县志》所载内容与朱同《新安志》佚文也不一样。民国《歙县志》载:"筜竹,亦雷燕之类。"③民国《婺源县志》则载:"筜竹,音桂竹,不甚大,可为篙为竿。"④朱同《新安志》佚文保存的有关"筜"的资料与现存记载多不相同,为了解徽州地区特产提供了新的资料。

9. 箽竹,古之篛,为用甚佳。其笋类紫笋,不可食。[册二百二二卷一九八六五页七]⑤

"箽竹"也是一种竹木,是徽州地区的重要物产。这条资料介绍了"箽竹"的特点和用途。而在罗愿《新安志》中则只有"竹有苦淡、紫斑、堇筜之名,老竹长尺则曲,桃枝四寸有节"⑥这样的记载。两书记载完全不同。民国《歙县志》、民国《婺源县志》所载内容与朱同《新安志》佚文也不相同。民国《歙县志》载:"箽竹,体圆、节促、质劲、皮白如霜,大者宜刺船,细者可为笛,入药以此竹为上,次则淡竹。"⑦民国《婺源县志》则载:"箽竹,音谨,劲质、促节、皮白似霜,入药。"⑧由于朱同《新安志》佚文的记

---

① 马蓉等点校:《永乐大典方志辑佚》,第 2 册,北京:中华书局,2004年,第 1059 页。
② 罗愿:《新安志》卷二,物产·木果,清嘉庆十七年(1812 年)刻本。
③ 民国《歙县志》卷三,食货志·物产,《中国地方志集成》本,南京:江苏古籍出版社,1998 年。
④ 民国《婺源县志》卷十一,食货五·物产,民国十四年(1925 年)刻本。
⑤ 马蓉等点校:《永乐大典方志辑佚》,第 2 册,北京:中华书局,2004年,第 1059 页。
⑥ 罗愿:《新安志》卷二,物产·木果,清嘉庆十七年(1812 年)刻本。
⑦ 民国《歙县志》卷三,食货志·物产,《中国地方志集成》本,南京:江苏古籍出版社,1998 年。
⑧ 民国《婺源县志》卷十一,食货五·物产,清嘉庆十七年(1812 年)刻本。

载与现存其他方志皆不相同,所以它所记载的资料就显得更加珍贵了,具有重要的史料价值,对现存其他文献记载是一个补充,为认识徽州地区的物产情况提供了新的资料。

10.苦竹,本大末锐,与钓丝竹相似,而钓丝笋味甘,今越州亦有此四种。又有顿地苦,坚中,可以为矛。又掉颡苦,节颇疏。又湘潭苦,节疏宜为簟。又油苦、石斑苦、乌末苦。又有高苦竹,名曰青蛇,枝各有用处。然尝见越人多煮乌末苦为纸,但堪作寓钱,不堪印书写字。婺州山中有长筒苦,一节有数尺者,人多取为辇竿,最妙。辇竿,即轿杠也。又塞苦竹,长实劲勒,可为枪干。僰道苦竹,出僰侯国,在马湖江,古叙州也。竹无用,笋甚美,山谷赋云"僰道苦笋,冠冕两州"者是也。庐山苦竹,《江州图经》云:陆修静所植,笋苦而甘。陈舜俞记云:春笋初出,其味甘美。相传诗云"简寂观中甜苦笋"。《海物记》云:越人以苦毒竹为枪,中虎即毙。[册二百二二卷一九八六五页八]①

这条资料主要介绍了"苦竹"有顿地苦、掉颡苦、湘潭苦、油苦、石斑苦、乌末苦、高苦竹、长筒苦等品种,而且不同种类的苦竹还有不同的用途,有的可为矛,有的可做寓钱,有的则能做成辇竿,有的可为枪杆,有的笋可食用。这条资料还转引了其他文献关于"苦竹"的记载。而罗愿《新安志》保存的资料则与之完全不同,"休宁有拜竹,苦竹之极大者也。婺源苦竹之笋,大者为花菌笋"②。朱同《新安志》佚文是对罗愿《新安志》的一种补充和发展。另外,现存其他徽州方志中也有一些关于"苦竹"的记载,但皆与朱同《新安志》佚文不同。民国《歙县志》载:"苦竹,四乡多有之,笋味苦,以水浸,淡乃可食。邑中富竹箭,故无尝其味者,黄山谷以偏嗜之,故欲令东坡脱春衫而归食苦笋。又东坡诗云:'久抛松菊犹细事,苦笋江豚那忍说',皆谓此笋也。叶茹沥入药,次于淡竹。按陈藏器曰:竹肉生苦竹上,如肉脔,有大毒。李时珍曰:即竹菰生朽,竹节上如木耳红色,惟苦

---

① 马蓉等点校:《永乐大典方志辑佚》,第 2 册,北京:中华书局,2004年,第 1059~1060 页。

② 罗愿:《新安志》卷二,物产·木果,清嘉庆十七年(1812 年)刻本。

第四章 大典本《新安志》、《徽州府志》和《徽州府新安志》研究 157

竹生者有毒耳,若淡竹生者名'竹蓐',味如白树鸡,附志之以告蔬食者择别焉。"①民国《婺源县志》载:"苦竹,节疏体劲,笋味微苦,《府志》:婺源苦竹笋大者为花菌笋。"②由于朱同《新安志》佚文保存的资料与其他方志皆不相同,因此,具有十分珍贵的史料价值。朱同《新安志》佚文对其他文献记载有补阙资料的作用,为全面认识这种物产提供了全新的资料。

　　元代李衎编修的《竹谱》转载了《新安志》中的一段内容③。将此段资料与大典本朱同《新安志》佚文相比,内容基本相同,只有两处存在差异。一是,大典本《新安志》佚文在"石斑苦、乌末苦"之后无"山苦"二字;二是,大典本《新安志》佚文在"人多取为辇竿"之后多"最妙"二字。

　　根据成书的时间,如果仅从书名考虑,元代编纂的《竹谱》所转引的《新安志》应该是罗愿的《新安志》,但罗愿《新安志》中却没有收录这条资料。而编修于明代洪武九年(1376年)的朱同的《新安志》记载的内容却与之基本相同,但修于元代的《竹谱》又不可能收录明代朱同的《新安志》。这究竟是怎么回事?要解决其中的疑惑,首先要弄清几部文献修成的时间。"李衎,字仲宾,号息斋道人,蓟丘人。官至江浙行省平章政事,致仕封蓟国公,谥文简。善画竹石枯槎。始学王澹游,后学文湖州,著色者师李颇,驰誉当世"④。《四库全书》中收录了元代李衎撰写的这部《竹谱》,是从《永乐大典》中辑出来的。《竹谱》里有李衎写的"序",序文末尾注"大德三年岁在乙亥端阳日,蓟邱李衎仲宾父序"⑤。大德三年即1299年。那么,元代李衎编修的《竹谱》早于明代洪武九年(1376年)朱同编修的《新安志》,也早于元代延祐六年(1319年)洪焱祖编修的《新安后续志》。据此,或可能是宋代端平二年(1235年)李以申编修的《新安续志》中

----

①　民国《歙县志》卷三,食货志·物产,《中国地方志集成》本,南京:江苏古籍出版社,1998年。
②　民国《婺源县志》卷十一,食货五·物产,民国十四年(1925年)刻本。
③　(元)李衎:《竹谱》卷四,清文渊阁《四库全书》本。
④　(元)夏文彦:《图绘宝鉴》卷五,元至正刻本。
⑤　(元)李衎:《竹谱》,原序,清文渊阁《四库全书》本。

有关于"苦竹"的上述那段内容,而李衎在编修《竹谱》时将《新安续志》称为《新安志》,而加以转引了。

朱同《新安志》佚文保存的"苦竹"这条资料也具有辑佚他书的价值。《宋史·艺文三》载:"《江州图经》一卷。"①这段佚文引用了《江州图经》的内容,即"《江州图经》云:陆修静所植,笋苦而甘"。笔者查阅相关文献资料,未见《江州图经》存世,疑其早已亡佚,所以朱同《新安志》佚文便成为辑佚这部文献的资料来源。

贡赋类资料的价值

贡赋资料共四条,主要记载的是明代初年徽州所辖休宁、绩溪、歙县三县"榜纸"的产地、解纳的数量等方面的情况,是了解明初徽州地区贡赋的品种、数量等情况的重要参考,借此可以考察明初徽州地区贡赋方面的有关情况。

1. 休宁县本县之水南及虞芮、和睦、良安三乡,皆有槽户抄纸。国朝除每月解纳榜纸三千八百张外,其余和买无定额。[卷一〇一一〇页一四]

2. 和买纸,绩溪县十都、十一都皆有槽户,旧志国朝除每月解纳榜纸一千张外,每年和买,时估色数不等。

3. 歙县出产纸,都分四都、五都、十七都、三十都至三十四都、三十六都,皆有槽户,除榜纸每月解纳四千八百张外,其余诸色纸各年和买,时估数目则例不等。

4. 休宁县虞芮、和睦、良安三乡除纳榜纸三千八百张外,其余和买无定额。[卷一〇一一〇页一〇②]③

这四条资料分别介绍了休宁县、绩溪县、歙县三个地区榜

---

① 《宋史》卷二〇四,志第一百五十七,北京:中华书局,1977年。
② 此处《永乐大典方志辑佚》标出以上三条资料所在页数为"十",而查阅《海外新发现〈永乐大典〉十七卷》(上海:上海辞书出版社,2003年,第268页),则应是"卷一〇一一〇页十四"。
③ 马蓉等点校:《永乐大典方志辑佚》,第5册,北京:中华书局,2004年,第3252页。

纸的产地及明朝初年解纳榜纸的数量,并且说明在规定的解纳数量之外还有"和买"一项,和买的数量和品种皆随需而定。由此可以了解到徽州府槽户赋税负担方面的一些情况。弘治《徽州府志》中亦有相关资料,在介绍元代"上供纸"时载:"歙县出纸,都分四都、五都、十七都、三十都、三十一都、三十二都、三十三都、三十四都、三十六都,皆有槽户。休宁县出纸,乡分水南及虞芮乡、和睦乡、良安乡,皆有槽户。绩溪县出纸,都分十都、十一都,皆有槽户。"介绍明朝"上供纸"时称:"国初,歙县每月解纳榜纸四千八百张。休宁县每月解纳榜纸三千八百张。绩溪县每月解纳榜纸一千张。其余各色纸每年有用则以时估给价,和买无定额,无定色。"① 由此可知,朱同《新安志》佚文中每条贡赋资料的前半部分,即介绍榜纸产地的内容,应该是反映元代情况的,当是朱同《新安志》对前志的继承,而佚文中每条资料的后半部分,即说明榜纸数量与和买情况的内容,则是反映明代情况的,这些内容应该是由朱同《新安志》首次载入徽州府志的,并为后世方志所继承,为了解明代洪武九年(1376 年)以前徽州府解纳及和买"榜纸"的相关情况提供了参考。

从内容上看,两志没有差别,弘治《徽州府志》应该是对朱同《新安志》的继承。但从体例上看,朱同《新安志》和弘治《徽州府志》在结构安排上似乎不太一样,朱同《新安志》是以地区为核心,以每个县为单元,如分休宁、绩溪、歙县等,分别介绍每一个县榜纸产地和解纳数量,而弘治《徽州府志》则是按时代先后顺序,如分"元"、"国朝(明)"等,依次介绍每个时代的"上供纸"情况,将一个时期不同地区的榜纸产地和解纳数量集中在一起介绍。这两部方志编修体例的不同,反映了徽州方志编修体例的多样性特点。

仓廪类资料的价值

关于仓廪的资料有六条,包括宋、元时期的常平仓、平准

---

① 弘治《徽州府志》卷二,食货一·土贡,《天一阁藏明代方志选刊》本,上海:上海古籍书店影印,1964 年。

仓、义仓、社仓、际留仓、端平仓、永丰仓,主要涉及仓廪所在的位置、仓储数量、存废等方面的内容,为了解宋、元、明时期徽州地区仓廪建设、发展、变化的情况提供了参考资料,由此也可以了解到徽州地区粮食存贮和供给、社会保障等方面的情况。

1. 平准仓,在东谯楼之左,旧药局基。与旧惠民、旧①药局相向。[册八一卷七五一五页十]②

此条资料主要介绍了平准仓的位置,也提到了东谯楼、旧药局、旧惠民等建筑,反映了当地建设的情况。关于平准仓的记载在罗愿《新安志》中未能见到,李以申《新安续志》和洪焱祖《新安后续志》佚文均未辑出"平准仓"的内容,因此,朱同《新安志》佚文是目前徽州府志中关于"平准仓"的最早的记载。弘治《徽州府志》③、道光《徽州府志》④、康熙《徽州府志》⑤记载宋代平准仓时有如下内容:"平准仓,在东谯楼之左,旧药局基。"将这一记载与朱同《新安志》佚文进行比较,前一句内容一样,而朱同《新安志》佚文却多了"与旧惠民、药局相向"这句,补充了有关"平准仓"所在位置的资料,为更加全面地了解"平准仓"的情况提供了一些新的参考。

2. 宋际留仓,旧在县治东。元义仓共二十三所,总收谷九百二十二石六斗。社仓六十六所,总收谷二千三百三十三石一斗。今无。[册八一卷七五一六页十]⑥

这条资料介绍了宋代际留仓和元代义仓、社仓的位置、数量、仓廪所收谷物的数量以及仓廪存废的情况,是研究宋、元两

---

① 《永乐大典》(北京:中华书局,1986年,第3447页)中无此"旧"字,应以《永乐大典》为准,《永乐大典方志辑佚》有误。下文直接删去"旧"字。

② 马蓉等点校:《永乐大典方志辑佚》,第2册,北京:中华书局,2004年,第1060页。

③ 弘治《徽州府志》卷五,恤政·仓局,《天一阁藏明代方志选刊》本,上海:上海古籍书店影印,1964年。

④ 道光《徽州府志》卷三,营建志·仓局,《中国地方志集成》本,南京:江苏古籍出版社,1998年。

⑤ 康熙《徽州府志》卷八,营建志下·仓局,《中国方志丛书》本,台北:成文出版社,1970年。

⑥ 马蓉等点校:《永乐大典方志辑佚》,第2册,北京:中华书局,2004年,第1060页。

第四章　大典本《新安志》、《徽州府志》和《徽州府新安志》研究　161

代徽州地区仓廪情况的重要资料。关于宋代"际留仓"的资料在现存徽州方志中很少记载,罗愿《新安志》中未曾见到,大典本李以申《新安续志》佚文①辑有一条,大典本朱同《新安志》佚文辑出两条,大典本《休宁县彰安志》佚文②也辑出一条,而现存徽州府志中弘治《徽州府志》介绍绩溪县仓廪时记载了一条③,其他方志则鲜于记载,特别是宋代际留仓的资料记载得更少。那么,朱同《新安志》佚文保存的这条宋代际留仓的资料虽然内容较为简单,只是介绍了它的所在位置,但内容与其他记载根本不同,是非常珍贵的资料,为认识"际留仓"这种仓廪形式特别是宋代际留仓的有关情况提供了新的参考,其补阙史料的价值非常重要。

朱同《新安志》佚文只保存了元代义仓和社仓的数量和两仓的谷数,并用"今无"二字说明了这些仓廪至迟到明代洪武九年(1376年)前都已经废弃不用了。元代洪焱祖《新安后续志》虽经辑佚,但没有辑出元代"义仓"和"社仓"方面的资料,因此,朱同《新安志》佚文便是目前徽州府志中关于元代"义仓"和"社仓"的最早的记载。弘治《徽州府志》中介绍元代祁门县仓廪时有这样一条资料,"义仓二十三所,在各乡总收谷九百二十三石六斗。社仓六十六所,总收谷二千三百三十三石一斗"④,其内容与朱同《新安志》佚文相差无几。因此也可以断定,朱同《新安志》佚文中保存的"义仓"、"社仓"方面的资料也是祁门县的。因两志内容基本相同,所以弘治《徽州府志》中的内容是对朱同

---

①　参见马蓉等点校:《永乐大典方志辑佚》,第2册,北京:中华书局,2004年,第1055页。此志佚文已在本书第二章专文论述,故此处不再赘述。

②　马蓉等点校:《永乐大典方志辑佚》,第2册,北京:中华书局,2004年,第1049页。

③　弘治《徽州府志》卷五,恤政·仓局,《天一阁藏明代方志选刊》本,上海:上海古籍书店影印,1964年。

④　弘治《徽州府志》卷五,恤政·仓局,《天一阁藏明代方志选刊》本,上海:上海古籍书店影印,1964年。

《新安志》的继承。另外，道光《徽州府志》①、道光《祁门县志》②、同治《祁门县志》③也有相似记载，这些记载可以互相参考，以为考证。

道光《祁门县志》④、同治《祁门县志》⑤记载元代祁门县仓廪时皆称"义仓三十所，收谷九百二十三石六斗，社仓三十六所，收谷三千三百三十三石一斗"，而朱同《新安志》佚文、弘治《徽州府志》、道光《徽州府志》则载"义仓二十三所"，"社仓六十六所"。因为没有其他文献资料的参考，所以两种说法很难断定孰是孰非，姑存两说。

3. 绩溪县常平仓，在县东北。际留仓，在治西。义仓，每都一所，共一十六所。总收稻谷三千三百八十二石七斗四升六合。寻废。[册七九卷七五〇七页二十二]⑥

这条资料主要介绍绩溪县常平仓、际留仓、义仓所在的位置、仓储情况以及存废等方面的问题，可以为研究宋、元两代绩溪县仓廪建设的情况提供参考。罗愿《新安志》在记载绩溪县官廨时仅有"常平仓在东北"⑦一句，从内容上看与朱同《新安志》佚文没有什么区别，朱同《新安志》应该是对前志的继承。

朱同《新安志》佚文中的这条"际留仓"的资料是其保存的第二条相关资料了。正如前文所述，现在保存下来的徽州地区宋代际留仓的资料十分稀少，虽然这条佚文资料非常简略，仅介绍了仓廪的所在位置，但这条资料仍非常珍贵，而且这条资

---

① 道光《徽州府志》卷三，营建志·仓局，《中国地方志集成》本，南京：江苏古籍出版社，1998年。

② 道光《祁门县志》卷十四，食货志·恤政，清道光丙戌（1826年）刻本。

③ 同治《祁门县志》卷十四，食货志·恤政，《中国地方志集成》本，南京：江苏古籍出版社，1998年。

④ 道光《祁门县志》卷十四，食货志·恤政，清道光丙戌（1826年）刻本。

⑤ 同治《祁门县志》卷十四，食货志·恤政，《中国地方志集成》本，南京：江苏古籍出版社，1998年。

⑥ 马蓉等点校：《永乐大典方志辑佚》，第2册，北京：中华书局，2004年，第1060页。

⑦ 罗愿：《新安志》卷五，绩溪·官廨，清嘉庆十七年（1812年）刻本。

料与其他几条资料的内容皆不相同,为进一步认识"际留仓"这种仓廪形式提供了新的参考。

关于绩溪县"义仓"的资料,罗愿《新安志》也未记载,李以申《新安续志》和洪焱祖《新安后续志》佚文均未辑出绩溪县"义仓"的资料,因此,朱同《新安志》佚文是现存徽州方志中关于"义仓"最早的记载。这条资料不仅介绍了义仓的数量和仓谷情况,而且还用"寻废"二字说明了义仓最迟到明代洪武九年(1376年)前就已经废弃不用了。弘治《徽州府志》①、康熙《徽州府志》②、嘉庆《绩溪县志》③、道光《徽州府志》④均有相关记载,内容也基本相同。朱同《新安志》佚文不仅是现存关于"义仓"最早的记载,而且还为考证后世方志记载提供了参考,具有重要的史料价值。

4. 休宁县常平仓,在县东南隅。一在县楼西东偏。[册七九卷七五〇七页二十二]⑤

这条资料是记载休宁县常平仓的,主要介绍了常平仓所在的位置。从句子结构看,介绍的应该是休宁县的两所常平仓。弘治《徽州府志》⑥、康熙《徽州府志》⑦、道光《徽州府志》⑧、道光

---

① 弘治《徽州府志》卷五,恤政·仓局,《天一阁藏明代方志选刊》本,上海:上海古籍书店影印,1964年。
② 康熙《徽州府志》卷八,营建志下·仓局,《中国方志丛书》本,台北:成文出版社,1970年。
③ 嘉庆《绩溪县志》卷三,积贮,《中国地方志集成》本,南京:江苏古籍出版社,1998年。
④ 道光《徽州府志》卷三,营建志·仓局,《中国地方志集成》本,南京:江苏古籍出版社,1998年。
⑤ 马蓉等点校:《永乐大典方志辑佚》,第2册,北京:中华书局,2004年,第1060页。
⑥ 弘治《徽州府志》卷五,恤政·仓局,《天一阁藏明代方志选刊》本,上海:上海古籍书店影印,1964年。
⑦ 康熙《徽州府志》卷八,营建志下·仓局,《中国方志丛书》本,台北:成文出版社,1970年。
⑧ 道光《徽州府志》卷三,营建志·仓局,《中国地方志集成》本,南京:江苏古籍出版社,1998年。

《休宁县志》①记载休宁县"常平仓"时皆载:"一在县东南隅,一在县楼内东偏。"从文献记载看,朱同《新安志》佚文的这条资料确实是记载两所常平仓的。而在罗愿《新安志》中仅记载了一处,即:"常平仓在县东南隅。"②由此可以推测,要么是罗愿《新安志》漏载,要么是后来增加了一所常平仓,为朱同《新安志》所记载。无论是哪一种情况,朱同《新安志》佚文都比罗愿《新安志》丰富,补充记载了有关的情况。这条资料为后世方志所继承。

5. 端平仓。宋以水旱转粟崎岖,民多艰食。虽有常平及平籴仓,然必待报,不得专发。太守宋济,别积米五千石,建实备仓以贮之,米价微踊,亟以元直售民。范钟增至万石,刘炳复又增籴五千石,创添二厫,揭以端平之号,以年为纪也,寻废。[册八一卷七五一六页十]③

这条资料记述了宋代"端平仓"设置的起因、仓谷积米的情况以及仓名的来历等方面的内容。通过这条资料可以了解到,宋代徽州地区存在着粮食短缺的情况,一旦外地粮米运输不畅,当地百姓的生活就会受到很大影响。外地粮食运输的畅通与否直接影响到徽州地区的米价,特别影响当地人民的生活。虽然当地也设置了常平仓和平籴仓,但需要得到上级政府批准才可以开仓放粮,还是不能够解百姓燃眉之需。鉴于此,端平年间,徽州的地方官另建仓储米,只要当地粮价有所上涨,则即开仓以原价将粮食售与百姓,以平粮价保证百姓的正常生活。根据实际需要,端平仓的储粮量也不断上升。这一情况,既反映了当地官员对端平仓功能的重视,也反映了宋代徽州缺粮的现象日益加重。端平仓始建于宋代端平年间,罗愿《新安志》不可能记载,李以申《新安续志》和洪焱祖《新安后续志》佚文均未辑出"端平仓"的记载,因此,朱同《新安志》佚文的这条资料就

---

① 道光《休宁县志》卷六,恤政·仓局,《中国地方志集成》本,南京:江苏古籍出版社,1998年。

② 罗愿:《新安志》卷四,休宁·官廨,清嘉庆十七年(1812年)刻本。

③ 马蓉等点校:《永乐大典方志辑佚》,第2册,北京:中华书局,2004年,第1048页。

是目前徽州方志中关于宋代"端平仓"最早的记载。弘治《徽州府志》①的记载是对它的继承,而康熙《徽州府志》②、道光《徽州府志》③又加以继承,从而使这条资料保存下来。这些资料可以相互参证。

6. 永丰仓,宋名曰州仓,在天宁寺侧。自宣和睦寇平,始建于此。元更名永丰,大德元年,总管刘克昌改用砖石甃砌一新。国朝改作杂造局,而于局右重建,仍名永丰。[册八一卷七五一四页二十七]④

这条资料主要介绍了"永丰仓"自宋初创建以后在元、明两代又经重修、改名的沿革过程。由于朱同《新安志》修于明代洪武九年,这条资料介绍了明代初年永丰仓改名为杂造局的情况,因此,朱同《新安志》是第一个将这一内容载入徽州府志的,具有首载之功,为后世方志编修提供了资料来源。由此亦可知,永丰仓建成之后几经变化,至迟在明代洪武九年(1376年)原永丰仓就已改为杂造局,而在杂造局右重建一所永丰仓。那么,后来的永丰仓的位置与明代洪武九年以前的就不一样了。弘治《徽州府志》亦载:"永丰仓,宋名州仓,在郡城东北隅,天宁寺侧。自宣和睦寇平始建,更名永丰。元大德元年,总管刘克昌用砖石甃护四旁。国朝改为杂造局,而仓建局右。洪武二十三年改隶新安卫,后寻为属府,仍名永丰。东西止建廒各十二间,环堵不设官廨,密迩廒之两楹中蔽以苇,厂为监临出纳所,弘治十五年,通判陈理建官厅三间,施以髹饰谨以重门,又割仓西隙地,前为征输库迁置,仓大使、副使廨宇于库之后,左右为屋各六间,中为小厅三间,特设门以界别之,内外缭以周

---

① 弘治《徽州府志》卷五,恤政·仓局,《天一阁藏明代方志选刊》本,上海:上海古籍书店影印,1964年。
② 康熙《徽州府志》卷八,营建志下·仓局,《中国方志丛书》本,台北:成文出版社,1970年。
③ 道光《徽州府志》卷三,营建志·仓局,《中国地方志集成》本,南京:江苏古籍出版社,1998年。
④ 马蓉等点校:《永乐大典方志辑佚》,第2册,北京:中华书局,2004年,第1056页。

垣，尤为严密。"① 通过比较可以看出，弘治《徽州府志》记载的前一部分与朱同《新安志》佚文中关于"永丰仓"的内容基本一致，后半部分增加了明代洪武九年以后"永丰仓"发展变化方面的内容。朱同《新安志》佚文应该是弘治《徽州府志》的资料来源，后者是对前者的继承和发展。

局署类资料的价值

局署资料仅有两条，即关于"织染局"和"杂造局"的资料。前一条资料主要介绍了宁国路织染局创建、发展的基本过程，可以了解到宁国路织染局织造的丝绸的数量、花色品种、纳贡数额等方面的情况，是了解元代宁国路纺织业发展的重要参考，具有重要的史料价值。后一条资料主要介绍了徽州杂造局的位置、制造军器的种类和数量以及它修建和兴废的有关情况。

1. 元织染局，在西北隅旧酒务基。打线场在西南关练溪东岸。先于至元二十一年分拨到宁国路织染局生帛机五十张，签拨人匠八百六十二户，自本年正月为始立局。岁造生帛三色，凡一千六佰一段。二十四年，改造熟帛丝绸如生帛之数，凡六色，四季起纳。至元二十八年，添造宁国路丝绸一百五十段。[册一七八卷一九七八一页十六]②

这条资料介绍了有关元代织染局的位置、创建时间、丝绸产品的数量和种类等基本情况。因是元代的事情，所以罗愿《新安志》和李以申《新安续志》皆不可能登载。元代洪焱祖编修的《新安后续志》虽有辑佚，但却没有辑出有关"织染局"的资料，所以朱同《新安志》佚文的这条资料就成为目前徽州方志中关于元代织染局的最早记载。弘治《徽州府志》"公署"条关于"织染局"有如下记载："织染局，元置在城内北隅旧酒务基，打

---

① 弘治《徽州府志》卷五，恤政·仓局，《天一阁藏明代方志选刊》本，上海：上海古籍书店影印，1964 年。

② 马蓉等点校：《永乐大典方志辑佚》，第 2 册，北京：中华书局，2004 年，第 1060 页。

第四章　大典本《新安志》、《徽州府志》和《徽州府新安志》研究　167

线场在西南关练溪东岸,本朝因之于辛丑年,分拨到宁国路织染局生帛机五十张,签拨人匠八百六十二户,自本年正月为始立局,岁造生帛二色。甲辰年,改造熟帛丝绸六色。洪武元年添造宁国路丝绸,二十二年住罢机张,房屋倒塌。永乐元年重建,正厅库房各三间,东西两堂机坊十一间,东西染房六间,门房五间,改造细绢,今岁造深青、黑绿、丹矾红三色,光素纻丝。"①总体看来,弘治《徽州府志》所载内容与朱同《新安志》佚文的内容基本相同,是对朱志的继承。

朱同《新安志》佚文的这段资料具有校勘现存文献记载的价值。根据《新元史》的记载,元世祖至元十六年(1279年)"立织染、杂造二局,以司造作,立提领所以司徭役"②,并在全国各路建立织染局。可见,元代初年即已设立织染局,那么到至元二十一年(1284年)在宁国路设立织染局是很正常的事,大典本朱同《新安志》佚文反映的情况应该是准确的。而弘治《徽州府志》中记载的"织染局"的资料看似与朱同《新安志》佚文中"织染局"的资料相同,但仔细比较却又有不同,弘治《徽州府志》的记载在内容上存在一些问题。"本朝因之于辛丑年"一句似有不妥。元代最后一个辛丑年是至正二十一年(1361年),明代第一个辛丑年是永乐十九年(1421年)。根据弘治《徽州府志》的编修时间,"本朝"应指"明朝",如果将朱元璋称吴王,即元至正二十四年(1364年)以前的几年时间也计入明朝,那么明朝之"辛丑"年也可以指元至正二十一年(1361年)。根据这一分析,弘治《徽州府志》所称"本朝因之于辛丑年,分拨到宁国路织染局生帛机五十张,签拨人匠八百六十二户,自本年正月为始立局"应该是说,明朝于辛丑年(即元至正二十一年,1361年)在宁国路始建织染局,这一情况与事实不符。如果抛开时间不看,弘治《徽州府志》关于"织染局"的记载在明代洪武元年(1368年)以前的内容与大典本朱同《新安志》佚文以及上述其他文献甚至是弘治《徽州府志》关于"上供帛"的记载完全相同,

---

①　弘治《徽州府志》卷五,恤政·仓局,《天一阁藏明代方志选刊》本,上海:上海古籍书店影印,1964年。

②　《新元史》卷六〇,志第二十七,北京:中国书店,1988年。

但反映的历史时间却完全不同。根据以上分析,笔者认为弘治《徽州府志》关于"织染局"的记载在内容上有错乱之处,不仅"本朝因之于辛丑年"一句所在位置不正确,而且将元代"至元"年误作"至正"年了,即将"至元二十四年"误作"至正二十四年",而写成"甲辰"年,将"至元二十八年"误作"至正二十八年",而写成"洪武元年"。因此,弘治《徽州府志》关于"织染局"的记载,元代部分应该遵循大典本朱同《新安志》佚文和其他文献的记载,而明代部分可以保留原记载,即:"织染局,元置在城内北隅旧酒务基,打线场在西南关练溪东岸,先是至元二十一年分拨到宁国路织染局生帛机五十张,签拨人匠八百六十二户,自本年正月为始立局,岁造生帛二色。二十四年,改造熟帛丝绸六色。至元二十八年,添造宁国路丝绸。本朝因之于辛丑年,洪武二十二年住罢机张,房屋倒塌。永乐元年重建,正厅库房各三间,东西两堂机坊十一间,东西染房六间,门房五间,改造细绢,今岁造深青、黑绿、丹矾红三色,光素纻丝。"

另外,弘治《徽州府志》"食货志"①、嘉靖《徽州府志》"食货志"②、道光《徽州府志》"食货志"③在记载"上供帛"时,内容与大典本朱同《新安志》佚文完全一致。而嘉靖《徽州府志》"公署"条④记载"织染局"时有"本朝因之于辛丑年"一句,康熙《徽州府志》"公署"条⑤在记载"织染局"时有"明因之于辛丑年"一句,其在文中的位置不恰当,因此这两则记载亦有误,应当根据上文的分析加以更正。

2. 徽州元杂造局,在东北隅灵顺庙之左。岁用毛铁二千七

---

① 弘治《徽州府志》卷二,食货一·土贡,《天一阁藏明代方志选刊》本,上海:上海古籍书店影印,1964年。

② 嘉靖《徽州府志》卷七,食货志,《北京图书馆古籍珍本丛刊》本,北京:书目文献出版社,1998年。

③ 道光《徽州府志》卷五,食货志·物产,《中国地方志集成》本,南京:江苏古籍出版社,1998年。

④ 嘉靖《徽州府志》卷六,公署志,《北京图书馆古籍珍本丛刊》本,北京:书目文献出版社,1998年。

⑤ 康熙《徽州府志》卷七,营建志上·公署,《中国方志丛书》本,台北:成文出版社,1970年。

百五十四斤,造军器手刀三百六十五把,枪头一百七十五个。上下半年起解。元末毁于兵。国朝创于永丰仓旧基。季造军器漆弓一百七十五张,腰刀三百把。其余头盔、铁甲、箭只等项,随时所需,未有定额。[册百七八卷一九七八一页二十二]①

这条资料主要介绍了徽州杂造局的位置、制造军器的种类和数量以及它修建和兴废的情况。元代洪焱祖《新安后续志》佚文未辑出关于杂造局的内容,因此,朱同《新安志》佚文保存的元代杂造局的资料就是目前徽州府志中最早的记载,而明朝"杂造局"的内容是由朱同《新安志》首次载于徽州府志的,具有始创性价值。

由于朱同《新安志》修于明代洪武九年(1376年),因此,这条资料反映的明代的相关情况应是洪武九年以前的。根据这条记载可知,杂造局实际上是一个兵器制造局,专门负责制造兵器,上缴给政府。最初建于灵顺庙之左,后于元末毁于兵,明代洪武九年以前又重新建造,地点是原永丰仓旧基。在兵器的种类、上缴的时间等问题上,元代的情况不同于明代。元代制造手刀和枪头,一年缴纳两次,上下半年各一次;明代则负责制造漆弓、腰刀、头盔、铁甲、箭只等,漆弓和腰刀是按季度制造,其余各种兵器则根据需要随时制造。从生产兵器的种类和数量看,明代杂造局的规模要远远大于元代,这一方面反映了明代生产能力的提高,另一方面也反映了明初政局未定之时,兵器的需要量很大。

与其他记载相比,朱同《新安志》佚文所载内容更为详细。佚文不仅记载了杂造局设置和废弃的情况,而且还记录了杂造局所制造的武器的种类和数量,记述较为集中。现存其他方志在记载"杂造局"时则主要介绍它的位置和设置的情况,如弘治

---

① 马蓉等点校:《永乐大典方志辑佚》,第2册,北京:中华书局,2004年,第1048页。

《徽州府志》①、嘉靖《徽州府志》②皆称:"杂造局,元置在东北隅灵顺庙之左,元末毁于兵。国朝创于永丰仓旧基,季造军器,今废。每季侨寓谯楼以造",而关于杂造局制造武器的情况却在"食货志"类目下的"财赋"条中加以介绍,即:弘治《徽州府志》:"(元)成造军器,岁用毛铁二千七百五十四斤,造手刀三百六十五口,枪头一百七十五个,上下半年起解";"(国朝)成造军器,杂造局季造漆弓一百七十五张,腰刀三百把,其余头盔、铁甲、弦箭等项随时所需,未有定额"③。嘉靖《徽州府志》则载:"岁课有五……五曰成造军器课,杂造局季造漆弓一百七十九张,腰刀三百把,其余头盔、铁甲、弦箭等项随时所需,未有定额。"④相比而言,朱同《新安志》佚文所载内容更加集中、清楚。正如上文所言,朱同《新安志》在结构安排上与弘治《徽州府志》和嘉靖《徽州府志》不太一样,同样的内容会安排在不同的类目下记载。朱同《新安志》佚文也为考证其他记载提供了参考。

(三)人物类资料的价值

朱同《新安志》佚文中收录了三条人物资料,分别是陈、宋、元三个时代的历史人物。三条资料均简单介绍了人物的生平事迹,特别是仕途方面的内容。人物资料为了解陈、宋、元三个时期的徽州历史人物的基本情况提供了资料。

1. 周景曜,义兴阳羡人也。族弟文育,本新安寿昌县项氏子,年十一善游,反复水中数里,跳高五六尺,群儿莫能及。周荟为寿昌浦口戍主,见而奇之,求养为己子。文育后为开府仪

---

① 弘治《徽州府志》卷二,地理二·古迹,《天一阁藏明代方志选刊》本,上海:上海古籍书店影印,1964年。
② 嘉靖《徽州府志》卷二一,古迹,《北京图书馆古籍珍本丛刊》本,北京:书目文献出版社,1998年。
③ 弘治《徽州府志》卷三,食货二·财赋,《天一阁藏明代方志选刊》本,上海:上海古籍书店影印,1964年。
④ 嘉靖《徽州府志》卷七,食货志,《北京图书馆古籍珍本丛刊》本,北京:书目文献出版社,1998年。

第四章　大典本《新安志》、《徽州府志》和《徽州府新安志》研究　171

同三司。景曜以文育故,官至新安太守。[册九卷八八四二页二]①

"周景曜"这条人物资料中实际上包括了两个人物,一位是周景曜本人,一位是其族弟周文育。这条资料介绍了两人的一些基本情况和两人之间的连带关系。罗愿《新安志》②中也有类似的记载。朱同《新安志》是对罗愿《新安志》的继承。后世弘治《徽州府志》③、嘉靖《徽州府志》④、康熙《徽州府志》⑤、道光《徽州府志》⑥中都有关于"周景曜"的记载,内容也大体相同。

2. 毕祈凤,字景韶,休宁人。年十七,即亚卿荐,参阅礼斋。宋开禧元年乙丑,省试第五,以谅阴免廷对,赐进士出身,授建康府都统司干官,入沿江制幕。再任六考,授知澧州石门县事、荆湖四川宣抚大使。禩孙稔知其名,奏擢兼宣抚幕,知辰州事。卒年七十有七。[册一八二卷二〇二〇五页十四]⑦

这条资料简单介绍了毕祈凤的生平事迹,包括他的字、籍贯、参加科举考试、仕途、卒年等方面的情况。"毕祈凤"生活在罗愿、李以申编修志书以后的时间里,罗愿《新安志》和李以申《新安续志》皆不可能记载他的资料,而洪焱祖《新安后续志》佚文未辑出"毕祈凤"的资料,因此,朱同《新安志》佚文便是目前徽州府志中最早的记载。弘治《徽州府志》⑧亦载有"毕祈凤",

---

① 马蓉等点校:《永乐大典方志辑佚》,第 2 册,北京:中华书局,2004年,第 1062 页。
② 罗愿:《新安志》卷九,牧守,清嘉庆十七年(1812年)刻本。
③ 弘治《徽州府志》卷四,职制·太守,《天一阁藏明代方志选刊》本,上海:上海古籍书店影印,1964年。
④ 嘉靖《徽州府志》卷四,郡县职官,《北京图书馆古籍珍本丛刊》本,北京:书目文献出版社,1998年。
⑤ 康熙《徽州府志》卷三,秩官志上·郡县职官表,《中国方志丛书》本,台北:成文出版社,1970年。
⑥ 道光《徽州府志》卷七,职官制·郡职官,《中国地方志集成》本,南京:江苏古籍出版社,1998年。
⑦ 马蓉等点校:《永乐大典方志辑佚》,第 2 册,北京:中华书局,2004年,第 1062 页。
⑧ 弘治《徽州府志》卷八,人物二·官业,《天一阁藏明代方志选刊》本,上海:上海古籍书店影印,1964年。

它是对朱同《新安志》的继承。后世的嘉靖《徽州府志》①、康熙《徽州府志》②、康熙《休宁县志》③、道光《徽州府志》④、道光《休宁县志》⑤皆是对前志的继承。《元史》没有毕祈凤传,因此,朱同《新安志》佚文保存的这条资料应予以重视。

3. 歙县人郑千龄,授延陵巡检,累转至休宁县尹,以疾卒。千龄操守廉介,学者私谥曰贞白先生,乡人因以名其里。[卷八五七〇页十四]⑥

《永乐大典方志辑佚》一书将这条资料归入【诗文】条目下,但因此条资料只涉及历史人物的基本情况,并未保存有关的诗文内容,所以笔者将其归在人物类资料中。

郑千龄是元代人,所以罗愿《新安志》和李以申的《新安续志》中没有相关的记载。洪焱祖《新安后续志》佚文未辑出有关"郑千龄"的资料。虽然朱同《新安志》佚文中"郑千龄"的记载比较简单,但它却是目前徽州方志中保存下来的最早的记载。弘治《徽州府志》中关于"郑千龄"的记载正是对这条资料的继承和完善:"郑千龄,字耆卿,歙双桥人。授延陵巡检,转祁门尉,改淳安县,迁休宁县尹。操守廉介,所至有惠政,祁门民尤德之。学者私谥曰'贞白先生',有司复为作里门,易其所居善

---

① 嘉靖《徽州府志》卷十七,宦业列传,《北京图书馆古籍珍本丛刊》本,北京:书目文献出版社,1998年。
② 康熙《徽州府志》卷十四,人物志·宦业,《中国方志丛书》本,台北:成文出版社,1970年。
③ 康熙《休宁县志》卷六,人物·宦业,《中国方志丛书》本,台北:成文出版社,1970年。
④ 道光《徽州府志》卷十二,人物志·宦业,《中国地方志集成》本,南京:江苏古籍出版社,1998年。
⑤ 道光《休宁县志》卷十四,人物·高逸,《中国地方志集成》本,南京:江苏古籍出版社,1998年。
⑥ 马蓉等点校:《永乐大典方志辑佚》,第2册,北京:中华书局,2004年,第1064页。

福里,为'贞白里'。子玉。"①另外,嘉靖《徽州府志》②、康熙《徽州府志》③、乾隆《歙县志》④、道光《祁门县志》⑤、道光《徽州府志》⑥中都有"郑千龄"的记载,都是对前志的继承和发展。朱同《新安志》佚文保存的资料可以对后世方志记载进行考证。《元史》没有郑千龄传,因此,朱同《新安志》佚文可以为了解元代历史人物提供参考。

(四)文化类资料的价值

文化类资料共有四条,是诗文方面的内容。其中收录了四条五代、北宋时期诗文方面的资料。这些诗文有的是全文抄录,有的只抄录几句,有的虽然只提及诗作之名,而无内容摘录,但也能够借此了解这些人物在文学方面所取得的成就。另外,还有两条资料明确地注明了资料的出处,这为寻找资料的来源、进行考证提供了方便。

1. 中都一士大夫家收江南李后主书一诗云:"铜壶漏滴初尽,高阁鸡鸣半空。催起五门金锁,犹垂三殿珠笼。阶前御柳摇绿,仗下宫花散红。鸳瓦数行晓日,鸾旗百尺春风。侍臣舞蹈⑦重拜,圣寿南山永同。"下有冯延巳三字。[册七卷八二二页五]⑧

---

① 弘治《徽州府志》卷八,人物志·宦业,《天一阁藏明代方志选刊》本,上海:上海古籍书店影印,1964年。
② 嘉靖《徽州府志》卷十七,宦业列传,《北京图书馆古籍珍本丛刊》本,北京:书目文献出版社,1998年。
③ 康熙《徽州府志》卷十三,人物志·宦绩,《中国方志丛书》本,台北:成文出版社,1970年。
④ 乾隆《歙县志》卷十一,人物志·宦绩,《中国方志丛书》本,台北:成文出版社,1970年。
⑤ 道光《祁门县志》卷二十一,职官志,清道光丙戌(1826年)刻本。
⑥ 道光《徽州府志》卷十二,人物志·宦业,《中国地方志集成》本,南京:江苏古籍出版社,1998年。
⑦ "舞蹈"二字在《永乐大典》(北京:中华书局,1986年,第258页)中为"蹈舞"。
⑧ 马蓉等点校:《永乐大典方志辑佚》,第2册,北京:中华书局,2004年,第1062页。

这条资料收录的是江南李后主的一首诗。这首诗在罗愿《新安志》中也有收录①。两志所载诗文内容基本一致，只是朱同《新安志》佚文在"下有冯延巳三字"后少了"《阳春录后》"四个字。朱同《新安志》是对罗愿《新安志》的继承。弘治《徽州府志》②也有相似的记载。这些记载可以相互参证。

朱同《新安志》佚文"侍臣舞蹈重拜"一句中"舞蹈"二字在《永乐大典》残卷中为"蹈舞"二字。究竟是"舞蹈"还是"蹈舞"，文献记载中各有不同。罗愿《新安志》、弘治《徽州府志》、《全唐诗》③、《新编古今事文类聚》④、《五代史记注》⑤、《五代诗话》⑥、《类说》⑦、《侯鲭录》⑧皆称"蹈舞"，而《花草稡编》⑨、《全五代诗》⑩、《历代诗余》⑪、《词律拾遗》⑫则都用"舞蹈"二字。姑存两说。

2. 石敏若学士《橘林文》，汪彦章内翰《龙溪集》并行于世。二集之诗，相犯甚多。如"鸟声应为故人好，梨雪欲将春事空"，"山色总兼溪色好，松声长作竹声寒"，"负郭生涯千亩竹，长年心事四愁诗"，"千里江山渔笛晚，十年灯火客毡寒"，"日边人去雁行断，江上秋高枫叶寒"，"天阔鸟双下，山寒人独归"及《阻风余干渡》、《咏水晶数珠》、《次苏养直韵寄黄元功》、《阻风雨辟邪渡寄王仲诚》、《客至》、《夏夜示友人》等诗，皆全篇见于两集，未

---

① 罗愿：《新安志》卷一〇，诗话，清嘉庆十七年（1812年）刻本。
② 弘治《徽州府志》卷十二，词翰二·拾遗，《天一阁藏明代方志选刊》本，上海：上海古籍书店影印，1964年。
③ （清）曹寅编：《全唐诗》卷七三八，清文渊阁《四库全书》本。
④ （宋）祝穆：《新编古今事文类聚》续集卷五，清文渊阁《四库全书》本。
⑤ （清）彭元瑞、刘凤诰：《五代史记注》卷六二上之下，清道光八年（1828年）刻本。
⑥ （清）郑方坤：《五代诗话》卷三，清刻粤雅堂丛书本。
⑦ （宋）曾慥编：《类说》卷十五，清文渊阁《四库全书》本。
⑧ （宋）赵令畤：《侯鲭录》卷一，清知不足斋丛书本。
⑨ （明）陈耀文编：《花草稡编》卷十二，小令，清文渊阁四库全书补配清文津阁《四库全书》本。
⑩ （清）李调元：《全五代诗》卷二五，清函海本。
⑪ （清）沈辰垣辑：《御选历代诗余》卷三八，清文渊阁《四库全书》本。
⑫ （清）徐本立：《词律拾遗》卷二，清同治十二年（1873年）刻本。

第四章　大典本《新安志》、《徽州府志》和《徽州府新安志》研究　175

知果谁作？设皆内翰所为，则《橘林》中诗本自无多，去此，遂空冀北之群矣。出《渔隐丛话》。渔隐者，绩溪胡待制长子，名仔，寓①居吴兴，自号苕溪渔隐。[册七卷八二二页五]②

　　这条资料转引自《渔隐丛话》，收录了石敏若和汪彦章的几首诗词中的诗句，以及他们所作的一些诗作的诗名。这段佚文中也涉及了《渔隐丛话》的编者胡仔对石敏若的《橘林文》和汪彦章的《龙溪集》的评论，提出了疑问，也为了解有关情况提供了参考。通过这段资料，可以了解到胡仔的一些思想见解，这是学术思想方面的内容。

　　这段资料在罗愿《新安志》③和弘治《徽州府志》④中均有记载，虽个别语句不同，但基本内容是相同的，这说明朱同《新安志》是以罗愿《新安志》为参考，而弘治《徽州府志》则继承了前二志的成果。方志编修的继承性使文献资料得以保存。而朱同《新安志》佚文为考证其他二志的记载提供了参考。

　　"汪藻，字彦章，号龙溪"，"有《浮溪集》六十卷行于世，亦名《龙溪集》"⑤，"汪内翰藻少在郡斋"⑥，可见，朱同《新安志》佚文所载之汪彦章内翰即汪藻，其作品《浮溪集》亦称《龙溪集》。汪藻的《浮溪集》被收入《丛书集成初编》，这部《浮溪集》收录了《阻风雨辟邪渡寄王仲成》、《次韵苏养直寄黄元功》、《水晶数珠诗》⑦（其他文献多称《咏水晶数珠》）三首诗，另外还有"天阔鸟

――――――――――

①　"寓"字在《永乐大典》（北京：中华书局，1986年，第258页）中为"万"字。应以"寓"字为佳。

②　马蓉等点校：《永乐大典方志辑佚》，北京：中华书局，2004年，第1062～1063页。

③　罗愿：《新安志》卷一〇，诗话，清嘉庆十七年（1812年）刻本。

④　弘治《徽州府志》卷十二，词翰·拾遗，《天一阁藏明代方志选刊》本，上海：上海古籍书店影印，1964年。

⑤　弘治《徽州府志》卷七，人物·勋贤，《天一阁藏明代方志选刊》本，上海：上海古籍书店影印，1964年。

⑥　嘉靖《徽州府志》卷二二，书籍，《北京图书馆古籍珍本丛刊》本，北京：书目文献出版社，1998年。

⑦　汪藻：《浮溪集》卷三〇，《丛书集成初编》本，北京：中华书局，1985年。

双下,山寒人独归"①、"负郭生涯千亩竹,长年心事四愁诗"、"千里江山渔笛晚,十年灯火客毡寒"、"日边人去雁行断,江上秋高枫叶寒"、"鸟声应为故人好,梨雪欲将春事空"、"山色总兼溪色好,松声长学雨声寒"②这些诗句。而《阻风余干渡》、《客至》、《夏夜示友人》三首诗却没有收录。汪藻的《浮溪集》亦收入《四库全书》中,这部《浮溪集》收录了《阻风雨辟邪渡寄王仲成》、《次韵苏养直寄黄元功》、《水晶数珠诗》③三首诗,以及"负郭生涯千亩竹,长年心事四愁诗";"日连人去雁行断,江上秋高枫叶寒";"千里江山渔笛晚,十年灯火客毡寒";"山色总兼溪色好,松声长学雨声寒"④等诗句。《阻风余干渡》、《客至》、《夏夜示友人》三首亦未收录,"天阔鸟双下,山寒人独归"一句也未得见。《诗人玉屑》收录了石敏若的两名诗,即:"负郭生涯千亩竹,长年心事四愁诗"和"千里江山渔笛晚,十年灯火客毡寒"⑤,但未载其他诗句。朱同《新安志》佚文可以为了解石敏若和汪藻的诗文作品提供参考。

3. 郡西北黄山有三十六峰,与宣、池接境,岩岫秀丽可爱,仙翁释子多隐其中。山有汤泉,色红,可以澡瀹。刘宜翁尝游焉,题诗寺壁有曰:"山有灵砂泉色红,涤除身垢信成功。不除身上无明业,只与山间众水同。"宜翁名谊,元丰间,自广东移江西,皆持使节上疏议新法勒停。或云宜翁晚得道不出,东坡绍圣所与书可见矣。谊疏云:"自唐朝庸调法坏,五代至皇朝税赋凡五增其数矣。今又大更张,不更其本,敛愈重,民愈困,为害凡十。"又言:"变祖宗法者,陛下也;承意以立法者,安石也;讨论润色之者,惠卿、鲁布、章惇之徒也。"其语激切深至。内批

---

① 汪藻:《浮溪集》卷三〇,《丛书集成初编》本,北京:中华书局,1985年。

② 汪藻:《浮溪集》卷三一,《丛书集成初编》本,北京:中华书局,1985年。

③ 汪藻:《浮溪集》卷三〇,《四库全书》本,上海:上海古籍出版社,1987年。

④ 汪藻:《浮溪集》卷三一,《四库全书》本,上海:上海古籍出版社,1987年。

⑤ (宋)魏庆之:《诗人玉屑》卷三,清文渊阁《四库全书》本。

第四章 大典本《新安志》、《徽州府志》和《徽州府新安志》研究 177

云:"谊张皇上书,公肆诞谩,上惑朝廷,外摇众听,可特勒停。"广录。[册七卷八二二页五]①

"广录"二字应加标点,即"《广录》"。这条资料记载了北宋元丰年间刘宜翁的诗作以及他上疏议新法勒停的事情。罗愿《新安志》未载此条资料,李以申《新安续志》佚文未辑出这条资料,洪焱祖《新安后续志》亦辑出这条佚文,内容基本相同,朱同《新安志》佚文是对洪焱祖《新安后续志》的继承。弘治《徽州府志》②亦有记载,虽有个别字句不同,但基本意思没有什么差别。弘治《徽州府志》和嘉靖《徽州府志》③是对朱同《新安志》的继承。

检阅《宋史》,未载刘谊上书力陈立法之弊一事,亦未收录刘谊书写于寺壁上的这首诗,因而朱同《新安志》佚文可补正史之阙。而《续资治通鉴长编》则载:元丰五年,刘谊上书皇帝,力陈立新法之后赋税加重的不利影响。"上批:'刘谊职在奉行法度,既有所见,自合公心陈露。辄敢张皇上书,惟举一二偏僻不齐之事,意欲概坏大法,公肆诞谩,上惑朝廷,外摇众听,宜加显黜,以儆在位。特勒停。'"④嘉庆《宁国府志》载:"刘谊,字宜翁,长兴人。熙宁初为泾尉,痛绝豪强,悉绳以法。既去,民思,后以论新法被谪,隐居三茅山。"⑤这两条记载可与朱同《新安志》佚文相互参考,互为补充。

朱同《新安志》佚文保存的这条资料还具有辑佚他书的价值。从朱同《新安志》佚文看,这条资料出自于"《广录》",由于《新安志》收录的是徽州地区的资料,因此"《广录》"应当指的是《新安广录》,而根据徽州府志编修源流及存佚情况,《新安广

---

① 马蓉等点校:《永乐大典方志辑佚》,第2册,北京:中华书局,2004年,第1063页。

② 弘治《徽州府志》卷十二,词翰二·拾遗,《天一阁藏明代方志选刊》本,上海:上海古籍书店影印,1964年。

③ 嘉靖《徽州府志》卷二二,拾遗,《北京图书馆古籍珍本丛刊》本,北京:书目文献出版社,1998年。

④ (宋)李焘:《续资治通鉴长编》卷三二四,清文渊阁《四库全书》本。

⑤ 嘉庆《宁国府志》卷五,职官表,《中国地方志集成》本,南京:江苏古籍出版社,1998年。

录》早已亡佚。《新安广录》已经散佚,那么就有必要对其加以辑佚以恢复它的本来面目。既然朱同《新安志》佚文收录的这条资料出自于《广录》,它就成为辑佚《广录》的重要的资料来源。

4. 天禧二年,尚书员外郎舒雄序职方曹公诗云:近世诗人之作,多陷轻巧雕刻,大丧风雅。惟君之诗,立意措辞,以平澹雅正为本。浑金璞玉,得于自然,其体致高远,有王右丞、孟处士之风骨。如《赠渔父》云:"逍遥五湖上,活计一竿头。"《览金员外岳诗集》云:"却为吟新句,不成弹古琴。"《喜友人过隐居》云:"旋收松上雪,来煮雨前茶。"《山居书事》云:"云生枕上藤床冷,火迸炉中药鼎香。"此深到古人之趣也。政和间,葛胜仲来宰休宁,得其诗而读之,谓句法隽逸,又谓属辞精深。且知公以经术德义高蹈州里,与潘、魏二征君、和靖林居士篇什尝相往来,每慨叹之,而恨不及见也。公名汝弼,字梦得,自号松萝山人云。[册七卷八二二页五]①

这条资料主要记载了舒雄对宋人曹汝弼诗作的评论,并兼及曹汝弼的几首诗句,是文学评论方面的资料。这条资料不仅反映了曹汝弼文学方面的成就和特点,也说明了舒雄的学术见解,是了解宋代文学思想和成就的重要参考。嘉庆《宁国府志》载:"舒雄,雅弟,博涉书史。端拱己丑榜眼,初为太常簿。咸平四年知荆门军。祥符七年,知处州,历殿中丞,累官至礼部尚书。"②舒雄本人也是"博涉书史"的,是一位非常有才学的人。从这一点看,连舒雄都大加赞赏的人一定是博学多才,品行和学问都属上品的人。道光《休宁县志》的记载证实了这一推论,"曹汝弼,字梦得,城南人。以经术德义高蹈州里,工篇什篆隶。与林逋、魏野相往来,故其诗亦似之,号'松箩山人'。有《海宁

---

① 马蓉等点校:《永乐大典方志辑佚》,第 2 册,北京:中华书局,2004年,第 1063~1064 页。

② 嘉庆《宁国府志》卷二七,人物志·宦绩,《中国地方志集成》本,南京:江苏古籍出版社,1998 年。

集》,舒职方雄尝为序,谓其体致高远,有王右丞、孟处士风骨"①。由此可见,曹汝弼"以经术德义高蹈州里",不仅文笔好,而且还擅长书法,他的诗深受林逋、魏野等人诗风的影响。曹汝弼曾编有《海宁集》,舒雄为之作序。《永乐大典》本《新安志》亦保存了舒雄为曹汝弼《海宁集》所作之序的部分内容,从中可以了解到舒雄对于曹汝弼之诗的评价:"近世诗人之作,多陷轻巧雕刻,大丧风雅。惟君之诗,立意措辞,以平澹雅正为本。浑金璞玉,得于自然,其体致高远,有王右丞、孟处士之风骨","此深到古人之趣也"②。从舒雄的评论看,当时诗风不正,大多只追求"轻巧雕刻",对此舒雄十分鄙弃,而推崇"平澹雅正"的诗文,所以对于曹汝弼非常崇敬。由此可见,舒雄本人的诗作应该也是注重质量,立意措辞都非常讲究的。舒雄序中亦提及政和年间在休宁做官的葛胜仲对曹诗的看法:"谓句法隽逸,又谓属辞精深"③,朱同《新安志》佚文所言与此相同,可见葛胜仲对曹汝弼诗歌的评价是比较高的。大典本朱同《新安志》佚文保存的诗句及舒雄之序,不仅反映了曹汝弼的文学成就和特点,也说明了舒雄的学术见解,可以为了解宋代文学思想和成就的提供参考。

关于"曹汝弼"生平事迹的情况在现存文献中多有记载,但这条关于他的诗作的评论方面的资料在现存徽州方志中很难见到,因此,朱同《新安志》佚文保存的这条资料不仅是目前徽州方志中的最早的记载,而且还是非常稀见的珍贵资料。它不仅为认识徽州地区的历史人物提供了新的参考,也提供了文学评论方面的重要资料。由于《宋史》没有曹汝弼传,这条资料可以与第二章"李以申《新安续志》佚文辑补"部分的曹汝弼的资料相互结合,以更加全面地了解这个历史人物的有关情况。

---

① 道光《休宁县志》卷十二,人物·文苑,《中国地方志集成》本,南京:江苏古籍出版社,1998年。
② 《永乐大典》,第1册,北京:中华书局,1986年,第258页。
③ 《永乐大典》,第1册,北京:中华书局,1986年,第258页。

(五)遗事类资料的价值

朱同《新安志》佚文还收录了一则遗事方面的资料,即关于阎居敬的一则遗事,是了解徽州地区奇闻逸事的参考资料。

> 新安人阎居敬,所居①山水所浸,恐屋坏,移榻于户外而寝。梦一乌衣人曰:"君避水在此,我亦避水至此,于君何害,而迫迮我如是,不快甚矣。"居敬寝,不测其故。尔夕三梦,居敬曰:"岂吾不当止此耶!"因命移床。乃床脚斜压一龟于户限外,放之乃去。[册一百三六卷一三一三九页十六]②

"遗事"一目是方志中非常重要的一个类目,它收录的多为奇闻逸事。朱同《新安志》佚文仅保留了一条"遗事"方面的资料。罗愿《新安志》③和弘治《徽州府志》④中均有此条资料的记载,除个别字句有不同外,内容基本上没有什么差别。这就再次印证了朱同修志继承前志优秀成果的特点。

这条资料具有校勘他志的作用。罗愿《新安志》称"新安人闵居敬",弘治《徽州府志》和《太平广记》⑤以及朱同《新安志》佚文皆称"新安人阎居敬",当以后者为确,罗愿《新安志》中的"闵"字为"阎"字之误,两字是形近而误。"乃床脚斜压一龟于户限外"一句,罗愿《新安志》作"乃床脚斜压一龟于户臬外",而弘治《徽州府志》则作"乃床脚斜压一龟于户根"。"户限"即"门槛"之意,故此句当以"户限"为最妥。罗愿《新安志》有误。弘治《徽州府志》"户根"一词,与"户限"形近,应是字形相近而误。

综上所述,朱同《新安志》佚文保存的资料在《永乐大典》徽州方志佚文中所占篇幅较大。这些资料不仅内容丰富,而且涉

---

① 《永乐大典》中"居"字之后有一"水"字(北京:中华书局,1986年)。
② 马蓉等点校:《永乐大典方志辑佚》,第2册,北京:中华书局,2004年,第1064页。
③ 罗愿:《新安志》卷一〇,神异,清嘉庆十七年(1812年)刻本。
④ 弘治《徽州府志》卷十二,词翰二·拾遗,《天一阁藏明代方志选刊》本,上海:上海古籍书店影印,1964年。
⑤ (宋)李昉等:《太平广记》卷四七二,北京:中华书局,1961年。

及地区广泛,包括徽州府所辖歙县、休宁、婺源、祁门、黟县、绩溪六县,涉及地理、经济、人物、文化、遗事等方面的内容,为更加全面地了解徽州地区社会历史发展变化的有关情况提供了充实的资料。这些资料中"石莲岭"、"碎石岭"、"剥岭"、"上枭岭"、"碜岭"、"长林岩"、"玉梅"、"判官梅"、"曹汝弼诗文"九条为现存徽州方志所鲜载,有八条自然地理、物产和仓廪方面的资料,即"新岭"、"石墨岭"、"危峰岭"、"笙"、"篁竹"、"苦竹"、"平准仓"、"宋际留仓"(两条),虽与现存文献同记一事,但内容却有所不同,这些资料皆起到了补充现存记载的作用,可以与现存其他文献记载互相补充,能够为更加全面地了解相关问题提供新线索。由于朱同《新安志》修于明代洪武九年(1376年),因此,其佚文保存的明代的资料皆反映的是明代洪武九年以前的史实,"榜纸"、"永丰仓"、"织染局"和"杂造局"等资料都是反映明代初年徽州地区相关情况的,这几条资料由朱同《新安志》首次载入徽州府志,具有始创性价值,为后世方志编修提供了参考和资料来源。朱同《新安志》佚文具有非常重要的史料价值。朱同《新安志》佚文还具有文献学价值。其中"新岭"、"婺源西湖"、"元织染局"和"遗事"等资料皆能校勘现存其他记载的错误。"吴村"、"孔灵村"、"苦竹"和"刘谊诗文"等条资料皆转引了几部佚书的内容,是辑佚古书的资料来源,具有辑佚古书的价值。朱同《新安志》佚文保存的资料还有一些是现存徽州方志中最早的记载,可以为考证其他记载提供参考。大典本朱同《新安志》佚文为研究徽州社会历史发展的情况提供了许多有价值的材料,应当进一步发掘和利用。

七、大典本朱同《新安志》佚文订误和辑补

《永乐大典》修成之后只有手抄本正、副二本,而正本在明代末年就已散佚不见。由于是众人手抄而成,再加上流传过程中其他因素的影响,故其错讹是难以避免的。而《永乐大典方志辑佚》一书是一部辑佚之作,只是对所收"方志个别文字有明显脱漏者,今增补文字标以括号,至于其他讹缺者,因无版本依

据,难以补改,故今一仍其旧"①,未作进一步的考订。为了更好地发掘佚文的价值,并进一步利用佚文,有必要考订出佚文的错讹,并对其加以订正。朱同《新安志》赖《永乐大典》保存部分内容,笔者又据现存其他徽州方志及其他有关资料查找到几条朱同《新安志》佚文,能够进一步丰富这部佚志的内容,有利于更好地认识朱同《新安志》的价值,亦予以补辑。

(一)大典本朱同《新安志》佚文订误

考虑到方志编修的继承性,本书在充分利用现存徽州方志的基础上,广征其他文献,对大典本朱同《新安志》佚文作了全面的考察,发现其问题,订正其讹误。对能判断正误的给予订正,无法确定正误的则列出异说,以存疑处之。

1.石墨岭,在黟县南八十里。出石断裂齐截,黑质黑章,脆腻易折,不可磨。今释氏多采之以染衣。②

此段记载中"在黟县南八十里"一句有误。关于"石墨岭"(也称"墨岭(山)")的资料,现存文献叙述黟县山川时多有记载。《方舆胜览》称"墨岭山在黟县南六十里,出石墨"③,弘治《徽州府志》④、《南畿志》⑤、康熙《徽州府志》⑥、《嘉庆重修一统志》⑦

---

① 马蓉等点校:《永乐大典方志辑佚》,第 1 册,北京:中华书局,2004 年,前言,第 24 页。
② 马蓉等点校:《永乐大典方志辑佚》,第 2 册,北京:中华书局,2004 年,第 1057 页。
③ (宋)祝穆撰,祝洙增订,施和金点校:《方舆胜览》卷十六,徽州,《中国古代地理总志丛刊》本,北京:中华书局,2003 年,第 283 页。
④ 弘治《徽州府志》卷一,地理一·山川,《天一阁藏明代方志选刊》本,上海:上海古籍书店影印,1964 年。
⑤ (明)闻人诠、陈沂纂修:《南畿志》卷五三,《四库全书存目丛书》本,济南:齐鲁书社,1996 年。
⑥ 康熙《徽州府志》卷二,舆地志下·山川,《中国方志丛书》,台北:成文出版社,1970 年。
⑦ 《嘉庆重修一统志》卷一一二,《中国古代地理总志丛刊》本,北京:中华书局,1986 年。

皆称墨岭在黟县南十六里,《大明一统名胜志》①称墨岭在黟县南十八里,而朱同《新安志》佚文则称在黟县南八十里。从以上文献看,关于"石墨岭"地理位置的记载就有四种,有称"县南八十里"的,有称"县南六十里"的,有称"县南十六里"的,也有称"县南十八里"的,那么究竟哪种记载比较正确呢?

要解决这一问题可以考察黟县的疆域情况。朱同《新安志》修于明代洪武初年,现存最早的徽州府志则为弘治年间所修,虽然两志编修时间相距一百多年,但从整个明代来看,徽州地区的疆域变化不大,因此,可以以弘治年间所修之《徽州府志》为依据来考察黟县的疆域情况。根据弘治《徽州府志》的记载,"黟县在府城西北一百四十里,东抵休宁县界,西抵祁门县界,广六十里。南抵休宁县界,北抵宁国府太平县界,袤七十里。东至休宁县界三十五里,西至祁门县界二十五里,南至休宁县界四十五里"②。《说文解字》云:"南北曰袤,东西曰广。"③由此可知,该县南北跨度最长不过七十里,而从黟县县城到最南边界也不过只有四十五里。因此,上述文献中凡称"石墨岭"在黟县南"八十里"或"六十里"的应该都是错误的。另外,关于这一判断可以从当代黟县方志中找到佐证。1988年编修的《黟县志》称石墨岭"位于渔亭乡桃源村境内",而渔亭"地处县境南部,距县城13公里"④,因此,石墨岭在黟县南"八十里"或"六十里"之说有误。据此,朱同《新安志》佚文作"八十里"为误,《方舆胜览》称"墨岭山在黟县南六十里"亦误。而石墨岭位于县南"十八里"和"十六里"两说,应该都是比较合理的。"十八里"和"十六里"仅两里之差,一般说来,古人对于"一里"究竟有多长的主观认识或不准确,或不统一,或说"十八",或说"十六"都不能算错,而且"八"和"六"字形十分相似,因此,目前尚

---

① (明)曹学佺:《大明一统名胜志》卷三,《四库全书存目丛书》本,济南:齐鲁书社,1996年。
② 弘治《徽州府志》卷一,地理一·疆域,《天一阁藏明代方志选刊》本,上海:上海古籍书店影印,1964年。
③ (汉)许慎:《说文解字》卷八上,清文渊阁《四库全书》本。
④ 黟县地方志编纂委员会编:《黟县志》,地理志·山脉,北京:光明日报出版社,1988年,第40、51页。

未有充分的证据来判断两者的是非,姑存两说。

2. 危峰岭,在徽州府歙县南九十里,高十里,来自休宁之白际,南界于睦之遂安县。①

"高十里"一句有误。弘治《徽州府志》叙述歙县山川时也有关于"危峰岭"的记载:"危峰岭,在县南九十里,其高十仞,发脉自休宁白际山。"②其中"高十里"作"高十仞"。从方志记载来看,山脉的高度多以"仞"为单位,如,罗愿《新安志》:"乌聊山,在县西北三百五十步,高二十八仞"③;"鸡笼山在县南九十里,高百六十仞";"岐山在县西六十里,高二百仞"④;"浙源山,在县北七十里,亦曰浙岭,高三百五十仞"⑤。另外,如果危峰岭高十里,也就是将近5000米高,而徽州地区的最高峰海拔也才只有2000米左右的高度,如莲花峰海拔1860多米,天都峰海拔1810多米,相对高度则要更低一些,因此,危峰岭"高十里"的记载与事实不符。而"一仞"相当于周尺7尺或8尺,周尺1尺约合23厘米。"高十仞"的山有近20米的高度,这应该是相对高度,是比较符合实际情况的。故当以"高十仞"为确。

3. 方吴岭,在歙县南九十里危峰之东高倍岭之巅,有小岭七十有二,徽达遂安之接径也。其麓曰石门,水北流合白际之水以达于浙。⑥

"在歙县南九十里危峰之东高倍岭之巅,有小岭七十有二"一句标点有误,另有倒字、脱字,且"小岭七十有二"有误。其他徽州府志亦载有"方吴岭"的资料,为说明问题将其摘录并加以标点。弘治《徽州府志》记载歙县山岭时有如下内容:"方吴岭,在县南九十里,危峰岭之东,高倍之,其顶有小岭七十二,乃本

---

① 马蓉等点校:《永乐大典方志辑佚》,第2册,北京:中华书局,2004年,第1057页。
② 弘治《徽州府志》卷一,地理一·山川,《天一阁藏明代方志选刊》本,上海:上海古籍书店影印,1964年。
③ 罗愿:《新安志》卷三,歙县·山阜,清嘉庆十七年(1812年)刻本。
④ 罗愿:《新安志》卷四,休宁·山阜,清嘉庆十七年(1812年)刻本。
⑤ 罗愿:《新安志》卷五,婺源·山阜,清嘉庆十七年(1812年)刻本。
⑥ 马蓉等点校:《永乐大典方志辑佚》,第2册,北京:中华书局,2004年,第1057页。

府往遂安捷径也。其麓曰石门，水北流，合白际之水以达于浙江。"①嘉靖《徽州府志》载：歙县"南九十里曰危峰岭，支发休宁白际，危峰之东方吴岭，石门之水出焉，岭巅小岭十二，可通遂安，皆地阨塞"②。道光《徽州府志》载："方吴岭，在府南九十里，高二十二仞，有小岭十二，自府境往严州遂安县此为捷径，其麓有石门水，北合白际之水，以达于浙江。"③康熙《徽州府志》④、嘉庆《重修一统志》⑤、光绪《重修安徽通志》⑥皆有相关记载。这些记载的标点及内容应该是文从字顺的。上文言"危峰岭"高度为"高十仞"，那么，方吴岭"二十二仞"之高与危峰岭相比确实是"高倍之"。

以上记载皆言方吴岭岭巅有"小岭十二"，而朱同《新安志》佚文则言"有小岭七十有二"，从实际情况看，方吴岭一个山岭的山顶就有小岭七十二座可能性不大，当以"岭巅有小岭十二"为长。朱同《新安志》佚文"七十有二"当为"十二"之误。从内容来看，朱同《新安志》佚文这条资料应该是介绍"方吴岭"的地理位置及其基本情况的，根据文义以及上述各志的记载，句中"危峰"后脱一"岭"字，且"岭之巅"的"岭"字为倒字且标点有误，正确的文字及标点应为："在歙县南九十里，危峰岭之东，高倍之，岭巅有小岭十二。"另外，弘治《徽州府志》所载"其顶有小岭七十二"⑦一句有误，"七十二"乃"十二"之误。

4. 灵岩，在徽州府州城西北一百二十里。中有洞灵观，观

---

① 弘治《徽州府志》卷一，地理一·山川，《天一阁藏明代方志选刊》本，上海：上海古籍书店影印，1964年。
② 嘉靖《徽州府志》卷二，山川志，《北京图书馆古籍珍本丛刊》本，北京：书目文献出版社，1998年。
③ 道光《徽州府志》卷二，舆地志下·山水，《中国地方志集成》本，南京：江苏古籍出版社，1998年。
④ 康熙《徽州府志》卷二，舆地志·山川，《中国方志丛书》本，台北：成文出版社，1970年。
⑤ 《嘉庆重修一统志》卷一一二，《中国古代地理总志丛刊》本，北京：中华书局，1986年。
⑥ 光绪《重修安徽通志》卷二五，舆地志，清光绪四年（1878年）刻本。
⑦ 弘治《徽州府志》卷一，地理一·山川，《天一阁藏明代方志选刊》本，上海：上海古籍书店影印，1964年。

之东北曰庆云洞,岩窦皆五色,两崖瀑流之,上有真人鸾鹤云霞之众①。更入四五十步许,则有芝田灵草,罗列左右。遇春瀑涨,则破帆烂桨流出。西曰莲花洞,入百步,有大石室,广十方,有象高一丈八尺,旁有羽盖幡幢狮子罇罍芝草,皆乳石结成。遇拜章投龙,诚感所致,往往有仙乐、庆云,珍禽奇兽致花果于像前。又有天井,深不可测。南曰含虚洞,洞有二重,外狭内平,有积雪台、沉香峰。是为三洞,皆与渐岭率山相连。②

(1)佚文中所称之"灵岩"在其他徽州方志中皆称"灵岩三洞"。大典本朱同《新安志》佚文中"在徽州府州城西北一百二十里"一句有误。根据徽州方志记载,明代徽州府府治所在地为"歙县",因此,此句中的"徽州府州城"应指"歙县"。而罗愿《新安志》③、《舆地纪胜》④、弘治《徽州府志》⑤、《明一统志》⑥、《南畿志》⑦、康熙《徽州府志》⑧、《江南通志》⑨、《清一统志》⑩、嘉

---

① "众"字在《永乐大典》(北京:中华书局,1986年,第4218页)中为"象"字。
② 马蓉等点校:《永乐大典方志辑佚》,第2册,北京:中华书局,2004年,第1047页。
③ 罗愿:《新安志》卷五,婺源·沿革,清嘉庆十七年(1812年)刻本。
④ (宋)王象之:《舆地纪胜》卷二〇,扬州:江苏广陵古籍刻印社,1991年。
⑤ 弘治《徽州府志》卷一,地理一·山川,《天一阁藏明代方志选刊》本,上海:上海古籍书店影印,1964年。
⑥ (明)李贤等奉敕撰:《明一统志》卷十六,《四库全书》本,上海:上海古籍出版社,1987年。
⑦ (明)闻人诠、陈沂纂修:《南畿志》卷五三,《四库全书存目丛书》本,济南:齐鲁书社,1996年。
⑧ 康熙《徽州府志》卷二,舆地志下·山川,《中国方志丛书》本,台北:成文出版社,1970年。
⑨ (清)赵弘恩等监修:《江南通志》卷十五,《四库全书》本,上海:上海古籍出版社,1987年。
⑩ (清)和坤奉敕撰:《钦定大清一统志》卷七八,《四库全书》本,上海:上海古籍出版社,1987年。

庆《重修一统志》①、光绪《重修安徽通志》②、民国《婺源县志》③皆称灵岩三洞在"婺源县西北一百二十里"。故朱同《新安志》佚文"徽州府州城"有误,应以"婺源县"为确,当为"直隶徽州府婺源县西北一百二十里"。

(2)"两崖瀑流之,上有真人鸾鹤云霞之众"一句有误字且标点有误。《永乐大典》残卷中原句为"上有真人鸾鹤云霞之象"。此句在罗愿《新安志》、《舆地纪胜》、弘治《徽州府志》、《明一统志》、《南畿志》、《江南通志》、道光《徽州府志》④、民国《婺源县志》中皆为"真人鸾鹤云霞之象"或"真人鸾鹤云霞之像",从句义来看也应以"象"字为长,故"众"为"象"之误,两字为形近而误。应是《永乐大典方志辑佚》的编者辑佚时抄录错误。另,通贯此句并结合前后文,标点有误,应以"两崖瀑流之上,有真人鸾鹤云霞之象(像)"为佳。

(3)"遇春瀑涨"一句有脱字。罗愿《新安志》、道光《徽州府志》皆言"遇春雨瀑涨"。另从句义看,有"雨"字义长。故应以"遇春雨瀑涨"为佳,朱同《新安志》佚文脱一"雨"字。

(4)"广十方"一句有误。"广十方"一句在罗愿《新安志》、《舆地纪胜》、弘治《徽州府志》、《大明一统名胜志》⑤、道光《徽州府志》、民国《婺源县志》中皆为"广十丈"。从句义看,此句应当是说明石室大小的,因此,"广十丈"义长。故"方"应为"丈"之误,两字为形近而误。

(5)"旁有羽盖幡幢狮子罇罍芝草,皆乳石结成"一句应加标点,有误字且有脱字。此句当是说明石室中有"乳石",一个"皆"字表明乳石的数量不止一个,因此,"皆"字之前的句子应该是列举乳石的不同形态的,那么"旁有羽盖幡幢狮子罇罍芝

---

① 《嘉庆重修一统志》卷一一二,《中国古代地理总志丛刊》本,北京:中华书局,1986年。
② 光绪《重修安徽通志》卷二五,舆地志,清光绪四年(1878年)刻本。
③ 民国《婺源县志》卷四,疆域·山川,民国十四年(1925年)刻本。
④ 道光《徽州府志》卷二,舆地志下·山水,《中国地方志集成》本,南京:江苏古籍出版社,1998年。
⑤ (明)曹学佺《大明一统名胜志》卷三,《四库全书存目丛书》本,济南:齐鲁书社,1996年。

草"当标以标点,即"旁有羽盖幡幢、狮子蹲叠、芝草",这样才可以说明乳石的数量众多且形态各异。另,"幡幢"一词在罗愿《新安志》、弘治《徽州府志》、道光《徽州府志》、民国《婺源县志》、光绪《重修安徽通志》中皆作"幡节",从句义看,两词皆可,姑存两说。罗愿《新安志》、弘治《徽州府志》、道光《徽州府志》、民国《婺源县志》在"芝草"前皆有"还丹"二字。根据句义,再考虑到该文"羽盖幡幢"、"狮子蹲叠"为四字一组,而唯"芝草"独为二字,因此,当以有此二字为长。朱同《新安志》佚文脱"还丹"二字。根据上述分析,此句应为"旁有羽盖幡幢、狮子蹲叠、还丹芝草,皆乳石结成"。

5. 石人岩,在直隶徽州府休宁县西七里。有石高五十仞许,状如人,冠方巾,背溪面山而立。①

"有石高五十仞许"一句有衍字。从这段佚文的字面意思来看,"有石高五十仞许"这句话的含义应该是:石人岩上有一块石头,高五十多仞,就像一个人,头戴方巾、背溪面山而立。现存徽州方志中介绍休宁县山川时多载有"石人岩"的资料,一般多称为"石人峰"。如,弘治《徽州府志》载:"石人峰,在县西七里,高五十仞,状如人冠方巾,背溪面山而立"②,弘治《休宁志》③亦同。嘉靖《徽州府志》载:休宁"西七里曰石人峰,峰形丈夫,面山而立"④。康熙《徽州府志》载:休宁"西七里曰石人峰,状如人冠冕,面山背水而立"⑤,康熙《休宁县志》⑥、道光《徽州

---

① 马蓉等点校:《永乐大典方志辑佚》,第2册,北京:中华书局,2004年,第1047页。

② 弘治《徽州府志》卷一,地理一·山川,《天一阁藏明代方志选刊》本,上海:上海古籍书店影印,1964年。

③ 弘治《休宁志》卷一,山川,《天一阁藏明代方志选刊》本,上海:上海古籍书店影印,1964年。

④ 嘉靖《徽州府志》卷二,山川,《北京图书馆古籍珍本丛刊》本,北京:书目文献出版社,1998年。

⑤ 康熙《徽州府志》卷二,舆地志下·山川,《中国方志丛书》本,台北:成文出版社,1970年。

⑥ 康熙《休宁县志》卷一,方舆·山川,《中国方志丛书》本,台北:成文出版社,1970年。

第四章　大典本《新安志》、《徽州府志》和《徽州府新安志》研究　189

府志》①、道光《休宁县志》②略同。这些记载均无"有石"二字，其意是指石人峰本身就像一个头戴方巾、面山背水而立的人，而不是山上的一个石块。因此，朱同《新安志》佚文中"有石"两字应为衍字。另外，道光《休宁县志》"石人峰，在县西二里"的"二"字有误，应为"七"字，两字是形近而误，当以"在县西七里"为确。

6.黄墩湖，在歙县西南四十五里，阔二十余丈，长三百步，众水所潴。湖旧有蛟，湖侧居人程灵诜者，好勇善射，夜梦白衣道士告曰："吾数为吕湖蛟所困，明日当复来，君能见助，当有厚报"。灵诜问："何以为识？"道士曰："束白练者我也。"许之。旦日率里中少年鼓噪于湖上，顷之，波涌大声如雷，有二牛相奔触，其一肩白者甚困，灵诜射黑牛，中之。俄而阴晦廓然，湖水皆变。明日，有蛟死于吉阳滩下，吕湖由是渐塞，后名其滩曰蛟滩。以上蛟及此蛟滩，本字并辰下虫。未几，灵诜偶出，有道人过其母乞食，食已，令母随行。至山上，以白石识地曰："葬此可以骤贵。"灵诜还，母语之，因葬其父于此。已而灵诜官仪同封侯，宅其湖东二里，南有大辈可数十围，号千年木，乡人立祠其下。墓在湖西北黄牢山下，云黄墩，地广衍。黄巢之乱，中原衣冠避地者，相与保于此。及事定，留居新安，或稍散之傍郡。今人即灵诜墓处为坛，水旱祷者八十余社。灵诜事见《祥符经》，与欧阳公所书张龙公事相类，姑载之。自余鳄滩灶井及祁门蛟潭③之属尤怪诞无补者，皆不取。④

(1)"灵诜"中"诜"字有误。关于"黄墩湖"的情况，在弘治《徽州府志》中有如下记载："篁墩湖，一名相公湖，'篁'又作'黄'，在府城西南四十五里。梁程灵洗有勇力善射，宅在湖东

---

① 道光《徽州府志》卷二，舆地志下·山水，《中国地方志集成》本，南京：江苏古籍出版社，1998年。
② 道光《休宁县志》卷一，疆域·山川，《中国地方志集成》本，南京：江苏古籍出版社，1998年。
③ 《永乐大典》原为"潭"，《永乐大典方志辑佚》则为"泽"字，当以"潭"字义长，故恢复为"潭"字。
④ 马蓉等点校：《永乐大典方志辑佚》，第2册，北京：中华书局，2004年，第1058页。

二里。夜梦人告曰：'吾数为吕湖鼍所困，明日幸见助，束白练者我也。'及旦，往视之见二牛相触，肩白者困。灵洗射黑牛中之。明日有鼍死于吉阳滩下，吕湖由是渐塞，今名其滩为'蛟滩'。灵洗墓在湖北，有庙专祀之，额曰：'世忠'。"①据此可知，"黄墩湖"又名"篁墩湖"，亦名"相公湖"，虽名称不同，三者实为一处。关于"黄墩湖"或"篁墩湖"或"相公湖"的资料，在徽州方志中多有收录，其主要内容与大典本朱同《新安志》佚文基本相同，只是详简不同，兹不赘述，但"灵诜"皆作"灵洗"②。现存文献多载有"程灵洗"的资料，如罗愿《新安志》卷六"叙先达"中明确指出："新安自程灵洗以节显梁陈间，唐及五代相继有人，迨圣宋则名臣辈出"，本卷中还有"程灵洗"传："程仪同灵洗，字元涤，海宁人。侯景之乱，保黟、歙以拒景。梁元帝授谯州刺史，资领本郡太守。"③另外，《太平寰宇记》④、《册府元龟》⑤、《景定

---

① 弘治《徽州府志》卷一，地理一·山川，《天一阁藏明代方志选刊》本，上海：上海古籍书店影印，1964年。

② 参见罗愿：《新安志》卷三，歙县·水源，清嘉庆十七年（1812年）刻本；弘治《徽州府志》卷一，地理一·山川，《天一阁藏明代方志选刊》本，上海：上海古籍书店影印，1964年；弘治《休宁志》卷一，山川，《北京图书馆古籍珍本丛刊》本，北京：书目文献出版社，1998年；康熙《徽州府志》卷十七，杂志上·古迹，《中国方志丛书》本，台北：成文出版社，1970年；康熙《休宁县志》卷一，方舆·山川，《中国方志丛书》本，台北：成文出版社，1970年；乾隆《歙县志》卷十九，杂志上·古迹，《中国方志丛书》本，台北：成文出版社，1970年；道光《徽州府志》卷二，舆地志下·山水，《中国地方志集成》本，南京：江苏古籍出版社，1998年；道光《休宁县志》卷一，疆域·山川，《中国地方志集成》本，南京：江苏古籍出版社，1998年；民国《歙县志》卷一，舆地志·古迹，《中国地方志集成》本，南京：江苏古籍出版社，1998年。

③ 罗愿：《新安志》卷六，叙先达，清嘉庆十七年（1812年）刻本。

④ （宋）乐史撰，王文楚等点校：《太平寰宇记》卷一〇六，江南西道·歙州，《中国古代地理总志丛刊》本，北京：中华书局，2007年，第2061页。

⑤ （宋）王钦若等编：《册府元龟》卷三七二、三八〇、四三六、四四二、四四四、四四八、六八六，北京：中华书局，1960年。

第四章 大典本《新安志》、《徽州府志》和《徽州府新安志》研究

建康志》①、《陈书》②、《南史》③、《周书》④、《北史》⑤、《嘉庆重修一统志》⑥、光绪《重修安徽通志》⑦等记载中皆作"灵洗",故应以"洗"字为确。另外,程灵洗,字元涤,其中"洗"字与"涤"字意思相对应,因此:"洗"字是正确的。故,朱同《新安志》佚文中"诜"当为"洗"字之误,两字为形近而误。《太平御览》⑧、《太平广记》⑨中亦称"程灵铣","铣"字亦是"洗"字之误。

（2）"宅其湖东二里"之"其"字有误。此句在罗愿《新安志》、弘治《徽州府志》、道光《徽州府志》、《太平御览》⑩、《太平寰宇记》皆作"宅在湖东二里";《嘉庆重修一统志》则称:"程灵洗宅,《寰宇记》:在歙县西篁墩湖东二里"⑪。故"宅其湖东二里"之"其"字当是"在"字之误,这样才能与后句"墓在……"相呼应。

（3）"南有大辈可数十围"之"辈"字有误。乾隆《歙县志》、民国《歙县志》载:"程忠壮公宅,在篁墩湖,世传忠壮旧居为水所汇,近及千年,礫石宛然,滨水而列,宅左有大树,可十数围,号千年木,又有蛟台"⑫;光绪《重修安徽通志》载:"程忠壮宅在府西三十里仁爱乡,宅有大树号千年木,其下篁墩湖滨礫石宛

---

① 《景定建康志》卷十一,《宋元地方志丛刊》本,北京:中华书局,1990年。

② 《陈书》卷三、四、五、一〇、二〇、三五,北京:中华书局,1972年。

③ 《南史》卷一〇、八〇,北京:中华书局,1975年。

④ 《周书》卷三四,北京:中华书局,1971年。

⑤ 《北史》卷三八,北京:中华书局,1974年。

⑥ 《嘉庆重修一统志》卷一一二,《中国古代地理总志丛刊》本,北京:中华书局,1986年。

⑦ 光绪《重修安徽通志》卷二五,舆地志,清光绪四年(1878年)刻本。

⑧ (宋)李昉等:《太平御览》卷六六,地部三一·湖,四部丛刊三编景宋本。

⑨ (宋)李昉等:《太平广记》卷一一八,北京:中华书局,1961年。

⑩ (宋)李昉等:《太平御览》卷六六,地部三一·湖,四部丛刊三编景宋本。

⑪ 《嘉庆重修一统志》卷一一三,《中国古代地理总志丛刊》本,北京:中华书局,1986年。

⑫ 民国《歙县志》卷一,舆地志·古迹,《中国地方志集成》本,南京:江苏古籍出版社,1998年。

然,洪涛不漂,砂石不涨,为一方胜迹。"①根据上述记载,再结合句义,文中"櫧"一词应当是指一种树木,这样才能与"可数十围"、"号千年木"等意思相对应。关于这一层意思《太平广记》中就有非常明确的记载:"按灵铣宅湖东二里,宅南有楮树,其大数十围,树有灵,今村人数有祈祷,其祝辞号为'千年树'"②,这充分说明"櫧"指的就是一种树木。而此字在罗愿《新安志》中作"檴"。民国《歙县志》称:"楮,《新安志》作檴,注云:实小如橡,坚而不凋,《本草拾遗》云:实味苦涩,食之不饥,令人健行,能除恶血,止渴,然邑之楮实有甜、苦二种,甜者木易生蛀,为匠人所弃。"③关于此字《汉语大词典》有解释:"'檴':[zhu《集韵》专于切,平鱼,章。]楮。一种常绿乔木。北魏贾思勰《齐民要术·五谷果蓏菜茹非中国物产者》:'檴',音诸。《山海经》曰:'前山有木多檴。'郭璞曰:'似柞,子可食。冬夏青。作屋柱难腐。'今本《山海经·中山经》作'楮'。"④弘治《徽州府志》⑤和嘉靖《徽州府志》⑥皆作"檴":"檴,即楮也,坚而不凋,实小于橡或甘或苦"。故"櫧"字有误,当以"檴"或"檴"字为妥。此误为形近之误。

7. 舒村,在歙县西四十五里中鹄乡。村傍有读书墩,俗传唐进士舒雅所居也。隔溪山石,望之戢然,若缨其冠者,名曰幞头石,遗迹尚存。⑦

---

① 光绪《重修安徽通志》卷四五,舆地志,清光绪四年(1878年)刻本。
② (宋)李昉等:《太平广记》卷一一八,北京:中华书局,1961年。
③ 民国《歙县志》卷三,食货志·物产,《中国地方志集成》本,南京:江苏古籍出版社,1998年。
④ 参见《汉语大词典》,上海:汉语大词典出版社,1992年,第九本,第1283页。
⑤ 弘治《徽州府志》卷二,食货一·竹木,《天一阁藏明代方志选刊》本,上海:上海古籍书店影印,1964年。
⑥ 嘉靖《徽州府志》卷八,食货志,《北京图书馆古籍珍本丛刊》本,北京:书目文献出版社,1998年。
⑦ 马蓉等点校:《永乐大典方志辑佚》,第2册,北京:中华书局,2004年,第1062页。

第四章 大典本《新安志》、《徽州府志》和《徽州府新安志》研究　193

"俗传唐进士舒雅所居也"一句有脱字。弘治《徽州府志》①、康熙《徽州府志》②、《嘉庆重修一统志》③、道光《徽州府志》④、民国《歙县志》⑤皆言"南唐进士舒雅"。道光《徽州府志》中有如下记载:南唐"保大□年,歙舒雅,进士第一"⑥,嘉靖《徽州府志》⑦、康熙《徽州府志》⑧、乾隆《歙县志》⑨、民国《歙县志》⑩中也有类似记载,皆言舒雅是南唐保大年间的进士。据此,朱同《新安志》佚文有误,当以"南唐"为确,佚文脱一"南"字。

8.黄精者,生山之阴,视其华文⑪白,以别钩吻。土人号为甜蕨,亦曰胡孙姜。⑫

"视其华文白"一句有误。《永乐大典》残卷中原句为"视其

---

① 弘治《徽州府志》卷二,地理二·古迹,《天一阁藏明代方志选刊》本,上海:上海古籍书店影印,1964年。
② 康熙《徽州府志》卷十七,杂志上·古迹,《中国方志丛书》本,台北:成文出版社,1970年。
③ 《嘉庆重修一统志》卷一一二,《中国古代地理总志丛刊》本,北京:中华书局,1986年。
④ 道光《徽州府志》卷二,舆地志下·古迹,《中国地方志集成》本,南京:江苏古籍出版社,1998年。
⑤ 民国《歙县志》卷一,舆地志·古迹,《中国地方志集成》本,南京:江苏古籍出版社,1998年。
⑥ 道光《徽州府志》卷九,选举志上·进士,《中国地方志集成》本,南京:江苏古籍出版社,1998年。
⑦ 嘉靖《徽州府志》卷十三,选举志,《北京图书馆古籍珍本丛刊》本,北京:书目文献出版社,1998年。
⑧ 康熙《徽州府志》卷九,选举志上·科第,《中国方志丛书》本,台北:成文出版社,1970年。
⑨ 乾隆《歙县志》卷八,选举志上·科第,《中国方志丛书》本,台北:成文出版社,1970年。
⑩ 民国《歙县志》卷四,选举志·科目,《中国地方志集成》本,南京:江苏古籍出版社,1998年。
⑪ "文"字在《永乐大典》(北京:中华书局,1986年,第3954页)中为"之"字。
⑫ 马蓉等点校:《永乐大典方志辑佚》,第2册,北京:中华书局,2004年,第1059页。

华之白"。此句在罗愿《新安志》[1]、道光《徽州府志》[2]中皆作"视其华之白",在弘治《徽州府志》[3]、嘉靖《徽州府志》[4]、康熙《徽州府志》[5]、乾隆《歙县志》[6]、民国《歙县志》[7]中皆作"视其花之白"。

关于"黄精"与"钩吻"文献中多有记载,如嘉庆《黟县志》载:"黄精,根如嫩姜,黄色,故俗呼'野生姜'。味甚甘甜,代粮可过凶年,故《救荒本草》名'救穷草',《蒙筌》名'米脯'。益脾胃,润心肺,驻颜色,填精髓,仙家以为芝草之类,以其得坤土之精,故谓之'黄精'。《神农本草》:钩吻,一名野葛,一名胡蔓草。陶宏景曰:野葛与钩吻似是两物,钩吻别是一物,叶似黄精,而茎紫,当心抽花黄色,初生极类黄精,故人采多惑之,遂致死,生之反。苏恭曰:黄精直生,叶似柳叶及竹叶,钩吻蔓生,叶如柿,殊非比类。陈藏器曰:钩吻食叶饮冷水即死,冷水发其毒也,中其毒者薤菜捣汁解之,或多饮甘草汁、童便、白鸭、白鹅断头沥血入口中,或羊血灌之,吐出毒物,乃生,稍迟即死也。"[8]嘉庆《绩溪县志》:"黄精,土人名'地生姜',一名'甜蕨',蒸晒久服延年不饥。"[9]《证类本草》卷六中有如下记载:"黄精叶乃与钩吻相

---

[1] 罗愿:《新安志》卷二,清嘉庆十七年(1812年)刻本。
[2] 道光《徽州府志》卷五,食货志·物产,《中国地方志集成》本,南京:江苏古籍出版社,1998年。
[3] 弘治《徽州府志》卷二,食货一·药材,《天一阁藏明代方志选刊》本,上海:上海古籍书店影印,1964年。
[4] 嘉靖《徽州府志》卷八,食货志,《北京图书馆古籍珍本丛刊》本,北京:书目文献出版社,1998年。
[5] 康熙《徽州府志》卷六,食货志·物产,《中国方志丛书》本,台北:成文出版社,1970年。
[6] 乾隆《歙县志》卷六,食货·物产,《中国方志丛书》本,台北:成文出版社,1970年。
[7] 民国《歙县志》卷三,食货志·物产,《中国地方志集成》本,南京:江苏古籍出版社,1998年。
[8] 嘉庆《黟县志》卷三,地理·物产,《中国地方志集成》本,南京:江苏古籍出版社,1998年。
[9] 嘉庆《绩溪县志》卷三,物产,《中国地方志集成》本,南京:江苏古籍出版社,1998年。

似,惟茎不紫、花不黄为异,而人多惑之,其类乃殊,遂致死,生之反"①,《喻林》②中也有类似记载。《景定建康志》卷四二中记载:"黄精,《本草》云:叶大,根粗,黄白色,至夏有花实。"③可见,黄精与钩吻是两种不同的植物,黄精可以养生,而钩吻食用不当则能致人于死,两者从外形特征上看是非常相似的,只有从茎和花的颜色才能加以区别,黄精的花是黄白色的。因此,"视其华文白"有误,应以"视其华之白"为确,"之"表示"……的","文"与"之"为形近而误。而"华"即"花",故"视其花之白"也是正确的。

9. 小麦则有长穬麦,麸厚而面多。④

此段记载中"麸厚而面多"一句有误。关于"长穬麦"的记载在徽州方志中较为多见。罗愿《新安志》:"小麦则有长穬麦,麸厚而面少。"⑤弘治《徽州府志》⑥、嘉靖《徽州府志》⑦、康熙《徽州府志》⑧、道光《徽州府志》⑨均载:"小麦,有长穬麦,麸厚而面少。有白麦,面白亦少。有赤壳麦,麸薄而面多",民国《歙县志》⑩略同。据此,"麸厚而面多"一句有误,当以"麸厚而面少"为确,否则就不会有下句"有白麦,面白亦少"。"亦"字表示后

---

① (宋)唐慎微:《重修政和经史证类本草》卷六,四部丛刊景金泰和晦明轩本。

② (明)徐元太:《喻林》卷五六,清文渊阁《四库全书》本。

③ (宋)周应合:《景定〈建康志〉》卷四三,风土志,清文渊阁《四库全书》本。

④ 马蓉等点校:《永乐大典方志辑佚》,第2册,北京:中华书局,2004年,第1059页。

⑤ 罗愿:《新安志》卷二,物产·谷粟,清嘉庆十七年(1812年)刻本。

⑥ 弘治《徽州府志》卷二,食货一·土产,《天一阁藏明代方志选刊》本,上海:上海古籍书店影印,1964年。

⑦ 嘉靖《徽州府志》卷八,食货志,《北京图书馆古籍珍本丛刊》本,北京:书目文献出版社,1998年。

⑧ 康熙《徽州府志》卷六,食货志·物产,《中国方志丛书》本,台北:成文出版社,1970年。

⑨ 道光《徽州府志》卷五,食货志·物产,《中国地方志集成》本,南京:江苏古籍出版社,1998年。

⑩ 民国《歙县志》卷三,食货志·物产,《中国地方志集成》本,南京:江苏古籍出版社,1998年。

者与前者相同。

10. 大麦则有早麦、中期麦、青光麦。又有高丽麦,亦呼高头麦,挼之则粒出,然难为地方。有糯麦,宜为饭。①

"然难为地方"一句有误。徽州地区的其他方志也有类似的记载。罗愿《新安志》②、弘治《徽州府志》③、嘉靖《徽州府志》④、道光《徽州府志》⑤均载:大麦"有早麦、中期麦、青光麦,又有高丽麦,亦呼高头麦,挼之则粒出,然难为地力。有糯麦,宜为饭"。其中"然难为地方"一句皆为"然难为地力"。而且,"地力"即"土地肥沃的程度"⑥的意思,根据上下文意思当以"然难为地力"义长。所以,"然难为地方"误,应是"然难为地力"。而嘉靖《徽州府志》⑦、民国《婺源县志》⑧皆载:"然难为地利","地利"亦"地力"之误,盖音近而误也。

11. 休宁县常平仓,在县东南隅。一在县楼西东偏。⑨

(1)"在县东南隅"一句有脱文。弘治《徽州府志》记载宋代休宁县常平仓时有如下记载:"常平仓二所,一在县东南隅,一

---

① 马蓉等点校:《永乐大典方志辑佚》,第2册,北京:中华书局,2004年,第1059页。
② 罗愿:《新安志》卷二,物产·谷粟,清嘉庆十七年(1812年)刻本。
③ 弘治《徽州府志》卷二,食货一·土产,《天一阁藏明代方志选刊》本,上海:上海古籍书店影印,1964年。
④ 嘉靖《徽州府志》卷八,食货志,《北京图书馆古籍珍本丛刊》本,北京:书目文献出版社,1998年。
⑤ 道光《徽州府志》卷五,食货志·物产,《中国地方志集成》本,南京:江苏古籍出版社,1998年。
⑥ 《现代汉语词典》,北京:商务印书馆,1992年,第237页。
⑦ 嘉靖《徽州府志》卷八,食货志,《北京图书馆古籍珍本丛刊》本,北京:书目文献出版社,1998年。
⑧ 民国《婺源县志》卷一一,食货·物产,民国十四年(1925年)刻本。
⑨ 马蓉等点校:《永乐大典方志辑佚》,第2册,北京:中华书局,2004年,第1061页。

第四章 大典本《新安志》、《徽州府志》和《徽州府新安志》研究 197

在县楼内东偏。"①康熙《徽州府志》②和道光《徽州府志》③介绍宋代休宁县仓廪时皆载:"常平仓,一在县东南隅,一在县楼内东偏。"道光《休宁县志》:"宋常平仓二所,一在县东南隅,《新安志》,一在县楼内东偏,《宏治府志》。"④这几条记载在"在县东南隅"一句前皆有一个"一"字。而且,根据内容来看,朱同《新安志》佚文这段内容应该也是记载休宁县两座常平仓所在位置的。在地方志中记述此类资料时往往使用"一在……,一在……"的句式。罗愿《新安志》卷五"祠庙"中就有类似的表述形式:"忠显庙有二,一在县侧,一在东七里。"⑤据此,朱同《新安志》佚文在"在县东南隅"一句前脱一"一"字。

(2)"一在县楼西东偏"一句有误。根据上述弘治《徽州府志》、康熙《徽州府志》、道光《徽州府志》、道光《休宁县志》记载,"楼西东偏"一句的"西"字应是"内"字之误,两字是形近而误。另外,在方志记载中也有类似"楼内东偏"的表达方式,如《重修毗陵志》载:"录参厅,在州治谯楼内西偏,治州院。"⑥大典本《休宁县彰安志》【仓廪】条目下称:"际留仓,在县楼内东偏。"⑦当以"楼内东偏"为确。故,朱同《新安志》佚文此条应为"休宁县常平仓,一在县东南隅,一在县楼内东偏"。

12. 毕祈凤,字景韶,休宁人。年十七,即亚卿荐,参阅礼斋。宋开禧元年乙丑,省试第五,以谅阴免廷对,赐进士出身,授建康府都统司干官,入沿江制幕。再任六考,授知澧州石门县事、荆湖四川宣抚大使。禩孙稔知其名,奏擢兼宣抚幕,知辰

---

① 弘治《徽州府志》卷五,恤政·仓局,《天一阁藏明代方志选刊》本,上海:上海古籍书店影印,1964年。
② 康熙《徽州府志》卷八,恤政志·仓局,《中国方志丛书》本,台北:成文出版社,1970年。
③ 道光《徽州府志》卷三,营建志·仓局,《中国地方志集成》本,南京:江苏古籍出版社,1998年。
④ 道光《休宁县志》卷六,恤政·仓局,《中国地方志集成》本,南京:江苏古籍出版社,1998年。
⑤ 罗愿《新安志》卷五,绩溪·祠庙,清嘉庆十七年(1812年)刻本。
⑥ (宋)史能之:《咸淳〈重修毗陵志〉》卷五,官寺,明初刻本。
⑦ 马蓉等点校:《永乐大典方志辑佚》,第2册,北京:中华书局,2004年,第1049页。

州事。卒年七十有七。①

（1）"宋开禧元年乙丑，省试第五"一句有误。关于毕祈凤"参加省试"、被"赐进士出身"的时间在弘治《徽州府志》②、弘治《休宁志》③、嘉靖《徽州府志》④、康熙《徽州府志》⑤、康熙《休宁县志》⑥、道光《徽州府志》⑦、道光《休宁县志》⑧中皆记作："咸淳元年乙丑"，而《新安名族志》记载休宁毕村毕氏家族时则提到："（毕）希万传六世曰璘，为迪功郎；璘生梦和，临安府学，免解进士；梦和生祈凤，咸淳元年进士，官至辰州宣参。"⑨道光《徽州府志》列举进士人名时也记载："咸淳元年乙丑，休宁毕祈凤。"⑩《新安文献志》亦称：毕祈凤"咸淳元年乙丑，省试第五人，廷试亦第五，赐紫袍金带象笏，进士及第"。⑪ 可见，朱同《新安志》佚文记载的毕祈凤参加省试、赐进士出身的时间有误，不是"开禧元年乙丑"，而应以"咸淳元年乙丑"为确。

---

① 马蓉等点校：《永乐大典方志辑佚》，第2册，北京：中华书局，2004年，第1062页。

② 弘治《徽州府志》卷八，人物·宦业，《天一阁藏明代方志选刊》本，上海：上海古籍书店影印，1964年。

③ 弘治《休宁志》卷一二，人物·宦业，《天一阁藏明代方志选刊》本，上海：上海古籍书店影印，1964年。

④ 嘉靖《徽州府志》卷一七，宦业列传，《北京图书馆古籍珍本丛刊》本，北京：书目文献出版社，1998年。

⑤ 康熙《徽州府志》卷一四，人物志·宦业，《中国方志丛书》本，台北：成文出版社，1970年。

⑥ 康熙《休宁县志》卷六，人物·宦业，《中国方志丛书》本，台北：成文出版社，1970年。

⑦ 道光《徽州府志》卷十二，人物志·宦业，《中国地方志集成》本，南京：江苏古籍出版社，1998年。

⑧ 道光《休宁县志》卷十四，人物·高逸，《天一阁藏明代方志选刊》本，上海：上海古籍书店影印，1964年。

⑨ （明）戴廷明、程尚宽等撰，朱万曙、王平等点校：《新安后名族志》，后卷，合肥：黄山书社，2004年，第628页。

⑩ 道光《徽州府志》卷九，选举志上·进士，《中国地方志集成》本，南京：江苏古籍出版社，1998年。

⑪ （明）程敏政辑撰，何庆善、于石点校：《新安文献志》卷八八，合肥：黄山书社，2004年，第2151页。

(2)"再任六考,授知澧州石门县事、荆湖四川宣抚大使。禩孙稔知其名,奏擢兼宣抚幕,知辰州事"一句有脱文且标点有误。

考之文献,弘治《徽州府志》、弘治《休宁志》、嘉靖《徽州府志》、康熙《徽州府志》、康熙《休宁县志》、道光《徽州府志》、道光《休宁县志》中"禩孙"皆作:"朱禩孙"。《宋史》[①]中关于朱禩孙的记载大约起自宝祐四年(1256年)至德祐元年(1275年),这一时间正好与毕祈凤参加省试、被赐进士出身、知辰州事的时间相一致。因此,可以确定"禩孙"应是"朱禩孙"。朱同《新安志》佚文脱一"朱"字,或为特意省略的。

根据朱同《新安志》佚文"再任六考,授知澧州石门县事、荆湖四川宣抚大使"一句,毕祈凤应官至"荆湖四川宣抚大使"。但根据《新安名族志》的记载,毕祈凤官品最高"至辰州宣参"[②],并未升任"荆湖四川宣抚大使"。再考之文献,《宋史》载:咸淳十年,七月"以朱禩孙为京湖四川宣抚使兼知江陵府";"十一月癸酉,以朱禩孙为京湖四川宣抚使"[③]。另外,《新安文献志》载:毕祈凤"外射知澧州石门县,实荣登之。八稔,京湖四川宣抚大使朱公禩孙熟公才名,属幕客章公应子招公兼宣参权辰州,俟至,闻奏为真公,以亲老一再辞"[④]。另外,《续通志》[⑤]、《宋史新编》[⑥]、《弘简录》[⑦]、《续资治通鉴纲目》[⑧]、《宋元资治通鉴》[⑨]、《续

---

① 参见《宋史》卷四四、卷四五、卷四六、卷四五一、卷四七四,北京:中华书局,1977年。
② (明)戴廷明、程尚宽等撰,朱万曙、王平等点校:《新安后名族志》,后卷,合肥:黄山书社,2004年,第628页。
③ 《宋史》卷四七,本纪第四十七,北京:中华书局,1977年。
④ (明)程敏政辑撰,何庆善、于石点校:《新安文献志》卷八八,合肥:黄山书社,2004年,第2151页。
⑤ (清)嵇璜:《续通志》卷四〇,宋纪,清文渊阁《四库全书》本。
⑥ (明)柯维骐:《宋史新编》卷一四,本纪第十四,明嘉靖四十三年杜晴江刻本。
⑦ (明)邵经邦:《弘简录》卷九八,清康熙刻本。
⑧ (明)商辂:《御批续资治通鉴纲目》卷二一,清文渊阁《四库全书》本。
⑨ (明)王宗沐:《宋元资治通鉴》卷五一,宋纪五十一,明吴中珩刻本。

资治通鉴》①、《纲鉴会编》②、《十驾斋养新录附余录》③、《资治通鉴后编》④等皆言朱禩孙曾做过"京湖四川宣抚大使",而不是"荆湖四川宣抚大使"。从上述文献可知,朱禩孙曾做过"京湖四川宣抚大使",而不是毕祈凤,因此,此句标点有误,亦有讹字。根据以上分析,此句应为:"再任六考,授知澧州石门县事,京湖四川宣抚大使朱禩孙稔知其名,奏擢兼宣抚幕,知辰州事。"

13. 新安人阎居敬,所居山水所浸,恐屋坏,移榻于户外而寝。梦一乌衣人曰:"君避水在此,我亦避水至此,于君何害,而迫迮我如是,不快甚矣。"居敬寝,不测其故。尔夕三梦,居敬曰:"岂吾不当止此耶!"因命移床。乃床脚斜压一龟于户限外,放之乃去。⑤

(1)"所居山水所浸"一句有脱文。《永乐大典》残卷中原句为"所居水山水所浸"⑥。可能是因为"所居"之后的"水"字不妥,《永乐大典方志辑佚》的编者将其略去。此句在罗愿《新安志》⑦、弘治《徽州府志》⑧、《太平广记》⑨中皆作"所居为山水所浸"。"为"字表示被动之意,根据句义,"为"字义长。大典本朱同《新安志》佚文有误,应该是"所居为山水所浸"。

(2)"居敬寝"一句"寝"字有误。"居敬寝"一句,在罗愿《新

---

① (清)毕沅:《续资治通鉴》卷一八〇,清嘉庆六年递刻本。
② (清)叶沄:《纲鉴会编》卷九三,清康熙刘德芳刻本。
③ (清)钱大昕:《十驾斋养新录附余录》卷八,清嘉庆刻本。
④ (清)徐乾学:《资治通鉴后编》卷一四九,宋纪一四九,清文渊阁《四库全书》本。
⑤ 马蓉等点校:《永乐大典方志辑佚》,第2册,北京:中华书局,2004年,第1064页。
⑥ 《永乐大典》中"居"字之后有一"水"字(北京:中华书局,1986年)。
⑦ 罗愿:《新安志》卷一〇,杂录·神异,清嘉庆十七年(1812年)刻本。
⑧ 弘治《徽州府志》卷十二,词翰二·拾遗,《天一阁藏明代方志选刊》本,上海:上海古籍书店影印,1964年。
⑨ (宋)李昉等:《太平广记》卷四七二,北京:中华书局,1961年。

安志》①、弘治《徽州府志》②、《太平广记》③中皆作"居敬寤"。"寝"即"睡着","寤"即"睡醒"。根据文义,"寝"字误,"寤"字义长。"寝"与"寤"是形近而误。

大典本朱同《新安志》佚文虽然存在着一些错误,但这并不能抹杀它在保存史料、补充现存文献记载、校勘其他文献记载、辑佚其他古书等方面所存在的价值。本书所探讨的朱同《新安志》佚文是从《永乐大典》残卷中辑佚出来的,由于《永乐大典》皆为手抄本,而且现存《永乐大典》残本还是副本,经过二次抄纂,抄写过程中肯定会出现一些错误。总的看来,朱同《新安志》佚文存在的错误大多数是字形相近、字音相近而产生的错误,主要是误字、脱字、衍字方面的错误,这大多是因抄写致误的。当然有些错误可能是朱同《新安志》原文有误,毕竟朱同修志面临着缺乏资料的困难,而且因修志时间较短,错误也是在所难免的。

(二) 朱同《新安志》佚文辑补

朱同《新安志》原书已经散佚,如能加以辑佚,尽量恢复其原始面貌是文献工作的重要内容。《永乐大典方志辑佚》在这方面已取得了显著的成绩。如果能够将这项辑佚工作深入下去,取得更多的成果,将能更大程度地恢复朱同《新安志》原书的面貌。道光《徽州府志》"修志源流"④称朱同所修之《新安志》为《新安府志》,故两者应为同一部书,也有其他徽州方志特别是同修于道光年间的方志中所指的《新安府志》也应该是朱同编修的《新安志》。笔者在检阅徽州方志时发现了三条出自于《新安府志》的记载,两条人物资料,一条地理资料。另外,现存徽州方志中有称"《旧志》"者,据所载内容,亦应是朱同的《新安

---

① 罗愿:《新安志》卷一〇,清嘉庆十七年(1812年)刻本。
② 弘治《徽州府志》卷十二,词翰二,《天一阁藏明代方志选刊》本,上海:上海古籍书店影印,1964年。
③ (宋)李昉等:《太平广记》卷四七二,北京:中华书局,1961年。
④ 道光《徽州府志》卷十六,杂记·修志源流,《中国地方志集成》本,南京:江苏古籍出版社,1998年。

志》。笔者辑出此种《旧志》佚文五条,其中恤政方面的资料一条,职官方面的资料四条。至此,笔者共辑出朱同《新安志》的八条资料,而这八条资料未被《永乐大典方志辑佚》一书所收录,故抄录如下,以为辑补。

地理方面的资料

地理方面的资料有一条,是自然地理方面的。

> 新安山,《江南通志》:新安山,在祁门县西百一十里,奇秀异众山,郡名新安取此。《新安府志》、县旧志同。①

这段资料末尾之注说明朱同《新安志》也曾收录了内容与此相同的一段资料。这条资料主要介绍了新安山的地理位置、特点和新安郡缘此山而得名的情况。这条资料标明转引自《江南通志》,《江南通志》确实有这一记载:"新安山,在祁门县西百一十里,奇秀异众山,郡名新安取此"②,两者内容完全相同。罗愿《新安志》记载祁门县山川时也有关于"新安山"的记载,但内容却完全不同:"新安山,在县西九十里,高四十仞。"③两种记载皆称"新安山"在祁门县西,按理应该是同一座山,但两种记载中所言里程不同,因此尚难确定两者是不是同一座山。但无论是不是同一座山,由于内容不同,所以朱同《新安志》佚文是对罗愿《新安志》的补充,为认识徽州地区自然地理状况提供了新

---

① 同治《祁门县志》卷四,舆地志·山川,《中国地方志集成》本,南京:江苏古籍出版社,1998年。

② (清)赵弘恩等监修:《江南通志》卷一五,《四库全书》本,上海:上海古籍出版社,1987年。

③ 罗愿:《新安志》卷四,祁门·山阜,清嘉庆十七年(1812年)刻本。

的参考。弘治《徽州府志》①与康熙《徽州府志》②记载的资料却与朱同《新安志》的记载基本相同。由此可见,弘治《徽州府志》和康熙《徽州府志》皆是以前志为参考的。由于同治《祁门县志》明确说明了"新安山"的这条资料出自于朱同的《新安志》,因此,它便成为辑佚朱同《新安志》的重要资料来源。

恤政方面的资料

恤政方面的资料有一条,是关于养济院的。

(歙县)(国朝)养济院,在县学前。国初甲辰年始立,天顺八年,收孤老王关保等一十二名,成化七年谢祥等三十三名,十一年王毛儿等四十四名,二十三年李社文等九名,旧在院谢祥等七十八名,弘治十四年同知李烨重建。按《旧志》:洪武七年钦奉圣旨务要实效,户部颁降定式,病故者官给棺木埋葬,生者养之有差如下。一等只身大口十五岁以上,月支米三斗,柴三十斤,岁支冬夏布各三丈,小口十四岁以下至五岁,月支米二斗柴三十斤,岁支冬夏布各三丈。一等一家二口,大二口,月支米五斗,柴五十斤,岁支冬夏布各五丈;大一口小一口,月支米四斗,柴四十斤,岁支冬夏布各四丈。一等一家三口,大三口,月支米七斗五升,柴七十五斤,冬夏布各七丈五尺;大二口小一口,月支米六斗五升,柴六十五斤,岁支冬夏布各六丈五尺;大一口小二口,支米五斗五升,柴五十五斤,岁支冬夏布各五丈五尺。一等一家四口,大四口,月支米一石,柴一百斤,岁支冬夏布各十丈;大三口小一口,月支米九斗,柴九十斤,岁支冬夏布各九丈;大二口小二口,月支米八斗,柴八十斤,岁支冬夏布各八丈;大

---

① 弘治《徽州府志》卷一,地理一·山川,《天一阁藏明代方志选刊》本,上海:上海古籍书店影印,1964年。
② 康熙《徽州府志》卷二,舆地志下·山川,《中国方志丛书》本,台北:成文出版社,1970年。

一口小三口,月支米七斗,柴七十斤,岁支冬夏布各七丈。各县同。①

此条资料出自于弘治《徽州府志》,从资料的前一部分看,是概括介绍明朝养济院从国初到弘治十四年间的基本情况的。而按语中《旧志》以下部分则详细地说明了洪武七年明朝政府对各类人等的抚恤规定,抚恤对象包括生者和死者、单身和家庭,抚恤内容包括米、柴、布等,抚恤时间柴米按月发放,布每岁冬夏发放。因这些内容均为明代洪武七年的史事,所以之前的徽州府志皆不可能收录,因而《旧志》应该是指明代洪武九年(1376年)朱同编修的《新安志》。弘治《徽州府志》转引的《旧志》之下的内容全部是朱同《新安志》的佚文。那么,朱同《新安志》就是第一个收录这一资料的徽州府志,具有开创价值。弘治《徽州府志》是对它的继承,也成为辑佚朱同《新安志》佚文的资料来源之一。

另外,根据这段文字的表述方法以及关于米、布发放的时间和数量规定,此条佚文中"一等一家三口,大三口"下"冬夏布各七丈五尺",前缺"岁支"二字,应为"岁支冬夏布各七丈五尺";而"大一口小二口"下"支米五斗五升"前亦少一"月"字,应为"月支米五斗五升"。

职官方面的资料

职官方面的资料有四条。

1.(元)(徽州路,本府)蒙古学教授一员,秩正九品。按《旧志》云:从八品,凡上路生员三十人,本学在东北隅歙县尉司之左,至正壬寅兵火后废。②

这条资料出自于弘治《徽州府志》,是关于元朝徽州路蒙古学教授以及学府相关情况的,说明了蒙古学教授的人数、官品、

---

① 弘治《徽州府志》卷五,恤政·库院,《天一阁藏明代方志选刊》本,上海:上海古籍书店影印,1964年。

② 弘治《徽州府志》卷四,职制·郡邑官属,《天一阁藏明代方志选刊》本,上海:上海古籍书店影印,1964年。

生员人数、学府位置及存废情况。其中按语中《旧志》所言"至正壬寅"是元至正二十二年（1362年），因而《旧志》所载内容肯定没有收录在洪焱祖《新安后续志》中，《旧志》应是指明朝洪武九年（1376年）朱同编修的《新安志》，那么朱同《新安志》就是第一个将这条资料收录在徽州府志中的，具有开创之功。

2.（元）（婺源州）（同知）李祁，见名宦志。按《旧志》云：凡州官题名具刻于石，至正壬辰兵火漫不可考，姑存数人。①

此条资料按语中的《旧志》收录的是元至正壬辰年（至正十二年，1352年）发生的事，所以之前的徽州府志皆不可能收录，《旧志》应指明代洪武九年（1376年）朱同的《新安志》。朱同《新安志》首次记载了这条资料。

3.（元）（歙县）儒学教谕一员。按《旧志》云：元初各县由儒学提举司差设教谕，亦选乡士为大学训导、小学训导、直学者儒，以分教，而生徒之有执事者曰掌仪司、书司、器司、吏司事。

4.（元）（婺源州）州判二员，正八品，兼捕盗之事。按《旧志》云：本州置捕盗司，额设亏兵三十人，于有粮人户内点差，与免本户合纳税粮。州判二员，上下半年更代巡捕。②

这两条资料亦出自弘治《徽州府志》的"职制·郡邑官属"部分，考虑到资料出于同一部方志的同一类目的同一部分，因而这两条资料中的《旧志》亦应是明代洪武九年（1376年）朱同的《新安志》，故辑录于此，以为朱同《新安志》佚文之补辑。朱同《新安志》应该是第一个将这两条资料收录于徽州府志中的。

以上四条资料由朱同《新安志》首次收入徽州府志，为后世方志编修提供了参考。朱同《新安志》佚文是现存徽州府志中最早保存这些资料的。

---

① 弘治《徽州府志》卷四，职制·郡邑官属，《天一阁藏明代方志选刊》本，上海：上海古籍书店影印，1964年。
② 弘治《徽州府志》卷四，职制·郡邑官属，《天一阁藏明代方志选刊》本，上海：上海古籍书店影印，1964年。

人物方面的资料

人物方面的资料有两条。

1. 吴讷，字克敏，忠孝乡人。父礼至正末为廉州推官，濒海邻郡兵起，礼独署事团练、义卒，保障一州，以功升钦州总管、海南海北道元帅，守钦州十年卒。讷不便于言，而负才略，倜傥不肯下人。从父收五溪洞蛮学兵法，习骑射。至正末，蕲黄盗破徽州，待制郑玉、前进士杨维祯荐其才于浙省，授建德路判官，兼义兵万户，与元帅李克鲁会诸军于昱岭关，复徽州。维祯以文送之，勉以张睢阳事。岁丁酉，明兵临郡，元帅邓愈、胡大海等自绩溪进兵徽州，守将八思尔不花及讷拒战，为大海所败，讷与元帅阿鲁辉退屯遂安札溪源，巡逻至界首白际岭，复与大海遇，战败不屈，自刎死，时年二十七。讷诗豪迈不羁，与维祯相出入，有集五卷。《新安文献志》引《新安府志》。①

这条资料主要介绍吴讷及其父亲吴礼的生平事迹。因所记内容发生在元代末年，故罗愿《新安志》、李以申《新安续志》和洪焱祖《新安后续志》都不可能收录，因此，朱同《新安志》就是第一部收录这条资料的徽州府志，此条佚文也是目前徽州府志中最早的记载。《新安文献志》收录的"吴万户讷传"②、道光《徽州府志》收录的朱同写的"吴讷传"③与朱同《新安志》佚文皆出于朱同之手，三则记载内容基本相同，只是个别字句不同，可以相互参证。关于"吴讷"的资料在其他文献中也多有记载，如，弘治《徽州府志》载："吴讷，字克敏，休宁城南忠孝乡人，总管礼之子。讷不便于言而负才略，倜傥不肯下人，从父于静江收五溪蛮洞学兵法，习骑射。至正末，蕲黄盗破徽州，侍制郑

---

① 道光《休宁县志》卷十二，人物·忠节，《中国地方志集成》本，南京：江苏古籍出版社，1998年。

② （明）程敏政辑撰，何庆善、于石点校：《新安文献志》卷九七，合肥：黄山书社，2004年，第46页。

③ 道光《徽州府志》卷十二，人物志·忠义，《中国地方志集成》本，南京：江苏古籍出版社，1998年。

玉、前进士杨维祯荐其才于浙省,授建德路判官兼义兵万户,与元帅李克鲁会诸军于昱岭关,同复徽州。维祯以文送之,勉以张睢阳事。丁酉岁,天兵临郡,讷随元帅阿鲁辉退屯浙西札溪源,巡逻至界首白际岭,战败不屈,引刀自刎,死时年二十七。讷诗豪迈不羁,与维祯相出入,有《吴万户诗集》五卷,尝于龙爪石题一联云:'怪石有痕龙已去,落花无主鸟空啼'。"①相比而言,朱同《新安志》佚文对于吴讷父亲吴礼的介绍要比弘治《徽州府志》更为详细。另外,嘉靖《徽州府志》②、《明一统志》③、《南畿志》④、康熙《徽州府志》⑤、《江南通志》⑥、《清一统志》⑦等皆载有"吴讷"的资料,但内容皆较为简略。朱同《新安志》佚文可以补充这些记载的不足,为全面认识"吴讷"提供参考。道光《徽州府志》则指出此条资料出自于朱同所写的"吴讷传",但是不是出自于朱同的《新安志》尚不能断言。因此,道光《休宁县志》收录的这条引自朱同《新安志》的资料十分珍贵,为辑佚朱同《新安志》提供了新的资料。

《元史》和《明史》中均没有吴讷传,这条资料可以与正史互为补充。

2. 孙嵩,字元京,埜山人,以荐入太学。宋亡归隐海宁山中,自号"艮山",示不复仕。杜门赋咏,凄断沦绝,以寄其没世无涯之悲。时婺源有制干许月卿先生者,亦宋进士,宋亡归隐,

---

① 弘治《徽州府志》卷九,人物志·忠节,《天一阁藏明代方志选刊》本,上海:上海古籍书店影印,1964年。

② 嘉靖《徽州府志》卷一六,人物志,《北京图书馆古籍珍本丛刊》本,北京:书目文献出版社,1998年。

③ (明)李贤等奉敕撰:《明一统志》卷一六,《四库全书》本,上海:上海古籍出版社,1987年。

④ (明)闻人诠、陈沂纂修:《南畿志》卷五五,《四库全书存目丛书》本,济南:齐鲁书社,1996年。

⑤ 康熙《徽州府志》卷一三,人物志·忠节,《中国方志丛书》本,台北:成文出版社,1970年。

⑥ (清)赵弘恩等监修:《江南通志》卷一五五,《四库全书》本,上海:上海古籍出版社,1987年。

⑦ (清)和坤奉敕撰:《钦定大清一统志》卷七九,《四库全书》本,上海:上海古籍出版社,1987年。

制齐衰服之月,卿婿江凯及婺源人汪炎昶皆绝意当世,从嵩游。方回得嵩诗叹曰:"持此以见朱文公可无愧矣。"嵩弟岩,字次皋,亦以诗名。《新安府志》。①

这条资料记载了"孙嵩"这个人物的一些基本情况。孙嵩生活于宋末,他的资料不可能出现于罗愿《新安志》和李以申《新安续志》中,洪焱祖《新安后续志》虽经辑佚,但未辑出有关孙嵩的资料,朱同《新安志》佚文的这条资料是目前徽州方志中最早的一条记载。关于"孙嵩"的资料在现存徽州方志中多有记载,除上述道光《休宁县志》外,另如弘治《徽州府志》②、嘉靖《徽州府志》③、康熙《徽州府志》④、道光《徽州府志》⑤等皆有记载,且内容大同小异。但其中只有道光《休宁县志》明确指出"孙嵩"这条资料引自于朱同的《新安志》。因此,道光《休宁县志》收录的这条引自朱同《新安志》的资料十分珍贵,为辑佚朱同《新安志》提供了新的参考。

朱同《新安志》的这条资料被后世方志所继承。弘治《徽州府志》就是继承了朱同《新安志》的记载而略加修改的:"孙嵩,字元京,休宁埜山人。貌怪奇趣,尚幽洁,以荐入太学。宋亡归隐海宁山中,自号'艮山',有《艮山集》。誓不复仕,杜门赋咏,凄断沦绝,以寄其没世无涯之悲。时婺源许月卿宋亡制齐衰服之以居,月卿婿江恺及汪炎昶皆绝意当世,俱从嵩游。其诗悲壮激烈,读者可知其为人。方回得嵩诗叹曰:'持此以见朱文公可无愧矣。'弟岩,字次皋,号爽山,亦以诗名,所著曰《爽山

---

① 道光《休宁县志》卷十三,人物·风节,《中国地方志集成》本,南京:江苏古籍出版社,1998年。
② 弘治《徽州府志》卷九,人物志·隐逸,《天一阁藏明代方志选刊》本,上海:上海古籍书店影印,1964年。
③ 嘉靖《徽州府志》卷一六,人物志,《北京图书馆古籍珍本丛刊》本,北京:书目文献出版社,1998年。
④ 康熙《徽州府志》卷一五,人物志·隐逸,《中国方志丛书》本,台北:成文出版社,1970年。
⑤ 道光《徽州府志》卷十二,人物志·隐逸,《中国地方志集成》本,南京:江苏古籍出版社,1998年。

集》。"① 两段资料有些不同,可以互相补充,为全面认识这个历史人物提供更多的参考。《宋史》和《元史》都没有孙嵩传,因此,此条资料具有补充正史史料的作用。

  综上所述,《永乐大典方志辑佚》和笔者共辑出明代洪武九年(1376年)朱同编修的十卷本《新安志》佚文五十七条,五千五百多字,其内容涉及徽州府所辖歙县、休宁、婺源、祁门、黟县、绩溪六县,主要分为地理、经济、人物、文化、遗事等几大类,包括山川、土产、官署、仓廪、古迹、职官、人物、诗文、遗事、物产、恤政、职官等十一个类目,收录了有关山岭、湖泊、古迹、人物、墓葬、竹木、粮食、药材、织染局、杂造局、平准仓、际留仓、义仓、常平仓、社仓、永丰仓、端平仓、村落、职官、诗文、佚事、文献、贡纸、恤政、职官等多方面的内容,为了解春秋、战国、三国、晋、南朝梁、陈、唐、南唐、宋、元以及明代洪武九年(1376年)前徽州地区社会历史发展的基本情况提供了一些线索。这些资料中关于明代方面的内容,是由朱同《新安志》第一个收入徽州府志的,具有开创之功,为后世方志编修提供了参考。有些资料则是罗愿《新安志》、李以申《新安续志》佚文和洪焱祖《新安后续志》佚文所没有收录的,朱同《新安志》佚文是目前徽州方志中的最早记载。朱同《新安志》佚文中保存的资料,有些与现存记载不完全相同,有些与现存记载完全不同,可以补充现存其他文献的记载,具有重要的史料价值。朱同《新安志》佚文还具有辑佚古籍、校勘其他文献记载的作用。朱同《新安志》佚文具有重要的史料价值和文献学价值,其价值有待进一步发掘和利用。

---

① 弘治《徽州府志》卷九,人物志·隐逸,《天一阁藏明代方志选刊》本,上海:上海古籍书店影印,1964年。

第五章

大典本《星源志》研究

根据徽州建置沿革的情况,婺源县亦有"星源"之称,故《永乐大典》收录的《星源志》应该是一部婺源县志。大典本《星源志》共有五条佚文。

一、关于大典本《星源志》编修时间的探讨

根据《中国古方志考》,20世纪30年代张国淦先生曾从《永乐大典》中辑出一部《星源志》,收录在《蒲圻张氏大典辑本》中,惜此书当时未及刊印出版。但从《中国古方志考》提供的线索看,张国淦先生认为这部志书是"宋洪从龙修,胡升纂"[①]。为了说明问题,现将内容抄录如下。

  星源图志宋 佚 蒲圻张氏大典辑本
  宋洪从龙修 胡升纂 洪从龙,桐庐人,咸淳年知婺源县。胡升,字潜夫,婺源清华人,淳祐十二年进士,国史编校。
  洪从龙序(从略)[②](康熙甲戌婺源县志艺文)
  大典辑本据大典九千七百六十六:二十二覃(灵岩),一万三千七十四:一送(青萝洞),引《星源志》二条。

---

① 张国淦:《中国古方志考》,北京:中华书局,1962年,第551页。
② 志序与本处所论问题无关,故略去不引。

案：《寰宇记》云，县为婺女之津，故名。①

由此可知，张国淦先生从《永乐大典》中共辑出《星源志》的两条佚文，并认为这部《星源志》就是宋代桐庐人洪从龙修、婺源人胡升纂的那部《星源图志》。根据婺源县志编修源流，此志应修于宋咸淳五年（1269年），而且根据现存文献的记载，婺源县志首创于此。

杜春和整理的、张国淦先生的《永乐大典方志辑本》正式出版，可以得见大典本《星源志》佚文的全部面貌，此次辑出的《星源志》，共有四条佚文，包括"灵岩"、"青萝洞记"、"诗文"（实际包括《题洞》和《题通元洞》两首诗，《题通元洞》一诗亦包含两首诗）、"思政堂记"四条，较之《蒲圻张氏大典辑本》多出"诗文"和"思政堂记"两条。《永乐大典方志辑本》在辑出的《星源志》下亦有按语：

案：《大典》引《星源志》凡四条。宋咸淳五年，知婺源县洪从龙修《星源图志》，未知即是志否？②

此按语反映出《永乐大典方志辑本》的编者尚未能完全确定大典本《星源志》就是宋咸淳五年（1269年）洪从龙修的那部《星源图志》。这与《中国古方志考》中所言不相统一。

《永乐大典方志辑佚》辑出的《星源志》，均以【诗文】为类目将佚文内容总括，包括宋袁甫《思政堂记》、《灵岩》诗、《青萝洞记》、朱松《题洞》、《题通元洞》，共五条佚文③，其内容与《永乐大典方志辑本》辑出的内容基本相同，只有个别字词有差别，且辑出的佚文出处相同，故《永乐大典方志辑佚》、《永乐大典方志辑本》和《蒲圻张氏大典辑本》辑出的《星源志》应为同一部志书。

根据《永乐大典方志辑佚》辑出的佚文，《思政堂记》和《青

---

① 张国淦：《中国古方志考》，北京：中华书局，1962年，第551～552页。
② 张国淦著，杜春和整理：《永乐大典方志辑本》（上），载《张国淦文集四编》，北京：北京燕山出版社，2009年，第104页。
③ 为了论述方便，笔者根据佚文的独立性，将《题洞》和《题通元洞》分作两条，而《题通元洞》一诗实际包括两首诗，因而成为六条佚文。

萝洞记》是两篇记文,落款处均注明撰写时间,前者注"嘉定十七年秋日,勤时袁甫记"①,后者称"元丰五年十月既望,方洵武记"②,嘉定十七年(1224年)、元丰五年(1082年)这两个时间均在咸淳五年(1269年)之前。而根据婺源县县志编修源流,明永乐六年(1408年)前编修的、以"星源"为名的志书有两部,一部是宋代咸淳五年(1269年)洪从龙修、胡升撰的《星源图志》,一部是元代至正年间邑人汪幼凤纂修的《星源续志》,两部志书均已亡佚。那么,如果从佚文提供的时间线索看,大典本《星源志》可能是这两部志书当中的任一部,但如果从书名看,这两部志书都与大典本《星源志》名不相符。不过考虑到唐代所修《元和郡县图志》,因其"图"的部分在宋代就已经散失,所以后人多称其为《元和郡县志》,《星源图志》很可能像《元和郡县图志》一样,也是因为"图"的丢失,被人们称为《星源志》了。而人们对汪幼凤的《星源续志》一般不会随意省去"续"字,简称为《星源志》"的。从这些分析看,大典本《星源志》是宋代咸淳五年(1269年)编修的《星源图志》的可能性更大。

然而,大典本《星源志》佚文中却有"宋袁甫《思政堂记》"③一说,如果大典本《星源志》是宋代咸淳五年(1269年)编修的,那么一般是不会称自己的时代为"宋"的,如果真要强调时代,往往都会用"国朝"、"本朝"、"皇朝"之类的表达,只有后人才直接称"宋袁甫《思政堂记》"。那么,根据婺源县县志编修源流,修于宋代之后、明代永乐六年前的、以"星源"为名的婺源县志只有元代至正年间邑人汪幼凤纂修的《星源续志》。但是根据黄燕生先生在《〈永乐大典〉征引方志考述》一文中的研究,明朝编修《永乐大典》时,出于本朝为正的观念,往往对收录的方志的原文加以改动,"《永乐大典》引前代著述,凡遇'国朝'、'皇

---

① 马蓉等点校:《永乐大典方志辑佚》,第3册,北京:中华书局,2004年,第1787页。

② 马蓉等点校:《永乐大典方志辑佚》,第3册,北京:中华书局,2004年,第1788页。

③ 马蓉等点校:《永乐大典方志辑佚》,第3册,北京:中华书局,2004年,第1786页。

朝'、'本朝'者,大都改易为原朝代名或'前朝',以避免混淆"①。如果是这样的话,"宋袁甫《思政堂记》"中的"宋"字原来可能是"本朝"、"皇朝"或"国朝",是《永乐大典》的编者将其改为"宋"字,以示区别的。据此,大典本《星源志》更有可能就是宋代咸淳五年(1269年)编修的《星源图志》。

另外,现存文献中也有将胡升编修的《星源图志》称为《星源志》的情况,如,《方洲集》称:"编校官胡升所撰《星源志》。"②《怀星堂集》称:"胡升所作《星源志》。"③《童山集》亦称:"胡升作《星源志》。"④看来人们已有将胡升《星源图志》称为《星源志》的习惯了。

综上所述,考虑到诸多因素,笔者认为大典本《星源志》应该是宋代咸淳五年(1269年)洪从龙修、胡升纂的那部《星源图志》。或是因为后来在流传过程中"图"的部分散失,人们就改称为"《星源志》"了,或是因为人们也习惯性地称其为《星源志》,而且《永乐大典》的编修者在收录时并未进行规范和统一,只是直接加以收录,就使用了《星源志》这个书名。

二、咸淳《星源志》方志编修理论

宋咸淳五年(1269年)洪从龙修、胡升纂的《星源图志》虽早已亡佚,幸运的是洪从龙所撰之志序被保存下来,我们可以通过这篇志序粗略地了解当时修志的情况以及志书本身的一些情况。为说明问题,现将洪从龙序抄录如下:

> 婺源县志序　　洪从龙
>
> 婺源为邑,由唐迄今五百有余年矣,因革废置,不知其几。未有笔之书以传远者,邑一大缺典也。某承乏来此,首尾四载,闲尝撷一二扣左右,率莫能对,益

---

① 黄燕生:《〈永乐大典〉征引方志考述》,载《中国历史文物》,2002年第3期,第76页。
② (明)张宁:《方洲集》卷一八,清文渊阁《四库全书》本。
③ (明)祝允明:《怀星堂集》卷三〇,清文渊阁《四库全书》本。
④ (清)李调元:《童山集》文集,卷八,清乾隆刻函海道光五年增修本。

知是书不可不作。久欲作而未暇,行将代归,虑复因循,亟奉书国史胡公升,嘱为之志,公许焉。不两月而书成,门分汇别,井井有条。盖公以史馆名笔,志一邑余事尔,况公生长于斯,耳目所睹记,胸中有全书久矣。至若紫阳先生,集诸儒之大成,公之搜纂,特加详焉,是又大有功于名教也,志云志云,纪录云乎哉。元咸淳五年己巳四月望日,钧台洪从龙记。①

  首先需要指明的是,笔者从康熙《婺源县志》中所引洪从龙志序与张国淦先生所引之志序,有三处不同:①此处所引为"闲尝撼一二扣左右",而张先生所引为"间尝撼一二扣左右",笔者以为当以"闲尝撼一二扣左右"义长;②此处为"特加详焉",张先生所引为"特别详焉",两者皆是转引自康熙《婺源县志》的"艺文"部分,笔者以为,应以"特加详焉"为长;③此处所引在"咸淳五年"之前有一"元"字,而张国淦先生所引无此字。此"元"字与前文"纪录云乎哉"无法联系起来看待,而如与后文"咸淳五年"相连,则又不符合史实。故笔者认为,此"元"字是一衍字,或许是康熙《婺源县志》编修时不慎加入的。

  婺源县始设于唐开元年间,到宋咸淳五年已有五百多年的历史了,而这期间婺源的建置又几经变化。婺源虽设县较早,但却一直没有单独编修县志,婺源县五百多年的发展历史没有用县志专门记录下来,因而洪从龙来婺源做官,对此深有感触,称:"未有笔之书以传远者,邑一大缺典也。"看来,洪从龙认为一个地区应该编修当地的地方志,以记录历史发展的情况,他对于方志"存史"的价值还是非常重视的。而当洪从龙在闲暇时间,与僚属交谈特别是询问有关婺源历史发展的某些情况时,这些人无言以对,洪从龙深感遗憾,同时也计划和决心要编纂一部婺源县志。这部志书最后交由胡升编纂,胡升倾尽全力用了不到两个月时间完成了历史上第一部婺源县志的编修工作。两个月时间编成一部志书似乎时间太短了,难免让人对其

---

  ① 康熙《婺源县志》卷一二,艺文·纪述,清康熙三十三年(1694年)刻本。

质量有所怀疑。洪从龙对这个问题也做了一些解释和说明,强调了此部婺源县志的质量是能够有保证的,原因有二:①胡升当时为国史编校,而且是"史馆名笔",本人已经具备了扎实的学术功底和编纂志书的基本能力。对此,康熙《婺源县志》亦有记载:"胡升,字潜夫,淳祐庚戌以布衣领乡荐,登进士第,入史馆,授国史编校,踰年,史进赐迪功郎","所著有《四书增释》及《丁巳杂稿》"①。从这一点来看,承担并完成编纂婺源县志的任务对胡升而言并不是件难事,而从这一点也能反映出来,洪从龙在选择修志人员时,是非常注重对方的素质和修养的;②胡升是婺源县清华人,从小到大皆生长于此,对于家乡的情况了如指掌,在未编修婺源县志前,其实已是"胸中有全书久矣",而一旦将修书付诸实际,那么他当然会很顺利地完成修书任务。由此两点,胡升在不到两个月的时间里能够保质保量地修成第一部婺源县志并不是虚言。从洪从龙所言"门分汇别,井井有条"可以看出,胡升编修的这部婺源县志质量确实是有保证的。这部婺源县志在内容上也是有其自身的特点的,一方面综合而全面地记录婺源县历史发展的基本情况,另一方面对于朱熹这个特殊的人物,这个"集诸儒之大成"的人物,还给予特别详细的记载,从而突出了朱熹的历史地位和影响。洪从龙认为,胡升对朱熹的"特加详焉",并不是对朱熹这个人物的吹捧,而是想借此达到教化的作用,即所谓的"大有功于名教也"。方志在"教化"方面的独特作用也被洪从龙和胡升所重视,加以提倡,并贯彻于修志活动中。

由这篇志序可知,正是考虑到方志所具有的"存史"、"教化"的作用,洪从龙才决心要编修一部婺源县志,而在选择修志人员时也特别注重其才能和修养;也正是考虑到志书在"存史"、"教化"方面所具有的功能,胡升才接受了修志的任务,也才在修志时不仅全面记载婺源县的历史发展,也着重详细地记载了朱熹的有关情况,从而实现方志"存史"和"教化"的作用。

---

① 康熙《婺源县志》卷九,人物·经济,清康熙三十三年(1694年)刻本。

三、大典本胡升《星源志》佚文的价值

大典本《星源志》佚文共有六条,共有一千五百多字,其中两条是记文,即《思政堂记》和《青萝洞记》,四条是诗,包括《灵岩》、《题洞》、《题通元洞》(实际包括两首诗)。

1. 宋袁甫《思政堂记》:婺源诸县令吾几仲既新县廨,以余力筑堂,扁曰思政,而属余为记。余闻之良医,有年少患羸疾,医视其色曰:"此心思也,尔得无嗜书若思乎?"曰:"然。""他医劝尔省思虑乎?"曰:"然。"曰:"尔本以思受病,又戒尔勿思,思其说而不得,是以添一思也。尔第宽绰厥心,勿劳尔神,勿摇尔精,志之所之,勿遏所思,思而不已,一日豁然心怡①理融,与病相忘,则病去矣!"年少如吾言良已。余曰:"噫嘻!此政论也,岂但医哉!今夫俗吏之为政,逐利禄,希宠荣,撤义理之藩垣,破名论之扃镝,率意妄行,无庸致思可也。有人焉依违于义利、公私之间,两者交战,莫之适从。体国乎,则抚字亏;爱民乎,则催科拙;扶弱乎,则巨室谤;安人乎,则下民咨;守法乎,则古谊乖;行志乎,则律令悖;量力乎,则机易失;勇往乎,则多怨忌;好谋乎,则听言杂;信己乎,则下情壅;求知乎,则道必枉;自晦乎,则上不察。凡此者,朝夕记虑者,足以挠吾虚明之府也。知思之为害而欲以不思处之,是又庸医杀病者以省思虑,不惟无益,只以为赘。""然则奈何?"曰:"吾尝闻诸古矣!思其艰以图其易,难易本一机也。思其始以成其终,终始本一理也。方其未通,往来憧憧;及其既通,四达皇皇。仰而思之,时行则行;思不出位,时止则止。如是而思,思之病其瘳乎?且夫喜怒哀乐,缘思而起,知喜怒哀乐之为患,而禁其勿喜勿怒勿哀勿乐,激而反甚焉者多矣!孰若平吾心而勿起意焉,当喜而喜,当怒而怒,当哀而哀,当乐而乐,荡荡平平,奚所拟议;无适无莫,奚所较计。终日思,未尝思。终日不思,未尝不思。斯理也,余能形诸言,而几仲固已施诸政矣!""若则几仲之政,可得而闻欤?"曰:"请问诸邑人。"嘉定十七年秋日,勤时袁甫记。[册七一卷七二三

---

① "怡"字在《永乐大典》(北京:中华书局,1986年,第2978页)中为"恬"字。

九页五]①

《思政堂记》由袁甫所撰。关于袁甫的情况,《宋史》有其本传②,道光《徽州府志》有如下记载:"袁甫,字广微,庆元府鄞县人,宝文阁直学士燮之子,嘉定七年进士第一,签书建康军节度判官厅公事,授秘书省正字,迁校书郎,出通判湖州,迁秘书郎,寻迁著作佐郎,知徽州。治先教化,崇学校,访便民事上之:请蠲减婺源绸绢万七千余匹,茶租折帛钱万五千余贯,月椿钱六千余贯;请照咸平、绍兴、乾道宽恤,指挥受纳徽绢定每匹十两;请下转运、常平两司,豫蓄常平、义仓备荒,兴修陂塘,创筑百梁。丁父忧,服除,知衢州,累官权兵部尚书兼吏部尚书,卒赠通奉大夫,谥正肃。见《宋史》本传。按'百梁'旧府志皆作'渔梁'。"③袁甫知徽州事时,首要政事即是重视教化、加强学校建设,另外在减免赋役、兴修水利、储粮备荒等方面做了许多实事。袁甫勤于政事,多有政绩,因而累官权兵部尚书兼吏部尚书。袁甫之父袁燮为浙东"四明学派"的代表人物之一,袁甫因而得以少承家学,他还从学于陆学二传弟子之一的杨简。因此,袁甫在学术上亦有所成绩,尝著《孝说》、《孟子解》、《后省封驳》、《信安志》、《江东荒政录》、《防拓录》、《乐事录》及《蒙斋中庸讲义》、《蒙斋集》等。

此篇记文是借一位良医为一名"年少患羸疾"者治病的故事,来谈论为政之人、为政之道的一些情况。文中谈到,治疗因思虑过度而引起的心病时,不能强迫病人不去想、不去做,而应该让其放松心情,顺应自身情感之需要,"当喜而喜,当怒而怒,当哀而哀,当乐而乐",心中怡然,心病也就不治自愈了。袁甫认为,为政之人如果纠结于义利、名利、荣宠、利禄之中,反而会让自己无所适从,也应该顺应时势变化,该思时思,该想时想,这样才能够让自己明确目标,有所作为。袁甫能写出这样富有

---

① 马蓉等点校:《永乐大典方志辑佚》,第 3 册,北京:中华书局,2004年,第 1786~1787 页。

② 《宋史》卷一○五,列传第一百六十四,北京:中华书局,1977 年。

③ 道光《徽州府志》卷八,职官志·名宦政绩传,《中国地方志集成》本,南京:江苏古籍出版社,1998 年。

哲理的文章，正是因为他既有学识和思想，亦身历仕途，对为政之道有所感悟和体会。而他自己很谦虚地说，他只能用言语做出如上的论述和总结，而朱几仲已经将这些为官之道和为政之道付诸行动，并取得了良好的效果。

此记文写于宋嘉定十七年（1224年），且咸淳年间胡升编修的《星源图志》是第一部婺源县志，因此，胡升《星源图志》是第一个将此内容收录于婺源县志的，具有首创之功，后世婺源县志对此多有继承。这篇记文写于嘉定十七年（1224年），因此罗愿《新安志》不可能收录，而李以申《新安续志》佚文、洪焱祖《新安后续志》佚文和朱同《新安志》佚文亦未辑出，那么大典本《星源志》佚文也是目前保存这篇记文的最早的徽州方志。

《永乐大典方志辑本》①辑出的《思政堂记》与《永乐大典方志辑佚》所辑内容相同。在袁甫《蒙斋集》②、康熙《婺源县志》③和道光《婺源县志》④中亦收录了这篇《思政堂记》，与《永乐大典方志辑佚》所辑佚文相比，有些字词存在一些差异。现以《永乐大典方志辑佚》所辑佚文为底本，将袁甫《蒙斋集》、康熙《婺源县志》、道光《婺源县志》与之存在的字词差异列举如下表。

---

① 张国淦著，杜春和整理：《永乐大典方志辑本》（上），载《张国淦文集四编》，北京：北京燕山出版社，2009年，第105页。
② （宋）袁甫：《蒙斋集》卷一二，清文渊阁《四库全书》本。
③ 康熙《婺源县志》卷一一，艺文·纪述，清康熙三十三年（1694年）刻本。
④ 道光《婺源县志》卷三二，艺文三·纪述一，清道光六年（1826年）刻本。

第五章　大典本《星源志》研究　219

《永乐大典方志辑佚》	袁甫《蒙斋集》	康熙《婺源县志》	道光《婺源县志》	备注
婺源诸县令吾几仲既新县廨	婺源朱令君几仲既新县廨	婺源朱县令吾几仲既新县廨	婺源朱令君几仲既新县廨	"朱復之,字几仲,号湛庐,建安人"①,曾任婺源县知县②,创思政堂,袁甫为之记③。故"诸"字应为"朱"。或为《永乐大典》编者避明代皇帝"朱"姓而写为"诸"。
此心思也,尔得无嗜书若思乎	此心恙也,尔得无嗜书苦思乎	此心思也,尔得无嗜书苦思乎	此心思也,尔得无嗜书苦思乎	恙,疾病的意思。此记文所言即是一位良医为一年少者治心病的事,而且少年之病是因为读书过多、思考过甚引起的。因而,根据文义,当以"此心恙也,尔得无嗜书苦思乎"为长。
思其说而不得,是以添一思也	思其说而不得,是又以添一思也	思其说而不得,是又以添一思也	思其说而不得,是又以添一思也	由此记文可知,文中称此少年已得心病,而其他医生则劝其勿思勿想,少年为了控制自己不多想不多思,反而增加了一份心思。根据文义,当以"是又添一思也"为长。一个"又"字反映了得病少年旧病未愈又添新病。
勿遏所思	勿废尔思	勿遏所思	勿遏所思	此句之前有"勿劳尔神,勿摇尔精,志之所之",之后有"思而不已",根据上下句文义及句式,当以"勿废尔思"义长。
一日豁然心怡理融	一日豁然心怡理融	一日豁然心恬理融	一日豁然心恬理融	《永乐大典》残卷中原句是"一日豁然心恬理融"。根据文义以及汉语用法,当以"一日豁然心怡理融"为长。"恬"误,当是形近而误。
年少如吾言良已	年少如吾言良愈	年少如吾言良已	年少如吾言良已	根据文义,年少者如良医所言,勿多思勿多想,自然病就好了。因而,当以"年少如吾言良愈"义长。

---

①　(宋)陈起:《江湖后集》卷一一,清文渊阁《四库全书》本。
②　弘治《徽州府志》卷四,职制·郡邑官属,《天一阁藏明代方志选刊》本,上海:上海古籍书店影印,1964年。
③　弘治《徽州府志》卷五,公署·郡邑公署,《天一阁藏明代方志选刊》本,上海:上海古籍书店影印,1964年。

续表

《永乐大典方志辑佚》	袁甫《蒙斋集》	康熙《婺源县志》	道光《婺源县志》	备注
无庸致思可也	毋庸致思可也	无容致思可也	无容致思可也	"无庸"、"毋庸"乃"无须,不要"之意,"无容"则为"不允许,不让"的意思。考虑前后文义,当以"毋庸致思可也"为长。"无容"不切合文章之意。
有人焉依违于义利、公私之间	有人焉依违乎公私之间	有人焉依违乎义利、公私之间	有人焉依违乎义理、公私之间	考虑前后文义,当以"有人焉依韦乎义利、公私之间"为长。
安人乎,则下民咨	安大乎,则小民咨	安泰乎,则下民咨	安泰乎,则下民咨	根据文义,当以"安人乎,则下民咨"义长。
则古谊乖	则情谊乖	则古议乖	则古议乖	《文献通考》载:"先是右司郎中汪应辰言:国家谨重用刑,是以参酌古谊……"①据此当以"则古谊乖"为长。
则律令悖	则律令悖	则律令背	则律令背	根据词义,当以"则律令悖"义长。
量力乎,则机易失,勇往乎,则多怨忌	量力乎,则人多忌;	量力乎,则机易失,勇往乎,则人多忌	量力乎,则机易失,勇往乎,则人多忌	前文有"则巨室谤"、"则下民咨"、"则律令悖"、"则机易失"这样的句式,而"则多怨忌"与此不同,故当以"则人多忌"义长。而《蒙斋集》则缺"则机易失,勇往乎"。
朝夕记虑者,足以挠吾虚明之府也	朝夕计虑,皆足以挠吾虚明之府也	朝夕计虑,皆足以挠吾虚明之府也	朝夕计虑,皆足以挠吾虚明之府也	"计虑"为"计议谋虑"之意。根据上文所言之意,应以"朝夕计虑,皆足以挠吾虚明之府也"义长,而一个"皆"字更能反映出为官之人所思所想的复杂性。
而欲以不思处之	而欲以不思处之	而父以不思处之	而又以不思处之	本篇记文所言之良医认为因思成疾者,如果强迫自己不去多思多想,反而会适得其反。联系前句"知思之为害",结合前后文义,则应以"而欲以不思处之"义长。

---

① 马端临:《文献通考》卷一六七,刑考六,清浙江书局本。

续表

《永乐大典方志辑佚》	袁甫《蒙斋集》	康熙《婺源县志》	道光《婺源县志》	备注
是又庸医杀病者以省思虑	是又庸医教病者以省思虑	是又庸医教病者以省思虑	是又庸医教病者以省思虑	考虑前后文义,应以"是又庸医教病者以省思虑"为长。
思其艰以图其易,难易本一机也。思其始以成其终,终始本一理也	思其难以图其易,难易本一机也。思其始以图其终,终始本一理也	思其难以图其易,难易本一机也。思其始以成其终,终始本一理也	思其难以图其易,难易本一机也。思其始以成其终,终始本一理也	由"难易本一机也",可知此文将"难易"相对,故根据上下文义,"艰"字误,当为"难"字。而根据"思其难以图其易"的句式,应以"思其始以图其终"义长。据此,本句应为"思其难以图其易,难易本一机也。思其始以图其终,终始本一理也"。
时行则行	时行即行	时行则行	时行则行	下文有"时止则止"之言,根据此句式,当以"时行则行"为长。
思之病其瘳乎	思之病其有弗瘳乎	思之病其瘳乎	思之病其瘳乎	"瘳"即"病愈"之意。根据文义,当以"思之病其有弗瘳乎"义长。
终日思,未尝思	终日思,未尝思	终日思,未常思	终日思,未尝思	下文有"终日不思,未尝不思",故应以"终日思,未尝思"为确。"常"误,应为"尝",音近而误。

按理,这篇《思政堂记》既然为袁甫所写,那么就应该以袁甫《蒙斋集》所收之《思政堂记》为准,但由于《蒙斋集》原书已佚,现存之本乃为清朝四库馆臣在编纂《四库全书》时从《永乐大典》中辑出,并收入《四库全书》中的,《蒙斋集》现在只有《永乐大典》本,而《永乐大典》皆为手抄,在抄写过程中难免会有些错误,故尚不能完全以此版本为准。大典本胡升《星源志》佚文亦从《永乐大典》中辑出,亦可能存在一些讹误,故笔者对佚文之正误做出如上推断。

2.《灵岩》诗:三岩九洞绝尘寰,问讯真人得纵观。丹就已乘仙鹤去,云深元有老龙蟠。铁船泛海源流远,玉柱擎天星斗寒。劈破莓苔诗句好,欲归传作画图看。[册一百卷九七六六页一]①

---

① 马蓉等点校:《永乐大典方志辑佚》,第 3 册,北京:中华书局,2004 年,第 1787 页。

《灵岩》诗为南宋李知己所写。现存文献中有关于李知己的记载,如:"李知己,字智仲,严田人,登绍兴进士第。通判婺州,有滞讼数百,屡经簿责,不能平者,知己结,竟其罪无复连染。州给秋衣,军士绢轻,持杖喧哗,守称疾,知己摄事,呼其首词责之,勅以军法,皆谢罪归营。言于守计,绢直以给军。明年,当纷呈春衣,有蜚语为恶言闻者,密白守,得二人斩之。以狗除大理丞,迁太宗正丞兼权都官郎摄侍衣,诰牍山积,涉笔予夺较然。得疾,会浙东议幕缺员,求以自便。"①又如:"李知己,字智仲,徽州婺源人。绍兴二十四年进士,通判婺州,累官大理丞、大宗正丞、都官郎。"②可知,李知己是婺源人,此诗应当是他游览灵岩仙境后的因感而发。胡升《星源志》应是第一个将此诗收入婺源县志的,有开创之功,后世方志都是对它的继承。而罗愿《新安志》没有收录这首诗,李以申《新安续志》佚文、洪焱祖《新安后续志》佚文和朱同《新安志》佚文皆未辑出这首诗,故大典本胡升《星源志》也是目前保存这首诗的最早的徽州方志。

康熙《婺源县志》③、道光《婺源县志》④、光绪《婺源县志》⑤、《宋诗纪事补遗》⑥都收录了此诗,不过诗名为《题灵岩洞》,内容与《永乐大典方志辑佚》所辑基本相同。

《永乐大典方志辑本》亦辑出《灵岩》诗⑦。其中有个别字词与上述几部文献记载不同。如,"玉柱擎天星斗寒"为"玉柱擎天星半寒",当以"星斗寒"为确,"半"字误,应是字形相近而误;

---

① 康熙《婺源县志》卷九,人物·经济,清康熙三十三年(1694年)刻本。
② (清)陆心源:《宋诗纪事补遗》卷四四,清光绪刻本。
③ 康熙《婺源县志》卷一二,艺文·纪述,清康熙三十三年(1694年)刻本。
④ 道光《婺源县志》卷三七,艺文四·题咏,清道光六年(1826年)刻本。
⑤ 光绪《婺源县志》卷六二,艺文四·题咏,清光绪九年(1883年)刻本。
⑥ (清)陆心源:《宋诗纪事补遗》卷四四,清光绪刻本。
⑦ 张国淦著,杜春和整理:《永乐大典方志辑本》(上),载《张国淦文集四编》,北京:北京燕山出版社,2009年,第105页。

"劈破莓苔诗句好",为"劈破梅苔诗句好",当以"莓苔"为长。

  3.《青萝洞记》：余握婺源印八百五十日,沄橄之符溪里,里儒张君炤袖诗来访于临河院,且言距院十里有青萝洞。唐元和中,王维、马知识题墨尚炳然于岩壁间。鄙心素乐静虚,闻其言,若有以引其思者,因冯轼东首而游焉。洞之顶上,覆以巨石,其高数仞,纵广如之。窍窦险隘,初若不可入,秉烛扬炬,左杖右策,未十步间,难阻即平。其中宏廓,帡幪周密,物象森列,天巧所运。顾然逾丈,端立不倚,曰石天尊。圆顶数十,骈罗前后,曰行道岩。撑突腾奋,类涌涛堆雪之状,曰潮来峰。纹理缅联,色若绘绣,曰花靴。石乳漏坚凝玉,立对峙者,石天柱也。阡眭间错,砂颗采灿者,石芝田也。石钟仅余寻丈,以物挃叩,则声实似之。石天井者,突唆①而深黑,投之以块,徐闻水声,非可以工力穷也。瑰怪丛夥,未易殚述,饱观周览,使人有飘飘物外之兴。已而叹曰：三山在万里风涛之外,弃父母,掷形骸,卒甘于蛟螭鲸鲵之舌者多矣！若兹洞也,介夫小麓之隈、平壤之畔,世鲜有知者。自元和迨今仅三百年,阅其题墨,获游者不过数四,岂天地祕厥灵迹,不欲发露寻常之观耶？岂人曰汩于幺么之物哉,不知清净之为乐耶？抑亦法守之可畏,而不克盘旋于此耶？兹三者,吾莫得而知也,姑述大概,以贻于后云。元丰五年十月既望,方洵武记。[册一百三四卷一三〇七四页一]②

  《永乐大典方志辑本》③辑出的《青萝洞记》与《永乐大典方志辑佚》所辑内容基本相同,只有个别字词存在差异。其中"窍窦险隘"为"穷窦险隘","抑亦法守之可畏"为"抑以法守之可畏"。

  这篇《青萝洞记》主要介绍了婺源临河院附近青萝洞的基本情况。初入此洞狭窄难行,继而宽敞宏阔。洞内奇石林立,

---

① "唆"字在《永乐大典》（北京：中华书局,1986年,第5620页）中为"峻"字。根据文义当以"峻"字义长。
② 马蓉等点校：《永乐大典方志辑佚》,第3册,北京：中华书局,2004年,第1787~1788页。
③ 张国淦著,杜春和整理：《永乐大典方志辑本》（上）,载《张国淦文集四编》,北京：北京燕山出版社,2009年,第104页。

巧然天成，形态各异。青萝洞清幽深邃，"饱观周览，使人有飘飘物外之兴"。此洞隐秘不露，犹如世外桃源，而为世人鲜知。故而三百年间来此游历者且题墨歌咏者不过几人。这篇记文为人们展示了一幅优美画卷，也引起人们的无限遐想。

《青萝洞记》虽写于宋元丰五年（1082年），但罗愿《新安志》并未收录，李以申《新安续志》佚文、洪焱祖《新安后续志》佚文和朱同《新安志》佚文均未辑出，胡升《星源志》不仅是第一个将这篇记文收录在婺源县志中，而且其佚文也是关于此记文的现存最早的记载。这篇记文在现存婺源县志中很难见到，它可以补充现存记载的不足，为了解婺源县历史发展和相关问题提供新的线索。

4. 朱松《题洞》：雨过薰风吹面凉，芒鞋终日水云乡。可怜尘绪萦人久，赖有仙源引兴长。山鸟无心时自语，林花有意解留香。春醪不惜杖头费，渴似虹霓饮练光。[册一百三四卷一三〇七五页十六]①

从诗文看，此诗是一首题咏，描写出一幅美丽且韵意幽深的自然风景。朱松，人称"韦斋先生"，"字乔年，徽之婺源人。政和八年，同上舍出身，授建州政和尉，丁外艰，服除，调南剑州尤溪尉，监泉州石井镇。绍兴四年，召试馆职，除正字，丁内艰，服阕，召对，改左宣教郎秘书省校书郎，迁著作佐郎、尚书度支员外郎兼史馆校勘，历司勋吏部两曹，兼史职如故。修哲宗实录，书成转奉议郎，以年劳转承议，出知饶州。未上，请间得主管台州崇道观，满秩再请命下而卒，绍兴十三年三月二十四日也。赠官通议大夫"②。朱松撰有《韦斋小集》一卷③。但这部文集中没有收录这首诗。大典本《星源志》佚文是目前最早保存这首诗的徽州方志。

---

① 马蓉等点校：《永乐大典方志辑佚》，第3册，北京：中华书局，2004年，第1788页。

② （宋）李幼武：《宋名臣言行录外集》卷一一，清文渊阁《四库全书》本。

③ （宋）陈振孙：《直斋书录解题》卷二〇，清刻武英殿聚珍版丛书本。

而笔者在检阅其他文献时,却发现康熙《婺源县志》①、道光《婺源县志》②和光绪《婺源县志》③中都收录了张大直的一首《题三洞》诗,其内容与大典本《星源志》佚文中朱松的这首《题洞》完全一样。但笔者目前尚没有找到更多的线索来说明大典本《星源志》佚文中朱松《题洞》一诗为何与张大直《题三洞》完全相同,亦不知是哪部文献的记载有问题,但两个人写了内容完全相同的诗,这应该是不可能的,其中肯定是有些原因的。或者如前文所举,谭知柔剽窃吴可《小醉》一诗而略做修改即成己诗《晚醉口占》,或许是张大直和朱松当中的某一人剽窃对方的诗作而直接变成自己的作品。

除《题三洞》一诗外,康熙《婺源县志》④、道光《婺源县志》⑤、光绪《婺源县志》⑥还收录了张大直所写的《庆云东洞一首》、《莲花西洞二首》、《含虚南洞》四首诗,这说明张大直这个人在诗歌创作方面还是有所成果的。

5.《题通元洞》:绀宇参差群玉府,人寰隔绝列仙都。六丁神力开岩洞,五岳真形入画图。依旧标题金玉简,居然表里映冰壶。我来登览忘归步,惟恐王乔下凫舄。奇峰四立极嵯峨,下有云房拶薜萝。桂树淹留应岁久,桃花烂漫正春和。闲寻谷口仙人鹿,不为山阴道士鹅。处处清泉堪洗髓,玉京底用更鸣珂。[册一百三四卷一三〇七五页十六]⑦

---

① 康熙《婺源县志》卷一二,艺文·纪述,清康熙三十三年(1694年)刻本。
② 道光《婺源县志》卷三七,艺文四·题咏,清道光六年(1826年)刻本。
③ 光绪《婺源县志》卷六二,艺文四·题咏,清光绪九年(1883年)刻本。
④ 康熙《婺源县志》卷一二,艺文·纪述,清康熙三十三年(1694年)刻本。
⑤ 道光《婺源县志》卷三七,艺文四·题咏,清道光六年(1826年)刻本。
⑥ 光绪《婺源县志》卷六二,艺文四·题咏,清光绪九年(1883年)刻本。
⑦ 马蓉等点校:《永乐大典方志辑佚》,第3册,北京:中华书局,2004年,第1788页。

《题通元洞》诗实为两首，前一首诗在罗愿《新安志》和李以申《新安续志》佚文中都没有收录，胡升《星源志》不仅是第一个将此诗收录在婺源县志中的，也是目前徽州方志中保存下来的最早的记载。而且现存婺源县志中很难见到这首诗，因而大典本《星源志》佚文保存的这条资料又是十分少见的，为了解婺源县历史文化的相关情况和文学方面所取得的成果提供了新的参考。

后一首诗在康熙《婺源县志》①、道光《婺源县志》②、光绪《婺源县志》③皆有收录，内容与大典本《星源志》佚文完全相同，但诗名却有差别，康熙《婺源县志》和道光《婺源县志》称为《题二洞》，光绪《婺源县志》则称为《题灵岩二洞》。罗愿《新安志》没有收录这首诗，李以申《新安续志》佚文亦未辑出这首诗，那么大典本《星源志》佚文就是现存徽州方志中最早的记载，胡升《星源志》也是第一个将此诗收录在婺源县志中的。三部婺源县志均称此诗的作者为"李棣"，那么大典本《题通元洞》的前一首也应为"李棣"所作。

笔者在婺源县志中没有查找到有关"李棣"的情况，但《宋史·艺文志》称："李棣《浮光图志》二十卷"④，不知《宋史》所言之"李棣"是否是上述三部婺源县志中所说的"李棣"。而雍正《山西通志》载："正大中乡试，李棣，孟县人，中书省参政"⑤，此"李棣"为金朝正大年间之人，亦不知此人与《宋史》以及上述三部婺源县志中的"李棣"是什么关系。

综上所述，大典本《星源志》应为宋咸淳五年（1269年）洪从龙修、胡升纂的《星源图志》。大典本《星源志》佚文总共六条，都是诗文方面的资料，包括两篇记文和四首诗，共一千五百

---

① 康熙《婺源县志》卷一二，艺文·纪述，清康熙三十三年（1694年）刻本。
② 道光《婺源县志》卷三七，艺文四·题咏，清道光六年（1826年）刻本。
③ 光绪《婺源县志》卷六二，艺文四·题咏，清光绪九年（1883年）刻本。
④ 《宋史》卷二〇四，志第一百五十七，北京：中华书局，1977年。
⑤ 雍正《山西通志》卷六五，科目，清文渊阁《四库全书》本。

多字。《思政堂记》、《灵岩》诗和《题通元洞》后一首皆可与现存其他记载相参证,《思政堂记》亦可为校勘其他文献中的记载提供参考,《青萝洞记》和《题通元洞》前一首则为现存婺源县志所未载,可补充现存记载的不足,可以为全面了解婺源县的历史文化提供新的参考。胡升《星源图志》是历史上编纂的第一部婺源县志,它是第一个将这六条资料收入婺源县志的,具有首创之功,后世方志皆是在此基础上加以继承和发展的。

第六章

大典本《休宁县新安志》、《休宁县彰安志》和《黄山图经》研究

《永乐大典》收录了《休宁县新安志》和《休宁县彰安志》两部志书。根据第一章中关于休宁县县志编修源流的介绍,第一部以"休宁"为名的休宁县志是程敏政于明代弘治四年(1491)编修的《休宁志》,而《永乐大典》修成于明代永乐六年(1408年),因而《永乐大典》收录的这两部方志在现存文献记载的休宁县志编修源流中均未记载。因此,两志虽各仅存佚文一条,但仍有必要对这两部志书进行分析和探讨,以说明有关问题。

一、大典本《休宁县新安志》研究

《永乐大典》收录的《休宁县新安志》佚文内容极少,仅有【仓廪】一条,即"省仓,在县楼内之东"①。这条资料只记载了"省仓"的所在位置,而没有提供更多的信息。关于"省仓"的记载在徽州方志中比较少见,罗愿《新安志》中收录了两条,一条是记载祁门官廨时的资料,即"省仓在西北"②;另一条是记载黟

---

① 马蓉等点校:《永乐大典方志辑佚》,第 2 册,北京:中华书局,2004年,第 1056 页。《永乐大典》册八一卷七五一六页十一。

② 罗愿:《新安志》卷四,清嘉庆十七年(1812 年)刻本。

第六章 大典本《休宁县新安志》、《休宁县彰安志》和《黄山图经》研究

县官廨时的资料,即"省仓、常平仓在县门之内"①。这两条资料也只是介绍了省仓的所在位置,而没有说明"省仓"的其他情况。根据上述几条资料也只能推定出"省仓"是一种仓廪形式,但至于"省仓"修于何时,是什么样的一种仓廪形式却无从知晓。根据罗愿《新安志》的两条记载,"省仓"至少在宋代淳熙年间就已经设置。大典本《休宁县新安志》修纂的上限或当南宋之际,其时间下限则自然应在明永乐六年以前。

根据现存徽州方志的记载,"新安"最早是郡名,西晋太康元年将新都郡改名为新安郡,到宋徽宗宣和三年改名为徽州,"新安"作为郡名才最终废止不用②。绩溪县在宋、元、明三代皆设有"新安乡"③。"休宁"为县名自隋开始,隋开皇十八年(598年)将海宁县改名为休宁县,此后相沿不改④。至于徽州下属六县其他的乡、村或下级行政区划中是否有"新安"一地,现存徽州方志中没有记载。

从《休宁县新安志》这一书名看,如果"新安"为郡,那么"新安"和"休宁"是两级行政区划,前者为郡,后者是其下属之县,书名中将"新安"置于"休宁"之后实为不妥,按照这样一种排列方式,就无法判断此志究竟是郡志还是县志。但如果两者位置交换,则书名变为《新安休宁县志》似乎较前更为妥当。"休宁"之名从隋开皇十八年开始使用一直没有改变,而"新安"作为郡名仅在"西晋太康元年"到"宋徽宗宣和三年"这段时间内断续使用。如,隋文帝开皇九年"改新安郡为歙州","隋炀帝大业三年复以歙州为新安郡",唐高祖武德元年"改新安郡为歙州",唐玄宗天宝元年又改"歙州为新安郡","唐肃宗乾元元年复改新

---

① 罗愿:《新安志》卷五,清嘉庆十七年(1812年)刻本。
② 道光《休宁县志》卷一,沿革,《中国地方志集成》本,南京:江苏古籍出版社,1998年。
③ 嘉庆《绩溪县志》卷一,村都,《中国地方志集成》本,南京:江苏古籍出版社,1998年。
④ 道光《休宁县志》卷一,沿革,《中国地方志集成》本,南京:江苏古籍出版社,1998年。

安郡为歙州",宋徽宗"宣和三年改歙州为徽州"①,因此,笼统地说,大典本《休宁县新安志》应修于"隋开皇十八年"到"宋徽宗宣和三年"间,准确地说,还应减去"新安郡"更名为"歙州"的那些时间段。

如果"新安"为乡,则其设置应在绩溪县下,而不是休宁县。由于没有查找到永乐六年(1408年)以前休宁县设有新安村,故其志也不可能是一部村志。因此,根据上述分析,大典本《休宁县新安志》不可能是乡志。另外,在徽州地区还有一座"新安山",但根据同治《祁门县志》②和康熙《徽州府志》③的记载,新安山在祁门县而不是休宁县,大典本《休宁县新安志》也不可能是山志。另外,大典本《休宁县新安志》佚文记载的是仓廪方面的资料,一般而言山志是不记载这方面资料的,因此,它确实不是一部山志。

但是由于无法全面考察徽州地区的行政区划的全部情况,尚不能最后确定休宁县境内是否还有另外一个地方亦称为"新安"。如果存在这个地方,那么大典本《休宁县新安志》或许是一部乡志、一部村志等等。果真如此,这部志书应该是非常有代表性的,说明了在明代永乐六年(1408年)以前就已经有乡志、村志甚至里志的编修了,这为认识方志发展过程提供了重要的资料。

根据以上分析,如果大典本《休宁县新安志》是府志的话,依据弘治《徽州府志·汪舜民序》④对明代弘治以前的徽州府志编修情况所作的基本介绍,再考之以明初朱同所修《重编新

---

① 道光《休宁县志》卷一,沿革,《中国地方志集成》本,南京:江苏古籍出版社,1998年。
② 同治《祁门县志》卷四,舆地志,《中国地方志集成》本,南京:江苏古籍出版社,1998年。
③ 康熙《徽州府志》卷二,舆地志,《中国方志丛书》本,台北:成文出版社,1970年。
④ 弘治《徽州府志》,林瀚序,《天一阁藏明代方志选刊》本,上海:上海古籍书店影印,1964年。

安志序》①、康熙《徽州府志》"赵吉士序"②以及道光《徽州府志》"修志源流"③等关于徽州府志编修情况的记载，在"隋开皇十八年"到"宋徽宗宣和三年"期间编修的徽州府志只有唐代编修的《歙州图经》，《歙州图经》应该不是《永乐大典》中收录的《休宁县新安志》。如果大典本《休宁县新安志》是县志的话，书名应称为《新安休宁县志》，根据本书第一章对休宁县县志编修源流进行的分析，从休宁县志的发展源流看，最早的休宁县志可以追溯到晋太康年间，只是不可考证了，不过当时"休宁"仍称为"海宁"，当时的志书应该是以"海宁"为名，而不是"休宁"。而"休宁"历史上也曾称为"海阳"，从文献记载看，宋、元、明三个时期都曾编修过以"海阳"为名的方志，元代就曾编修一部《海阳志》，但志书都不以"休宁"为名。根据文献记载，有据可考的以"休宁"为名的休宁县志最早的一部应该是明代弘治四年（1491年）程敏政纂修的休宁县志，但其编修时间在明代永乐六年（1408年）之后，亦不是《永乐大典》收录的《休宁县新安志》。

根据以上分析，如果将书名调整为《新安休宁县志》的话，目前可以初步推断大典本《休宁县新安志》修于"隋开皇十八年"到"宋徽宗宣和三年"间，尚无法确定它的具体时间，而且这部志书究竟是哪一部志书也难以判断。这些问题尚须进一步探讨。虽然目前尚无法确定此志的编修时间，但大典本《休宁县新安志》佚文所保存的一条资料仍有十分重要的史料价值。大典本《休宁县新安志》佚文仅保留一条资料，即"省仓，在县楼内之东"④，这条资料是介绍"省仓"这种仓廪所在位置的，非常简单，仅有八个字，但因现存徽州方志中很少记载有关"省仓"

---

① 弘治《徽州府志》卷十一，词翰一·序，《天一阁藏明代方志选刊》本，上海：上海古籍书店影印，1964年。
② 康熙《徽州府志》，赵吉士序，《中国方志丛书》本，台北：成文出版社，1970年。
③ 道光《徽州府志》卷十六，杂记·修志源流，《中国地方志集成》本，南京：江苏古籍出版社，1998年。
④ 马蓉等点校：《永乐大典方志辑佚》，第2册，北京：中华书局，2004年，第1056页。

的资料,因此,这条资料是极为罕见的珍贵资料,为全面认识徽州地区仓廪形式的种类和发展变化提供了新的资料,对现存记载有补阙作用。而且,因为大典本《休宁县新安志》的存在,对于早期徽州方志的编修情况又有了新的认识。大典本《休宁县新安志》可以对现存文献记载中关于徽州方志编修源流的情况进行补充。

二、大典本《休宁县彰安志》研究

《休宁县彰安志》是《永乐大典》收录的一部徽州方志,其佚文仅存【仓廪】一条,即"际留仓,在县楼内东偏"①。虽然这部《休宁县彰安志》已经亡佚,但仍有必要对其进行分析和研究,以确定其编修时间,探讨其佚文价值。

"休宁"为县名自隋开始,隋开皇十八年(598年)将海宁改名为休宁,此后一直没有改变②。而根据徽州方志的记载,在县、乡和村三级行政区划中皆未设有"彰安"这个地方,"彰安"不知所属。在《中国古今地名大词典》③中也没有查找到名为"彰安"的这个地方。因此,单从书名只能推论此志修于隋开皇十八年(598年)以后明代永乐六年(1408年)以前,至于其他问题尚无法得到结论。

大典本《休宁县彰安志》佚文仅保留了关于"际留仓"的资料,但只提及其所在地理位置,并未提供有关时间的线索,故单从此佚文很难确定志书的编修时间。现存徽州府志中关于"际留仓"的记载极少,但有一条记载为认识"际留仓"提供了一些线索。弘治《徽州府志》中介绍绩溪县仓廪时有一条关于"际留

---

① 马蓉等点校:《永乐大典方志辑佚》,第 2 册,北京:中华书局,2004 年,第 1049 页。《永乐大典》册八一卷七五一六页十。

② 道光《休宁县志》卷一,疆域·沿革,《中国地方志集成》本,南京:江苏古籍出版社,1998 年。

③ 《中国古今地名大词典》,上海:上海辞书出版社,2005 年。

仓"的资料①。从这条资料提供的线索看,绩溪县在宋代曾建有"际留仓",明代改名为"存留仓"。"际留仓"应该是宋、元两代的名称。同在徽州地区,同为"际留仓",那么是否可以依据这些线索来判断大典本《休宁县彰安志》佚文中的"际留仓"当是建于宋代或元代?

由于没有关于"彰安"的记载,因此无法判断"彰安"作为地名的行政等级,所以尚无法判断大典本《休宁县彰安志》是什么类型的志书。如果《休宁县彰安志》是一部县志,那么根据上文所做的分析,从文献记载看,有据可考的以"休宁"为名的休宁县志最早的一部应该是明代弘治四年(1491年)程敏政所修之志,但其编修时间在明代永乐六年(1408年)之后,不应该是《永乐大典》收录的《休宁县彰安志》。大典本《休宁县彰安志》究竟修于何时,是哪种类型的志书,仍须进一步考察。但如果大典本《休宁县彰安志》是一部乡志或村志,那么它是非常有意义的,这说明在明代永乐六年(1408年)以前就已经有县级以下的志书的编修了,这可以为了解中国早期方志的发展情况提供参考。

虽然无法判断大典本《休宁县彰安志》的编修时间,但仍有必要对其佚文的价值进行分析。大典本《休宁县彰安志》仅收有一条资料,仅有九个字,只介绍了"际留仓"的所在位置,别无其他内容。关于"际留仓"的资料在现存徽州方志中很少见,弘治《徽州府志》②收有一条,大典本《新安续志》佚文③收录一条,大典本《新安志》佚文④收录两条,因此,大典本《休宁县彰安志》佚文中保存的这条"际留仓"的资料就显得十分珍贵了,进一步补充了现有的记载,为认识这种仓廪形式提供了新的参考。从

---

① 弘治《徽州府志》卷五,恤政·仓局,《天一阁藏明代方志选刊》本,上海:上海古籍书店影印,1964年。

② 弘治《徽州府志》卷五,仓局,《天一阁藏明代方志选刊》本,上海:上海古籍书店影印,1964年。

③ 马蓉等点校:《永乐大典方志辑佚》,第2册,北京:中华书局,2004年,第1055页。

④ 马蓉等点校:《永乐大典方志辑佚》,第2册,北京:中华书局,2004年,第1060页。

现存"际留仓"的资料可以推测,宋、元两代徽州地区曾设置过一种"际留仓"的仓廪形式,到明代改为存留仓。大典本《休宁县彰安志》佚文的价值有待进一步利用。大典本《休宁县彰安志》佚文为了解早期徽州方志的编修情况提供了新的线索。

根据《中国古方志考》提供的线索,张国淦先生未从《永乐大典》中辑出这两部志书。而经由杜春和整理,张国淦先生的《永乐大典方志辑本》则辑出《休宁县新安志》和《休宁县彰安志》,并将两者归于"休宁县志"条目下,看来编者将两部志书都作为休宁县志来看待的。《永乐大典方志辑本》辑出的内容与《永乐大典方志辑佚》辑出的内容完全相同。编者按语称:

> 案:《大典》引《休宁县新安志》凡一条,又《休宁县彰安志》凡一条,兹据录作明志。曰"新安",或修《大典》时所加。①

可见,《永乐大典方志辑本》的编者认为这两部志书应该是明代所修之志,且"新安"二字为《永乐大典》的编者后来加上的。这一解释或许说的通,但《休宁县彰安志》中的"彰安"两字又如何解释?"彰安"或许原本是"新安"二字,只是书写致误?

三、大典本《黄山图经》研究

《永乐大典》收录的《黄山图经》虽然仅保留一条佚文,但这部《黄山图经》已经亡佚,仍有必要对其编修时间和编修者进行探讨。

专志是指专门记载某一地区某一方面内容的志书,它是地方志书的一种,它与地方志是地方志书中的两个分支。从文献记载来看,历史上曾有几部以黄山为主题的专志问世,有以《黄山图经》为名者,也有以《黄山志》为名者。清人许楚的《黄山历代图经考》就对《黄山图经》的纂修源流作过梳理,有较为集中

---

① 张国淦著,杜春和整理:《永乐大典方志辑本》(下),载《张国淦文集四编》,北京:北京燕山出版社,2009年,第895页。

的论述,现将有关内容摘录如下,以便对相关问题展开论述。

> 山有图经,犹人有传,神峰岩洞壑是名脏腑,林树烟霞,殊备威仪,威仪肤裂,脏腑遁灵,粤稽往古,匠匠综营鸿恢。《禹贡》良工奥衍造极道无,若夫披阅之余,身在山中,惟恐其尽,近贤几罕觏矣。吾歙《黄山图经》肇闻北宋景祐间,通守李序云:"因考旧胜,聊缀非文,及阅《图经》,尽识英华,则《图经》之见自景祐,不自景祐始也,前此荒邈无稽。"又五十九年嗣镌于县尉雁荡周公,为哲宗元符庚辰。又五十七年三刻于知州彦国胡公,为南宋高宗绍兴丙子。又五十三年四刻于中山焦公东之,为宁宗嘉定戊辰。又一百六十一年五刻于歙纵潭吴氏子容,是为皇明洪武辛亥纪元,见白云唐先生序。又九十五年六刻于祥符寺僧全宁,为天顺六年壬午。又一百一十七年七刻于丰城李侯邦和,为万历九年辛巳,续有乡先达潘石泉、唐心庵嘉靖间倡和诗,学博田公艺蘅碑记。次年壬午又八刻于歙山人程天锡,合白岳诗,有午槐程司徒及家族祖昉阳公佐并天锡三序。自万历壬午至万历己未又三十七年,而景升潘先生《黄海》之纪始出,一时钩深致远,网罗放逸,同普门静庵、智空寓安诸耆宿自神庙庚戌十年以来,搜剔岩壑,标鉴林泉,迄无虚日,令海内之幽人逸子,倾杖怀奇,使节星轺,凌峰触险,可谓表名德之殊勋,劈神皋之巨手,俾后之览者,绰有整齐,裒聚名章,罔艰撰读,当尸祝其河源星宿之自矣。[①]

根据许楚的这篇考辨,"图经之见自景祐,不自景祐始也,前此荒邈无稽",虽然在北宋景祐以前即已有《黄山图经》问世,但却无法了解其纂修情况,许楚知道的最早的《黄山图经》是北宋景祐年间编修的。根据许楚的考辨以及现存其他文献的记载,自北宋景祐年间到明代万历壬午(万历十年)《黄山图经》先

---

① 民国《歙县志》卷一六,艺文志·考辨,《中国地方志集成》本,南京:江苏古籍出版社,1998年。

后八刻于世,即:一刻于北宋景祐间(1034~1037年),黄山祥符寺僧行明辑成,今只存知州李錞序;二刻于宋哲宗元符庚辰(即元符三年,1100年),祥符寺僧文太辑,歙县尉周公为之重刻,今书序两亡;三刻于南宋高宗绍兴丙子(即绍兴二十六年,1156年),知州胡彦国重刻,今仅存胡跋可考;四刻于南宋宁宗嘉定戊辰(即嘉定元年,1208年),中山进士焦源重辑,今存黄之望、张介二序可考;五刻于明洪武辛亥(即洪武四年,1371年),吴华祖纂辑,洪舜民绘图、唐桂芳作序、吴汇刊行的《黄山图经诗集》,今书序两佚;六刻于明天顺六年壬午(即天顺六年,1462年),祥符寺僧全宁辑刻,今有方勉序、程孟跋可考;七刻于明万历九年辛巳(即万历九年,1581年),邑侯李邦和辑刻,续有乡先达潘石泉、唐心庵嘉靖间倡和诗,学博田公艺蘅碑记,今书序皆佚;八刻于明万历壬午(即万历十年,1582年),程天锡辑刻,与《白岳诗》合本,有午槐程司徒及家族祖昉阳公佐并天锡三序,今书序两佚①。另外,万历己未(即万历四十七年,1619年)潘之恒辑刻《黄海》一书。由此可见,有文字可考的《黄山图经》产生始于宋代。自北宋至明朝有明确记载的以《黄山图经》为名专记黄山的志书,至少已有八部之多,其中宋代四部,明代四部,《黄山图经》的编修成果丰富。不过以上所言有明确记载的八次刊刻的《黄山图经》皆已亡佚,只有几篇志序存世。

《永乐大典》中也收录了一部《黄山图经》,但其佚文只保留了【遗事】一条,即:"浮丘公、容成子同见一珠函、一玉壶。浮丘公启之,函中有霞衣、宝冠、珠履,壶中有琼浆甘露。浮丘公曰:'此是天降以奉黄帝。'遂授帝。帝受之持归。"②因其所载内容为传说故事,所以无法从这段佚文来判断《永乐大典》收录的《黄山图经》的纂修时间,也无法根据《黄山图经》的编修源流来探讨其修纂时间以及修撰者。《永乐大典》中方志均修于永乐

---

① (清)闵麟嗣编,刘尚恒、王佐校点:《黄山志定本》前言,合肥:黄山书社,1990年。

② 马蓉等点校:《永乐大典方志辑佚》,第2册,北京:中华书局,2004年,第1048~1049页。《永乐大典》册十七卷二二五六页六。

第六章 大典本《休宁县新安志》、《休宁县彰安志》和《黄山图经》研究 237

六年以前,根据这一线索,《永乐大典》收录的《黄山图经》可能是宋景祐志、元符庚辰志、绍兴丙子志、嘉定戊辰志、洪武辛亥志中的任一部。

关于大典本《黄山图经》佚文所载的内容在现存其他方志中也有相关记载,如,嘉靖《宁国府志》载:"黄帝与容成子游黄山遇浮丘公,授以还丹。一日见珠函、玉壶自空而下,启之中有霞衣、宝冠、珠履、琼浆、甘露,帝乃受而服之,遂从望仙峰上升,至今有轩辕、浮丘、容成三峰。出《周书·异记》"①,嘉庆《泾县志》②略同。《大明一统名胜志》载:"古仙传:黄帝与容成子游此山,遇浮丘公,授以还丹,一日见珠函玉壶自空而下,启之中有霞衣、宝冠、珠履、琼浆、甘露,帝乃受而服之,遂从望仙峰上升。"③嘉庆《宁国府志》载:"《周书·异记》云:'黄帝、容成子、浮邱公于此汤池见一珠函玉壶,持归中峰下石室中,饮壶中甘露琼浆,披函中霞衣、簪宝、冠蹑、朱履,光照山谷,须臾黄帝乘飞龙前引,彩幢珠盖,三仙飘然从峰顶上升,闻彩云中有弦歌之声。'"④这几部方志所载的内容与大典本《黄山图经》佚文内容不完全一样,有同有异,因此可以互为补充。大典本《黄山图经》佚文内容能够对现存文献记载起到补充的作用,为认识徽州地区的基本状况提供了一些新的资料。

---

① 嘉靖《宁国府志》卷一〇,杂纪,《天一阁藏明代方志选刊》本,上海:上海古籍书店影印,1964年。
② 嘉庆《泾县志》卷二七,异闻,《中国地方志集成》本,南京:江苏古籍出版社,1998年。
③ (明)曹学佺:《大明一统名胜志》卷四,《四库全书存目丛书》本,济南:齐鲁书社,1996年。
④ 嘉庆《宁国府志》卷一〇,舆地志·山,《中国地方志集成》本,南京:江苏古籍出版社,1998年。

总　结

　　《永乐大典》共收录了十部徽州方志，即《新安续志》、《新安后续志》、《延祐新安后续志》、《新安志》、《徽州府新安志》、《徽州府志》、《星源志》、《休宁县新安志》、《休宁县彰安志》和《黄山图经》。根据地区建置沿革、方志编修源流和佚文提供的线索，笔者对十部徽州方志的编修时间进行了探讨。《新安续志》实际上包括两部书，一部是宋代端平二年（1235年）李以申编修的八卷本的《新安续志》，另一部是元代延祐六年（1319年）洪焱祖编修的十卷本的《新安后续志》。《新安后续志》和《延祐新安后续志》是同一部书，是元代延祐六年（1319年）洪焱祖编修的十卷本《新安后续志》，亦被称为《新安续志》或《续新安志》。《新安志》、《徽州府新安志》和《徽州府志》三部方志是同一部志书，是明代洪武九年（1376年）朱同编修的十卷本《新安志》，亦被称为《新安府志》。《永乐大典》实际上收录了三部徽州府志。由以上分析可知，《永乐大典》存在着著录书名不严谨的现象，有异书同名、同书异名的情况存在，利用《永乐大典》方志佚文时应充分予以注意。从徽州府志编修源流看，明代永乐六年（1408年）以前编修的十一部徽州府志目前仅有一部存世，即南宋淳熙罗愿《新安志》，而《永乐大典》收录了这十一部徽州府志中的三部，即宋代李以申《新安续志》、元代洪焱祖《新安后续志》和明代朱同《新安志》，此三志原书已佚，因《永乐大典》的收录保存了部分内容，为了解三部志书的基本情况提供了参考。《星源志》是宋代咸淳五年（1269年）洪从龙修、胡升纂的《星源图志》，此志原书已佚，赖《永乐大典》保存了一些内容。《黄山图经》是一部以记载黄山为主要内容的专志,因提供的线索较少,其编修时间尚难确定,它可能是宋景祐志、元符庚辰志、绍兴丙子志、嘉定戊辰志、洪武辛亥志中的任一部。由于没有更多的资料可以考证,不仅《休宁县新安志》和《休宁县彰安志》两部志书的性质无法确定,不知它们是府志、县志还是乡镇志,而且连它们的编修时间也很难推断。不过,这两部志书在现存文献记载的徽州方志编修源流中皆未提及,因此,它们的存在对现存文献记载起到了补阙的作用,为更加全面地了解徽州地区方志编修情况提供了新的线索。经过对《永乐大典》收录的徽州方志编修时间的探讨,可以知道《永乐大典》实际上收录了七部徽州方志。

《永乐大典》收录的这七部徽州方志保存了丰富的内容,共七十二条资料,现存六千八百多字,内容涉及徽州府所辖歙县、休宁、婺源、祁门、黟县、绩溪六县,分为地理、经济、建置、人物、文化、遗事等几类,包括山川、土产、官署、仓廪、古迹、人物、诗文、遗事、物产等九个类目,收录了有关山岭、湖泊、古迹、人物、墓葬、竹木、粮食、药材、织染局、杂造局、平准仓、际留仓、义仓、常平仓、社仓、永丰仓、端平仓、村落、诗文、佚事、文献、贡纸等方面的内容,为了解春秋、战国、三国、晋、南朝梁、陈、唐、南唐、宋、元以及明初徽州地区社会历史发展的基本情况提供了较为充实的资料。"陶村"、"际留仓"、"张珏"、"胡炳文"、"胡斗元"、"江东建康道肃政廉访司分司廨"、"徽州禁门"、"相儒堂"、"榜纸"、"永丰仓"、"织染局"、"杂造局"、"《思政堂记》"、"《灵岩诗》"、"《题洞》"、"《题通元洞》"等条资料是首次载入徽州方志的,具有首创性价值,为后世方志编修提供了资料来源。"陶村"、"滕毂"、"吴锜"、"际留仓"、"石莲岭"、"碎石岭"、"剥岭"、"上枭岭"、"碜岭"、"长林岩"、"玉梅"、"判官梅"、"曹汝弼诗文"、"《题通元洞》"诗前一首、"《青萝洞记》"等资料为现存徽州方志所鲜载,可以补充资料,为研究徽州地区历史发展提供了山岭、物产、仓廪、人物、诗文等方面的新资料。还有不少资料与现存记载不同,因此可以起到补充资料的作用,为更加全面地了解有关情况提供了新的参考。"新岭"、"婺源西湖"、"元织染局"和"阎居敬"等资料皆能校勘现存其他记载的错误。"吴村"、"孔灵村"、"苦竹"和"刘谊诗文"等条资料各收录了一部佚书的内容,是辑佚古书的资料来源,具有辑佚古书的价值。

《永乐大典》收录的七部徽州方志原志均早已亡佚,现在仅赖其他文献保存部分内容。在研究和整理《永乐大典》徽州方志,查阅现存文献记载时,笔者查找到李以申《新安续志》、洪焱祖《新安后续志》、朱同《新安志》三部佚志的四十一条资料,共六千多字,这些佚文均为《永乐大典》中所未收录,故对其进行了整理,并作为《永乐大典》徽州方志补辑佚文,抄录于本书之中,借此可以更进一步地恢复这三部佚志的原来面貌。这些辑补的资料,包括地理、经济、职官、人物、文化和遗事等方面的内容,其中"曹汝弼"、"曹矩"、"曹实"、"程若庸"、"邱浚"、"曹泾"、"养济院"、"吴讷"、"孙嵩"等条资料是第一次收入徽州方志的,为后世方志所继承。

综上所述,结合《永乐大典》残卷和现存文献记载,《永乐大典》收录的七部徽州方志共有佚文一百一十三条,近一万三千字,这七部徽州方志原书早已亡佚,因此,这些徽州方志佚文具有非常重要的价值,不仅可以借此了解志书的基本情况,也可以为相关问题的研究提供重要的参考资料。《永乐大典》徽州方志佚文提供了如下几方面的史料:

地理资料。主要分为自然地理和人文地理两方面,这些资料不仅介绍了山川、宫室、古迹等的基本情况,也收录了一些相关的历史事实和传说以及诗赋歌咏。这些资料不仅能够反映当地的自然地理面貌和人文地理的情况,也反映了历史发展过程中地理变迁的一些情况,同时也可以为了解徽州地区文化成就提供参考。

仓廪资料。历朝历代政府都非常重视仓廪的建设,从中央政府到地方基层政权都设有仓廪,从而形成一套完整的仓廪系统,政府可以借此控制和调配全国的粮食,以保障政府需要,平稳粮价,从而稳定整个统治。《永乐大典》徽州方志佚文记载了不少仓廪资料,自宋到明初府州县各地仓廪很多,主要有省仓、常平仓、社仓、义仓、际留仓、永丰仓、端平仓、平准仓等,这些仓廪起着保障供应,平定粮价,稳定市场,安定百姓生活的作用。

局署资料。这些佚文还保存了织染局、杂造局、军器局等方面的资料,为了解元、明两代相关局署的建设、功能等方面的情况提供了重要参考。这些佚文中保存的关于丝绸织造、武器制造等方面的资料,也可以为进一步研究徽州地区社会生产提供参考。

贡赋资料。朱同《新安志》佚文保存的"榜纸"方面的资料,为了解元、明初两个时期徽州地区榜纸产地、上供数量、榜纸种类等问题提供了线索。

社会保障资料。《永乐大典》徽州方志佚文保存了一些社会救济和保障方面的资料,如养济院,这些资料反映了明代初年政府在社会保障和救济方面的举措,这些措施是稳定社会秩序的有效办法。

人物资料。佚文中收录了不少历史人物的资料,有的是专门的人物传记,有的是记述其他事物时附带记载的。这些历史人物包括官宦、文学家、艺术家、音乐家、隐逸者、忠孝者、医学家等等,这些资料展示了魏晋南北朝、宋、元、明初历史人物诸多方面的情况,也反映了这些历史人物所在时代的某些历史发展过程。

文化资料。《永乐大典》徽州方志佚文保存了十分丰富的文化类资料,有诗词和记文,如曹汝弼、石敏若、汪藻、王安石、李知己等人的诗,以及《思政堂记》、《青萝洞记》等记文,这些诗文不仅展现了相关人物的学术成就,也反映了当时历史发展过程中的某些事实,为了解有关问题提供了重要的线索和资料。其中有些诗文为传世文集所不得见的佚文,具有重要学术价值。

《永乐大典》徽州方志佚文中保存的丰富资料,是研究明代永乐六年以前徽州地区历史发展变化的重要参考资料,尤以研究宋代和明初历史最有价值。

本书在总结《永乐大典》徽州方志所具有的史料价值的同时,还从文献学的角度对《永乐大典》徽州方志佚文进行了分析和研究。这些佚文因保存了一些亡佚的古书中的资料而具有辑佚的价值。佚文中收录的佚书主要有《祥符经》、《新经》、《(新安)广录》等,这些书籍早已亡佚,而《永乐大典》徽州方志佚文收录了这些书籍中的资料,因此,便成为辑佚这些古书的资料来源。《永乐大典》徽州方志佚文还可以校勘现存记载的错误,具有校勘价值。

综上所述,《永乐大典》徽州方志佚文保存了丰富的资料,可以补充现存文献记载的不足,可以为研究明代永乐六年以前徽州地区历史发展的情况提供参考,另外,也还具有辑佚古书、校勘其他文献记载的价值。《永乐大典》徽州方志佚文的价值应该加以充分发掘和利用。

参考文献

1. （汉）许慎撰《说文解字》，清文渊阁"四库全书"本
2. 《晋书》，中华书局，1974年
3. 《陈书》，中华书局，1972年
4. 《南史》，中华书局，1975年
5. 《北史》，中华书局，1974年
6. 《周书》，中华书局，1971年
7. 《宋史》，中华书局，1977年
8. 《元史》，中华书局，1976年
9. 《新元史》，中国书店，1988年
10. 《明史》，中华书局，1974年
11. 《明太祖高皇帝实录》，华文书局，1968年
12. （宋）王溥撰《唐会要》，清乾隆《武英殿聚珍版丛书》本
13. （宋）李焘撰《续资治通鉴长编》，清文渊阁《四库全书》本
14. （宋）王钦若等编《册府元龟》，中华书局，1960年
15. （元）马端临撰《文献通考》，清浙江书局本
16. （明）俞汝楫编《礼部志稿》，清文渊阁《四库全书》本
17. （明）柯维骐撰《宋史新编》，明嘉靖四十三年杜晴江刻本
18. （明）商辂撰《御批续资治通鉴纲目》，清文渊阁《四库全书》本
19. （明）王宗沐撰《宋元资治通鉴》，明吴中珩刻本
20. （清）刘锦藻撰《清朝续文献通考》，浙江古籍出版社，2000年

21. (清)毕沅撰《续资治通鉴》,清嘉庆六年递刻本
22. (清)钱大昕撰《元史艺文志》,清潜研堂全书本
23. (清)嵇璜撰《续通志》,清文渊阁《四库全书》本
24. (清)叶沄撰《纲鉴会编》,清康熙刘德芳刻本
25. (清)徐乾学撰《资治通鉴后编》,清文渊阁《四库全书》本
26. (清)钱大昕撰《十驾斋养新录附余录》,清嘉庆刻本
27. (宋)李昉等撰《太平广记》,中华书局,1961年
28. (宋)李昉等撰《太平御览》,《四部丛刊三编》景宋本
29. (宋)乐史撰,王文楚等点校《太平寰宇记》,《中国古代地理总志丛刊》本,中华书局,2007年
30. (宋)王象之撰《舆地纪胜》,江苏广陵古籍刻印社,1991年
31. (宋)祝穆撰,祝洙增订,施和金点校《方舆胜览》,《中国古代地理总志丛刊》本,中华书局,2003年
32. (元)孛兰肹等撰,赵万里校辑《元一统志》,中华书局,1966年
33. (明)曹学佺撰《大明一统名胜志》,《四库全书存目丛书》本,齐鲁书社,1996年
34. (明)李贤等奉敕撰《明一统志》,《四库全书》本,上海古籍出版社,1987年
35. (明)闻人诠、陈沂纂修《南畿志》,《四库全书存目丛书》本,齐鲁书社,1996年
36. (清)顾炎武撰《肇域志》,清钞本
37. (清)赵弘恩等监修《江南通志》,《四库全书》本,上海古籍出版社,1987年
38. (清)和珅等奉敕撰《钦定大清一统志》,《四库全书》本,上海古籍出版社,1987年
39. 《嘉庆重修一统志》,《中国古代地理总志丛刊》本,中华书局,1986年
40. 光绪《重修安徽通志》,清光绪四年(1878年)刻本
41. 罗愿《新安志》,清嘉庆十七年(1812年)刻本
42. 弘治《徽州府志》,《天一阁藏明代方志选刊》本,上海古籍书店影印,1964年

43. 嘉靖《徽州府志》,《北京图书馆古籍珍本丛刊》本,书目文献出版社,1998年

44. 康熙《徽州府志》,《中国方志丛书》本,成文出版社,1970年

45. 道光《徽州府志》,《中国地方志集成》本,江苏古籍出版社,1998年

46. 弘治《休宁志》,《北京图书馆古籍珍本丛刊》本,书目文献出版社,1998年

47. 康熙《休宁县志》,《中国方志丛书》本,成文出版社,1970年

48. 道光《休宁县志》,《中国地方志集成》本,江苏古籍出版社,1998年

49. 道光《祁门县志》,清道光丙戌(1826年)刻本

50. 同治《祁门县志》,《中国地方志集成》本,江苏古籍出版社,1998年

51. 嘉庆《黟县志》,《中国地方志集成》本,江苏古籍出版社,1998年

52. 乾隆《歙县志》,《中国方志丛书》,成文出版社,1970年

53. 民国《歙县志》,《中国地方志集成》本,江苏古籍出版社,1998年

54. 嘉庆《绩溪县志》,《中国地方志集成》本,江苏古籍出版社,1998年

55. 康熙《婺源县志》,清康熙三十三年(1694年)刻本

56. 道光《婺源县志》,清道光六年(1826年)刻本

57. 光绪《婺源县志》,清光绪九年(1883年)刻本

58. 民国《婺源县志》,民国十四年(1925年)刻本

59. 嘉庆《泾县志》,《中国地方志集成》本,江苏古籍出版社,1998年

60. 嘉靖《宁国府志》,《天一阁藏明代方志选刊》本,上海古籍书店影印,1964年

61. 嘉庆《宁国府志》,《中国地方志集成》本,江苏古籍出版社,1998年

62. (宋)周应合撰《景定〈建康志〉》,清文渊阁《四库全

书》本

63.（宋）史能之撰《咸淳〈重修毗陵志〉》，明初刻本

64.（元）张铉撰《（至大）金陵新志》，清文渊阁《四库全书》本

65.嘉靖《建阳县志》，《天一阁藏明代方志选刊》本，上海古籍书店影印，1982年

66.嘉靖《惠安县志》，《天一阁藏明代方志选刊》本，上海古籍书店影印，1963年

67.嘉靖《固始县志》，《天一阁藏明代方志选刊》本，上海古籍书店影印，1963年

68.（万历）《湖州府志》，明万历刻本

69.雍正《山西通志》，清文渊阁《四库全书》本

70.《河南通志》清文渊阁《四库全书》本

71.黟县地方志编纂委员会编：《黟县志》，《光明日报》出版社，1988年

72.（明）程敏政辑撰，何庆善、于石点校：《新安文献志》，黄山书社，2004年

73.（明）戴廷明、程尚宽等撰，朱万曙、王平等点校《新安名族志》，黄山书社，2004年

74.（明）程曈撰、王国良等点校《新安学系录》，黄山书社，2006年

75.（清）闵麟嗣编，刘尚恒、王佐校点《黄山志定本》，黄山书社，1990年

76.（宋）陈振孙撰《直斋书录解题》，清刻《武英殿聚珍版丛书》本

77.（清）永瑢等撰《四库全书总目》，中华书局，2008年

78.（清）于敏中等奉敕撰《钦定天禄琳琅书目》，清文渊阁《四库全书》本

79.孙殿起录《贩书偶记续编》，上海古籍出版社，1980年

80.（唐）姚合编《极玄集》，明崇祯元年《唐人选唐诗》本

81.（宋）胡仔撰《苕溪渔隐丛话》，清乾隆刻本

82.（宋）谢维新编《古今合璧事类备要》，清文渊阁《四库全书》本

83.（宋）祝穆撰《新编古今事文类聚》，清文渊阁《四库全

书》本

84.（宋）何溪汶撰《竹庄诗话》，清文渊阁《四库全书》本

85.（宋）高似孙撰《砚笺》，清文渊阁《四库全书》本

86.（宋）魏庆之撰《诗人玉屑》，清文渊阁《四库全书》本

87.（宋）吴可撰《藏海居士集》，民国《宋人集》本

88.（宋）李幼武撰《宋名臣言行录·外集》，清文渊阁《四库全书》本

89.（宋）朱松撰《韦斋集》，《四部丛刊续编》景明本

90.（宋）汪藻著《浮溪集》，《丛书集成初编》本，中华书局，1985年

91.（宋）汪藻著《浮溪集》，《四库全书》本，上海古籍出版社，1987年

92.（宋）陈起撰《江湖后集》，清文渊阁《四库全书》本

93.（宋）袁甫撰《蒙斋集》，清文渊阁《四库全书》本

94.（宋）洪迈撰《夷坚支志》，清影宋钞本

95.（宋）陈思编《两宋名贤小集》，清文渊阁《四库全书》本

96.（宋）曾慥编《类说》，清文渊阁《四库全书》本

97.（宋）赵令畤撰《侯鲭录》，清《知不足斋丛书》本

98.（宋）唐慎微撰《重修政和经史证类本草》，《四部丛刊》景金泰和晦明轩本

99.（元）方回撰《桐江集》，《宛委别藏》清钞本

100.（元）李衎撰《竹谱》，清文渊阁《四库全书》本

101.（元）夏文彦撰《图绘宝鉴》，元至正刻本

102.（明）雷礼辑《国朝列卿纪》，明万历徐鉴刻本

103.（明）陈耀文编《花草稡编》，清文渊阁《四库全书》补配清文津阁《四库全书》本

104.（明）徐元太撰《喻林》，清文渊阁《四库全书》本

105.（明）张宁撰《方洲集》，清文渊阁《四库全书》本

106.（明）张旭撰《梅岩小稿》，明正德元年刻本

107.（明）祝允明撰《怀星堂集》，清文渊阁《四库全书》本

108.（明）邵经邦撰《弘简录》，清康熙刻本

109.（明）朱同撰《覆瓿集》，清文渊阁《四库全书》本

110.（清）徐倬编《全唐诗录》，清文渊阁《四库全书》本

111.（清）厉鹗撰《宋诗纪事》，清文渊阁《四库全书》本

112.（清）陆心源撰《宋诗纪事补遗》，清光绪刻本

113.（清）曹寅编《全唐诗》，清文渊阁《四库全书》本

114.（清）彭元瑞、刘凤诰撰《五代史记注》，清道光八年（1828年）刻本

115.（清）郑方坤撰《五代诗话》，清刻《粤雅堂丛书》本

116.（清）李调元撰《全五代诗》，清《函海》本

117.（清）李调元撰《童山集》，清乾隆刻函海道光五年增修本

118.（清）沈辰垣辑《御选历代诗余》，清文渊阁《四库全书》本

119.（清）徐本立撰《词律拾遗》，清同治十二年（1873年）刻本

120.（清）陈田辑《明诗纪事》，清陈氏听诗斋刻本

121.（清）陆心源撰《宋诗纪事补遗》，清光绪刻本

122.（清）储大文撰《存砚楼文集》，清文渊阁《四库全书》本

123.（清）邓廷罗撰《兵镜备考》，清康熙刻本

124.《御定历代赋汇》，清文渊阁《四库全书》本

125.张国淦著《中国古方志考》，中华书局，1962年

126.《永乐大典》，中华书局，1986年

127.《海外新发现〈永乐大典〉十七卷》，上海辞书出版社，2003年

128.马蓉等点校《永乐大典方志辑佚》，中华书局，2004年

129.张国淦著，杜春和整理：《永乐大典方志辑本》，《张国淦文集四编》，北京燕山出版社，2009年

130.天象资料组编：《中国地方志综录》，商务印书馆，1976年

131.中国天文史料普查整编组编《中国地方志联合目录》（初稿），1978年

132.中国科学院北京天文台主编《中国地方志联合目录》，中华书局，1985年

133.蒋元卿著：《皖人书录》，黄山书社，1989年

134.戎毓明主编《安徽人物大辞典》，团结出版社，1992年

135.《汉语大词典》，汉语大词典出版社，1992年

136.《现代汉语词典》，商务印书馆，1992年

137.《中国古今地名大词典》，上海辞书出版社，2005年

后 记

《〈永乐大典〉徽州方志研究》一书终于完稿,这是我八年来历史文献学、方志学、徽学研究心得的一次总结。2004年前,历史文献学和方志学对我来说都是陌生的研究领域,从未涉足于其中。2004年9月,我开始跟从安徽大学历史系教授王鑫义老师攻读历史文献学博士。在他的引导下,我开始从事历史文献学和方志学的学习和研究。攻读博士的三年时间里,王鑫义老师不仅注重将历史文献学的基础知识和方法传授给我,而且也一直指导我在实践中不断摸索从事历史文献学研究的方法,从而使我构建起历史文献学基础知识的体系,掌握了历史文献学的基本研究方法,并将历史文献学和方志学研究相结合。我圆满地完成了博士阶段的学习,也开启了从事历史文献学和方志学研究的新里程。我所取得的每一点进步和成绩都凝结着王鑫义老师的辛勤劳动,感谢他对我的教诲和鼓励。

2008年开始,由于研究工作和研究课题的需要,我的研究重点由安徽方志转而集中于徽州方志。在研究的过程中,更加认识到徽州方志在徽学研究中的重要价值。追溯徽州方志发展的历程,由于历代政府、地方官员和名人硕儒的重视,自南朝梁开始就已有徽州方志的编修,而到宋代方志体例和内容基本定型后,徽州地区的修志活动更呈现出日益发展态势,并成为一种风气,修成的徽州方志数量十分可观。徽州方志充分体现了浓厚的地方性、编纂的连续性、内容的广泛性、体例的多样性等特点,并在"存史"、"资政"、"教化"等方面发挥着重要作用。

然而,在流传过程中,由于战争、人为损坏等原因,有不少徽州方志散佚不可复见。这是一件令人痛心的事。但幸运的是，这些佚志因被其他文献转引而得以保存部分内容。如果能对这些佚志进行辑佚，并进行分析和研究，揭示早期徽州方志发展的过程和基本情况，挖掘这些佚志的价值，并充分加以利用，不仅是对徽州佚志的整理和研究，也是对徽州地方文献一次有意义的梳理，这对徽学研究应该是有所裨益的。本着这样的思考，我开始着眼于对徽州佚志的研究。根据现存文献记载，《永乐大典》收录的徽州方志皆已亡佚，这些佚志是徽州佚志中的代表，而且因佚文内容相对集中，有利于研究的展开。我即以博士论文中《永乐大典》徽州方志的研究为基础，综合利用历史文献学、方志学、历史地理学的理论和方法，进一步补充资料，充实论据，完善想法，对《永乐大典》徽州方志的编修时间、编修者、方志编修理论、佚文正误、佚文的史料价值、校勘价值、辑佚价值等问题进行了更为深入的研究，并对其佚文进行辑补，最终形成了这部《〈永乐大典〉徽州方志研究》。

当然，囿于某些条件的限制，书中会有不太准确的地方，也有需要进一步深入研究的问题，希望各位师友批评指正，以备来日再做修正和完善。

2012 年 10 月于合肥杏林书斋